대한민국 해군의장대 초대 중대장

선장 **김재수**

인생 항해록

김재수 지음

강병훈 엮음

엮은이 약력

해군 213기 (1980.11.16 ~ 1983.10.16 해군 의장대 근무)
전)진주연암공과대학겸임교수 foundry2@hanmail.net /
010-6562-3289

대한민국 해군의장대 초대 중대장

선장 김재수
인생 항해록

김재수 지음
강병훈 엮음

진달래 출판사

목 차

<이해를 돕는 글>

이 글을 정리한 필자는, 1980년부터 3년간 해군의장대에서 수병으로 복무했다.

스무 살 세상 물정 모르던 시골 청년이 해군의장대의 일원으로 국군의 날 서울 시가행진, 청와대, 국방부, 김포공항, 미 8군, 국립묘지 등의 각종 행사에 참여하여 국가적 행사도 빛내 보았다. 또한, 매년 10월 초, 해군사관생도의 해외원양 훈련에 함께 타 약 3개월간에 걸쳐 각국을 순회하며 적게는 24명, 많게는 32명의 해군의장대원이 정지 간의 제식동작과 행진 간의 제식동작 등을 일사불란하게 펼쳐 보이며 해군의장대의 위상을 드높이기도 했다.

시범의 마지막에는 대검까지 꽂아 무게가 3.6kg 이상 나가는 M16 소총을 전 대원이 똑같이 군악에 맞추어 하나 된 동작으로 20바퀴씩 돌린다. 이 시범훈련을 관병훈련(觀兵訓練)이라 한다.

해군의장대를 거쳐 간 의장대원들이면
'대체 누가, 언제 이 관병훈련을 만들었는가?' 하는 의문을 당연히 품게 된다.
기록도 없었고, 그런 기록을 뒤져볼 만한 여유가 없던 시기였다.
제대하고 20여 년이 지나 인터넷 사용으로 정보검색이 쉬워진 시기,

'이제 우리도 해군의장대의 역사를 찾아보자' 라는 소박한 의견이 모였다. 의견이 모이고 1년쯤 지나 '군악에 맞춘 관병훈련을 만든 사람은 김재수 중대장이며 캐나다에 이민 갔다' 라는 소식을 접했다. 한국서도 찾지 못한 김재수라는 분을 캐나다에서 어찌 찾을까?

김재수 중대장을 찾게 된 계기는 이렇다.

1960년대 후반, 평화봉사단으로 한국을 방문한 캐나다 출신의 Mr. Piter가 있다. 한국에서의 짧았던 평화봉사단 활동을 마쳤을 때 Mr. Piter는 한국을 영원히 사랑하기로 결심하게 된다. 그는 지금도 서울의 한옥에서 살고 있다. 서울시의 한옥철거 정책에 대해 '엉터리 정책' 이라며 달변의 한국어로 유수신문과 TV에 한옥을 지키자고 호소하는 그를 가끔 볼 수 있다. 이런 경력의 캐나다인 Mr. Piter가 1983년쯤 우리 해군의장대와 흔치 않은 우정을 맺게 되었다.

어느 해인가 해군사관생도의 원양훈련 기항지인 캐나다에서 마침 고향을 다니러 간 Mr. Piter가 母軍인 해군을 마중하기 위해 부두에 나온 김재수 중대장을 우연히 만났다. 그리고 김재수 중대장으로부터, 초창기 해군의장대의 모습을 들었나 보다. 남다른 해군의장대 사랑을 보여준 Mr. Piter는 김재수 중대장의 캐나다 연락처를 자기 수첩에 기록해 두었고 이게 또 몇 년이 흘렀다.

2004년 여름. 경남 남해의 '이 충무공 노량해전 승첩제전' 에 참가한 해군의장대의 관병훈련 시범을 필자와 Mr. Piter가 같이 관람하다가,

"해군의장대 역사 찾기를 위해 김재수 중대장이란 분을 찾아야 하는데…."

필자가 말했다. Mr. Piter는 예의 유창한 한국말로

"아! 김재수 중대장 내가 연락처 압니다. 알려줘요?"

이렇게 해서 그의 수첩 한구석에 적혀 있던 전화번호 하나가 해군의장대의 50년 기록을 한걸음에 당겨 주게 되었다. 흥분을 감추지 못하고 바로 캐나다로 전화를 했다.

"내가 김재수요" 라는 단아하고 점잖은 노년의 목소리가 태평양을 가로질러 건너왔다. 많은 이야기가 전화로 오고 갔다.

"해군의장대의 역사를 알기 위해 해군 의장대 관병훈련을 만드신 이야기를 적어주십시오" 부탁드렸다.

"2005년 해외 거주 6.25 참전용사 고국 초청에 맞추어 한국을 방문할 계획이 있으니 그때 기록물을 넘겨주마" 약속받았다.

약속대로 2005년 5월 김재수 중대장을 만나, 장기간 한국을 떠나 있었고, 1940~50년대 교육을 받으신 분 같지 않게 현대식 한글 맞춤법과 한문, 영어, 일본어, 전문적인 선박 용어가 가득한 회고록으로 필자가 예상했던 것보다 더 많은 대학노트 3권을 건네받았다. 필자의 생각에는 해군의장대 중대장으로서 몸담고 있던 시기의 간단한 회고록을 건네받을 줄 알았다. 그러나 회고록의 처음에 해군 견습수병 김재수로 시작되던 회고록이 말미에는 오대양을 누빈 외항선 선장 김재수로 은퇴해 캐나다 밴쿠버에서 편안한 노후를 보내는 것으로 마무리되어 있었다.

해군 견습수병이 외항선 선장이 된 이력도 특이하고 김재수 중대장이 살아온 삶이 흥미로워서 건네준 회고록을 모 월간지 논픽션 공모에 제출하기 위해 필자가 정리했다. 이 글을 정리한 필자는 이 회고록에 손을 본 것은 맞춤법, 중복되는 토씨의 삭제 등 혹시, 출판하게 되면 손보아야 할 정도의 작업밖에 한 것이 없다. 글에 살을 보탤까 생각해 보았으나 필자의 체험도 아니고 군더더기 없이 적어준 회고록이라 그대로 정리하는 게 회고록의 취지에 맞을 것 같아 위에 설명한 것 이외의 손본 것은 없음을 알린다.

2008년 8월 5일

정리 : 강병훈

<8년이 지나>

2008년 회고록을 정리하고 8년이란 세월이 흘렀다.

이 회고록은 캐나다 교포신문에 연재되었다. 몇몇 읽어 보신 교민들이 아는 체하더라는 이야기를 전해 주었다.

이 회고록을 읽어 본 분들의 공통된 이야기가 한 번 들고 읽으면 술술 읽히더라 했다. 남들이 잘 겪어 보지 못한 특이한 인생역정을 군더더기 없이 본인의 육필로 정리했기 때문일 것이다.

지난번 회고록은 해군 역사기록관리단에 영구 보존되었다. 마침 그때 처음 창설한 해군 역사관리단에서 해군의 초창기 역사를 구한다는 「해군지」를 보고 전화했더니 꼭 좀 보내 달라는 담당자의 전언이 있었다. 5권을 보내주었다. 한 권은 밀봉 진공 포장하여 영구 보존하고 나머지 몇 권은 전시한다고 한다. 그만큼 초기 해군의 역사가 드물고 견습수병이 겪은 해군 초창기 역사가 귀했기 때문이다. 이후, 전화로 대화를 나누면서 회고록에 적었으면 하는 아까운 이야기를 많이 들었다.

"참 재미있는 이야기입니다. 그것도 한번 적어주십시오." 부탁드렸다.

이번 글에서는 추가로, 어릴 적 고향 이야기와 초등학교 졸업 후 일제 치하의 전시동원령에 따라 원산으로 간 이야기, 평생을 두고 사랑한 아내 이창섭의 이야기를 덧붙였다. 모든 이야기는 태평양을 넘어 한국으로 보내온 김재수 선장 본인의 육필 편지글을 정서, 정리한 것이다.

그 사이 김재수 선장의 초청으로 2015년 5월, 캐나다에 아내와 함께 열흘 정도 다녀왔다.

'경남 진주라는 같은 동향으로, 해군 13기와 213기라는 해군 선후배로, 또한 같은 해군의장대에 근무한 인연으로 나를 찾아 주어 고맙다.' 라는 말을 들었다.

고맙다는 말씀은 오히려 내가 드리고 싶었다. 적지 않은 연세에 정확한 기억력으로 해군의 초창기 역사를 이야기하고 해군의장대 창설 이야기, 우리나라 산업 발전기에 해외에서 선장으로 보낸 역정을 옆에서 정리한 것은 내게 큰 영광이었다.

지난번 회고록은 논픽션 형식의 글을 빌어 월간지에 공모하기 위해 정리했다면 이번 글은 평생에 걸친 이야기를 다 망라하는데 주안점을 두었다.

처음 회고록을 정리하게 된 계기가 '누가 해군의장대의 관병훈련을 만들었을까?' 하는 나의 개인적인 궁금증이 회고록을 정리하게 된 실마리였다.

캐나다에서 살아갈 김재수 선장의 후손들이 가까이는 50년 정도만 지나도 '우리는 어떻게 캐나다로 왔을까?' 의문이 생길지 않을 것이란 보장은 없다. 몇십 년 뒤에 궁금해할 김재수 선장의 후손들을 위해서라도 시시콜콜한 이야기까지 빠트리지 않고 적어 두고자 했다.

책 출판에 적용되는 엄격한 문장 규칙은 적용하지 않았다. 대화체 문장을 따로 들어내어 쓰기도 하다가 문장 내에 넣기도 하고, 긴 문장은 줄 바꿈도 임의로 하면서 단지 편하게, 읽기 쉽도록, 여기에 맞추었을 뿐이다.

또한, 전문적인 해군용어와 상선 선박 용어의 설명은 각주(脚註)로 달아 두었다. 책 제본도 평생을 두고 검소하게 산 김재수 선장의 뜻에 따라 값비싼 제본 등 일체의 허식(虛飾)을 뺐다. 친구들에게, 가족들에게, 해군 선후배들에게 그저 이렇게 살아왔노라 한번 읽어 보기 바란다는 뜻으로 쓴 글이다.

2016년 9월 27일

정리 : 강병훈

제1부. 해군인

<해군 입대>

1948년 11월. 해군 모병 포스터를 보고 해군에 입대할 생각을 했다. 외국으로 유학 갈 수 있다는 문구와 해군의 복장 세일러복이 멋있게 보였던 내 나이 18세 홍안의 소년이었다. 입대 지원서를 제출하고 진주 도립병원에서 신체검사를 했다. 신체검사 합격한 통지를 받고 1주일 후, 제1국민학교에서 필기시험과 면접시험을 보았다.

당시 학생복을 입은 지원자는 무조건 합격이었다. 백지 1매씩을 주면서 "해군에 입대하면?" 이란 제목으로 작문을 쓰라고 했다. 별로 쓸 것도 없었다. 실은 해군에 관한 내용도 잘 몰랐다. '입대하면 열심히 하겠습니다' 간단하게 쓰고 제일 먼저 제출했다.

모병관이 나를 보고 웃으며

"그렇게 열심히 해라." 따라 웃어 주었다.

면접시험 때도

"왜 해군에 입대하려고 하는가?" 물어보았다.

"포스터 보니까 해군 복장이 멋있게 보여서 지원했습니다." 씩씩하게 답했다.

면접관이 나를 쳐다보고 씩 웃으면서

"합격!" 이라 했다.

나 역시 웃으면서

"합격!" 이라고 복창했다.

내가 이렇게 하니 다른 지원자도 모두 웃으면서 이렇게 따라 했다. 그 후 모병관은 서부 경남 일대로 모병을 하기 위해서 3개월을 더 주둔했다.

1949년 3월 초순. 진주 역 광장에 집합하라는 통지를 받고 지정

된 일자에 도착했다. 거기에는 우리 진주지역뿐만 아니라 하동, 사천, 삼천포, 산청, 합천, 거창 등, 즉 서부 경남의 합격자가 집합했다. 확실한 인원수를 모르겠으나 화차 4량에 승차했으니까 100여 명 이상인 것 같았다. 객차도 아닌 화차를 타고 진해를 향해서 기적은 울었다. 정차하는 역마다 인원을 확인하고 합격자를 동승시키면서 화차여행을 했다. 터널을 통과하고 나면 석탄 연기에 의해 누런 얼굴들이 시커멓게 변해 서로서로 쳐다보며 웃었다. 마산, 삼랑진을 거쳐 진해에 도착한 것이 밤 11시였다고 회상된다. 오후 2시에 출발해서 밤 11시에 도착했다. 그것도 객차가 아닌 화물차였으니 그때의 교통 형편이 어떠했을까? 상상하기 바란다.

진해 해군 신병교육대에 임시(假) 입소했을 때는 12기생이 교육 받는 중이었으며 입대한 지 2개월이 지났다고 했다. 3월 20일경에 수료할 예정이라고 했다. 신병교육대는 지금의 함대작전사령부 건물이었다. 우리는 미군이 숙소로 사용했던 체육관(농구장)에 입사(入舍)했다. 12기 선배가 식사 당번을 해 주어서 새벽 2시쯤 점심 겸 저녁 식사를 했다. 식사는 3:7의 보리밥에 콩나물국. 처음으로 군대 콩나물국을 접했다. 그날 밤의 식사는 거의 먹지 못했다.

1949년 3월 초부터 각 시도에서 모병된 지원자가 집결하기 시작해서 3월 20일쯤, 집결이 완료되었다. 약 1,500명이라고 했다. 1945년 11월 11일 해군이 창설된 이래 최대의 입대 인원이었다. 신체검사를 며칠간 했다. 다시 X-ray 촬영하고 세밀한 검사를 거쳤다. 불합격자는 귀향 조치되었다

1948년 5월 10일 제헌 국회의원이 선출되어 대한민국을 주권국가로 선포함에 따라 육상경비대를 육군으로, 해양경비대를 해군으로, 공군은 육군항공대에서 분리된 것으로 기억된다. 우리 해군은

1기생부터 10기생까지는 해양경비대였다. 11기생부터 해군으로 개칭되어 해군 11기생은 해군 1기생이라 해서 훈련을 아주 혹독하게 받았다고 했다. 11기생들은 '우리가 정식 해군 1기생'이라는 자부심이 대단했다고 한다.

<해군 13기와 해병대>

우리 13기생들 1,500명 중에서 체격이 좋은 300명을 선발해서 당시는 육전대로 불린 해병대로 차출했다. 해병대로 간 우리 동기들을 모두 1계급씩 특진해 주는 조건이었다.

이들이 1949년 4월 15일 해병대 창설의 모체가 되었다. 6·25동란 때는 해군 13기생 1,200명 그리고 해병대로 차출된 300명 병력이 전쟁 수행에 이바지했다.

당시 해병대는 육전대라 했으며 일본해군의 편제를 그대로 이용했다. 해병대 창설의 주역은 해군에서 시작되었고 그 이유는 잘 모르겠으나 해병대로 차출되어 간 장병들 모두가 해군 복장을 했다. 그래서 외관만 보아 해군, 해병대를 구별할 수가 없었다. 계급장도 해군 계급장을 달았다. 그때는 육, 해군의 계급장을 군별로 달았다. 한참 뒤의 이야기지만, 제대 후에 1.3 동지회를 만들었다. 해군 13기 1,500명 중에서 차출된 300명 해병대 1기생, 1,200명 해군 3기생 통합해서 1.3 동지회를 만들어서 한 달에 한 번씩 모임을 했다. 내가 이민 온 후에는 어떻게 되었는지 알 수가 없다.

<가(假)입대생활>

1949년 3월 초에 해군 신병교육대에 집결한 우리는 가입대 기간을 가졌다.

3월 31일 입대식을 기다리는 동안 주로 군가를 배웠고 해군가도 배웠다.

처음 배운 군가는

'우리는 해군이다. 바다의 용사. 죽어도 또 죽어도 겨레와 나라' 하는 해군가와

'우리는 아노라 삼면의 바다. 나라의 흥망도 이곳에 있어 광파노도 잡아 치고 나갑시다.' 이런 해군가를 배웠다. 이 해군가는 해군 초대 참모총장 손원일 제독 부인 홍은혜 여사가 작사, 작곡했다. 대부분 해군 군가는 그때 탄생했다.

가입대 생활환경은 미군이 사용하던 체육관에서 일본군이 쓰던 볏짚 매트를 깔고 잠을 잤다. 목욕이라는 것은 생각해 보지도 못했다. 온몸이 가려워지고 이가 많이 들끓어 옷을 벗어 이를 소탕해야 했다. 식사도 변함없는 콩나물국에 적은 양의 식사로 배가 아주 고팠다. 그러다 보니 같이 입대한 고향 친구 중 한 사람, 두 사람 도망가는 사람들이 늘어나기 시작했다. 도망간 인원을 보충하기 위해 2차, 3차로 재모집해서 가입대 인원은 증가했다. 물론 도망갔던 사람이 다시 돌아오기도 했다.

1949년 3월 31일 해군 13기 1,200명이 입대선서를 시작으로 견습 수병 최말단에서 18년간의 나의 해군 생활이 시작되었다.

우리 기수는 7개분대로 편성이 되었다. 1개 분대원은 약 175명, 7개 교반으로 나누어져 1개 교반 인원은 25명으로 세분 편성되었다.

간부진은
분대장 : 소위 또는 병조장(兵曹長)
분대오장 : 1등병조 1명

교반오장 : 2등병조 7명
조교 : 2등 수병 2명1) 이었다.
교육 편제는 일본군의 방식이었고 교육은 미 해군 교본(Blue
Jacket Book)에 의한 교육이었다. 계급장도 미 해군 것을 적용했다.

7분대 병사(兵舍)는 8·15 광복 후 진해에 진주한 미군이 쓰던
체육관(농구장)이었다. 바로 앞은 일본해군이 사용한 잠수함 부
두, 오른쪽에는 진해 해군통제부 서문, 우리 병사(兵舍) 우측은
하늘 높게 솟아 있는 목련화의 그윽한 향기가 훈련병들의 허기진
코를 자극하는 녹음방초 우거진 산천 경색이 수려한 자연경관이
멋진 곳이었다. 입대식이 끝나고 병사 앞으로 돌아와서 시작한
첫 번째 과업은 자갈밭에 머리를 박는 원산폭격의 체벌(體罰)이
었다. 소위 말해서 기합을 넣는 것이었다. 이렇게 나의 해군 생활
은 시작되었다. 고난의 장이 열린 것이다.

병사 내에서는 〈직속 상관 관등(직)성명〉, 〈불침번 수칙〉, 〈군인
의 길〉 등 여러 가지 벽보가 붙어 있었다. 그것을 전부 암기해야
했다. 그 당시 외웠던 직속 상관의 관등(직)성명은 다음과 같다.

---

1) 우리보다 1기수 앞선 12기생이었다

- 대통령 : 이승만
- 국방장관 : 신성모
- 해군참모총장 : 손원일
- 교육대 대장 : 소령 강기천[2]
- 7분대 분대장 : 소위 강수복
- 7분대 분대 : 伍長(오장) 一曹(1조) 김성훈
- 7분대 4교 : 반장 2조 최무룡

오전 과업은 주로 학과 공부였고 오후 과업은 교련(徒手) 경례하는 방법, 제식훈련. '오른편, 왼편, 뒤로 돌아' 등이었다. 약 3주 후에 일본군이 사용한 99식 소총과 대검을 받은 것이 훈련 장구의 전부였다.

하루의 과업은

06 : 00 기상[3]

07:00 조식

08:00 오전 훈련 시작

12:00 오전 훈련 끝 점심 식사

13:00 오후 과업 시작

18:00 온습(溫習)[4] 시작

19:00 온습 끝

21:00 순검

순검은 육군의 점호와 같은 것으로 잠을 잘 수 있는 상태로 훈련복을 잘 정돈해서 머리가 있는 위쪽에 정돈하고 누워 있는 상태에서 당직사관의 점검을 받는 것이다. 인원 보고, 청소 상태, 일과의 최후 점검이다.

---

2) 6.25 이후 해병대 편입. 후일 해병대 사령관 역임
3) 인원점검이 끝나면 조별과업 시작 후 해군 체조를 주로 했고, 구보도 자주 했다.
4) 석별 과업이라고 해서 그날 배운 것을 복습함

이 순검이라는 것이 묘한 것이다. 하루의 고달픈 훈련을 받은 훈련병들이 침구 속에 누워 있으니 그 상태는 어떨지 짐작이 갈 것이다. 특히 우리 7분대는 끝 분대이니까 다른 분대가 순검이 끝난 후에 순검을 받게 되니까 거의 1시간 후에 당직사관이 도착한다. 순검이 끝나기 전에 잠이 든 견습수병, 코를 고는 견습수병. 그로 인해서 순검이 끝나고 나면

"총원 기상~!" 하면 팬티 바람으로 집합시켜 매타작 과업을 수행해야 했다.

입대한 첫날 밤. 순검이 끝나고

"총원 기상~!" 하여 7명의 교반장으로부터 소위 말하는 입대기념 배트를 5대씩 선물 받았다. 13주의 훈련 기간에 순검이 끝나고서도 안심하고 잘 수가 없었다.

언제 "총원 기상!" 구령이 발령될지 몰라 매타작의 과업이 끝나야만 안심하고 잠을 잘 수가 있었다. 훈련도 힘들었다. 배도 고팠다. 도망자도 생기는 매일매일 긴장의 연속이었지만, 우리는 세월의 흐름에 따라 절도 있는 해군이 되어갔다. 순검 시에 잠을 자거나 코를 고는 사람도 없어졌다.

천하없어도 돌지 않을 것 같은 시간은 흘러 13주가 지나고 1949년 6월 초 대망의 수료식을 했다. 신병교육대를 수료한 우리는 몸매가 검게 탄 깡마른 얼굴에 눈빛만 살아 빛을 내고 있었다. 군인 정신이 충만했다고나 할까? 신병교육대를 수료와 동시에 견수(견습수병)에서 2수(이등수병)로 진급이 되었다. 당시 수병 계급은 7단계였고 미 해군의 사병 계급장을 그대로 모방한 것이었다.

견습수병 : 신병 교육 기간 3개월
2등수병 : 신병 교육대 수료와 동시에 진급
1등수병 : 2수에서 6개월 후 진급
1水~ 3曹 : 1년5)

3조~ 2조 : 1년

2조~ 1조 : 2년

1조 ~ 병조장6) : 3년

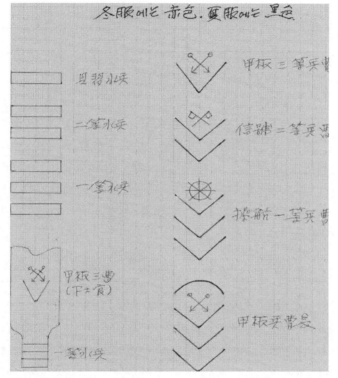

수병들의 계급 표시는 해군복 소매에 견수는 백색 줄 하나, 2수는 백색 줄 두 개, 1수는 백색 줄 세 개로 표시했으며 하사관부터 오른쪽 팔에 계급장을 부착하였다. 하사관부터는 계급장 상단에 직별 표시를 해야 했다. Anchor 두 개가 교차한 것은 갑판식별 표시이며 갑판1조, 갑판 병조장으로 어떤 업무에 종사하는지 알 수 있다.

---

5) 하사관 학교를 졸업하는 동시에 진급됨

6) 내가 병조장으로 진급할 때는 진급시험을 실시하였다. 그 전에는 소속부대 상관의 내신성적에 의하여 진급했다

<목포 해군경비부>

　나와 동기 70명은 목포 해군경비부로 배치발령을 받았다. 진해
에서 삼랑진으로 가서 객차 2량의 12열차를 탔다. 대전에서 목포
행 열차에 연결되어 이리역에서 1박 했다. 다시 목포로 가기 위
해 24시간을 지체했다. 진해에서 목포까지 3박 4일이 소요되었다.
목포에 도착한 것이 6월 6일 오후 두 시쯤 되었다.

입대하기 위해 진주에서 진해까지는 화물차량이었지만 이번에는
객차 1량을 전세 내 주었다. 소지품을 전부 트럭에 적재해 보내
고 목포역에서 경비부까지 도보 이동하였다. 우리는 6열 종대로
목포 시내를 행진하면서 해군가를 목이 터져라 열창했다. 유달산
끝자락에 있는 목포화력발전소 위에 자리 잡은 단층 목조건물인
해군경비부에 여장을 풀었다.

당시 목포경비부의 병력은 30~40명 정도였다. 13기생 70명은 선
배들로부터 대환영을 받았다. 우리 신병들을 위해 특별히 많은
양의 식사를 준비해 주었지만 우리는 만족하지 못했다. 3개월간
의 굶주림을 한 끼의 풍족한 식사로 만족할 수 없었다. 약 1개월
간 잔반이란 것이 없었다. 우리가 근무한 목포 경비부는 휼병사
업(恤兵事業)[7]의 보조로 식사는 좋은 편이었다.
선배들은 "어이~ 신병!" 하고 언제나 우리를 호출했고, 그러면
신병 총원 집합이었다. 다음 후배가 올 때까지는 항상 신병이었
다. 49년 10월 초에 14기생 20명 정도가 보충되어 신병 딱지를
떼게 되었다. 이것도 일본해군에서 전해 내려온 하나의 관례였다.
목포 경비사령부 중령 정경모[8] 사령관을 비롯하여 사령관 이하,

---

7) 군인 후생사업
8) 뒷날 손원일 제독 다음으로 해군참모총장 역임

각 부서장은 물론 하사관 및 선배 수병들까지 찾아가서 일일이 신고를 다 해야 했다. 목포만과 화력발전소가 내려다보이는 유달산 기슭 광장에서 해군에서의 첫 실무생활이 시작되었다. 배고픔을 면하게 된 것이 신병훈련소와 다른 점이라면 다를까? 보초근무, 식사 당번, 청소 그야말로 말단 수병으로서 밑바닥 생활이었다.

내가 이 글을 쓰고 있을 때 논산훈련소에서 훈련병에게 인분을 먹게 했다는 위성방송 뉴스를 시청했다. 이와 같은 일은 우리도 체험했다. 당직 하사관이 청소점검 할 때 화장실의 청소가 불량하면 어김없이 '신병 총원 집합!' 시켰다. 화장실 바닥의 인분을 손으로 씻어내게 하기는 했으나 먹게 하지는 않았다. 때로는 얼굴에 바르기도 했다. 이런 경우에는 한 끼 식사하지 못했다. 토, 일요일 외출을 하는 유일한 자유시간이 주어지고 시내에 있는 목포 평화극장에서 영화 구경을 하는 것이 오락의 전부였다. 그래도 세월은 흘러 49년 12월 1일, 1등수병으로 진급 발령받았다.

<목포경비부의 역할>

그 당시 유일하게 목포에 해군 경비부가 설치되었다. 우리 해군의 주력 함정이란 것이 300톤급의 소해정이 전부였고 무장이란 것도 40mm 기관포 4문이 전부였다. 특히 서해의 38선을 감시하고 어선을 보호하기 위해서는 모항인 진해에서 출발해서 서해로 항행 중 반드시 목포항에서 청수(淸水)[9]를 공급받아야 했다. 일본과 미 해군의 폐선 직전 소해정을 인수한 것이라 Evaporator[10]가 없어 출동 중에는 목욕할 수가 없었다. 쌀도 해수에 일 차로 씻고 다음에 청수로 씻어서 밥을 지어 밥에는 약간 짠맛이 감돌았다.

---

9) 식수나 청소, 목욕에 사용하는 민물
10) 증수기. 바닷물을 증류하여 맑은 물을 만드는 기기

그래서 서해 출동 함정의 청수공급시설(淸水供給施設)을 목포항에 설치하게 되었다. 목포항에 일박하게 되면 재미있는 일도 많았다 한다. 목포 아가씨들과 연정도 많이 쌓아 우리는 '하와이 간다' 라고 하면 서해로 출동한다는 말이었다. 옛날에 태평양을 횡단해서 미국으로 갈 때 반드시 하와이를 거쳐 식량이나 유류공급을 받아야 했다. 그때 우리는 흔히 전라도를 하와이라 하는데 절대 비아냥거려서 하는 말은 아니고 진해를 떠나 타지의 항구에 (군항이 아니고) 기항하여 해군복을 입고 외출해 해군을 과시하는 멋을 부리는 장소라 그렇게 일컬었다. 옛날 해군에서는 외출할 때 외출자를 집합시켜 당직사관에게 보고했다. 보고와 함께 복장 검사를 받은 후, 외출명부에 기재해야만 상륙허가증에 당직사관의 사인을 받을 수 있었다. 지금의 군대는 그때 비하면 많이 좋아졌다.

<내가 본 젊은 날의 김대중 대통령>

해군 목포경비부가 있는 유달산 끝자락 산등선에서 바라보면 아래 화력발전소와 목포항으로 출입하는 해군함정과 어선은 물론이고 기선, 범선, 여객선과 함께 가수 이난영이 불러 유행시킨 목포의 눈물 가사에 나오는 삼학도 등대의 목포항을 한눈에 바라볼수 있다. 아침에 기상하면 당직사관 인솔하에 유달산까지 왕복구보하는 것이 일과의 시작이었다.

9월 어느 날. 총원 완전무장 전투 복장으로 집합과 동시에 카빈총에 실탄을 분배해서 준비를 시켰다. 그 당시 우리에게는 카빈총이 배당되어 있었다. 우리 60명의 대원이 GMC 트럭에 나누어 타고 도착한 곳이 목포 해군 헌병대였다. 목포평화극장 옆으로 기억된다. 해군 헌병대와 정보대가 공유한 건물을 민간에 임차하여 사용하고 있었다. 의무실도 시내에 있었다. 헌병대 및 정보대장은 해군 대위 박성철 (朴成哲)[11] 이었다. 우리가 출동한 것은 목포형무소에 수감되어 있는 남로당원 탈옥 사건의 탈옥자를 체포하기 위해서였다. 탈옥자를 수색 체포하라는 국방부의 지시였다. 헌병대와 정보대에는 우리 동기생 30여 명이 근무하고 있었다. 헌병대 사무실에 들어가서 우리 동기생들과 인사하고 반가운 재회를 했다. 그런데 사무실 내의 원탁 테이블에서 신문을 읽고 있는 미남자의 젊은 사람이 있었다.

"저 사람이 누구냐?" 동기생에게 물어보았다.

"김대중" 이라고 했다.

"김대중은 누구며 무얼 하는 사람이야? 문관이야?" 했더니

"나중에 설명해 줄게" 했다.

경찰과 우리는 실탄 및 장구를 준비하고 출동을 하는데 경찰차 한 대의 앞 좌석에 김대중이 앉아서 출발했다. 목포 시내를 벗어나 벼 포기 늘어진 황금벌판의 자연풍경을 벗어나서 도착한 곳은 초가집이 옹기종기 있는 시골 마을이었다. 우리 해군은 마을 뒷산 중턱에서 부락을 외곽 포진했고, 경찰은 각 가택을 수색했다. 약 3시간이 경과 후 머리를 박박 깎은 9명을 체포해 경찰서에 가뒀다. 형무소를 탈출한 9명 전원을 체포한 것이었다.

우리 동기생 정보대 근무자의 설명은 다음과 같다. 목포에 있는 남로당원 활동과 조직을 잘 알고 있는 김대중 대통령은 남로당 사건으로 체포되어 목포 해군 정보대에 신병이 위임되어 있었다. 즉, 박성철 대위가 신변 보호 책임자였다. 당시에는 육, 해, 공을 막론하고 남로당 계열을 군대 내에서 철저하게 색출했고 경찰보다 군을 더 신임하는 이승만 대통령의 특명이었다. 박정희 대통령도 그와 같은 과거가 있었던 것은 주지의 사실이다.

---

11) 6·25 이후에 해병대로 전직되어 후에 해병대 진해기지사령관 소장으로 부임함

그러면 왜 김대중 대통령은 목포 경비부 사령관 감독하에 정보대
장에게 신변 보호를 받으면서 무엇을 했는가? 목포지구의 남로당
조직을 잘 알고 있었기 때문일 것이다. 9명의 탈옥수를 단번에
체포할 수 있었던 것도 그들의 내막을 잘 알고 있었기 때문에 가
능했다고 본다.

오랜 시간이 흘러 대통령 출마 후보자로서 '관훈토론'에서 병
역문제에 대한 사회자의 질문에 대한 대답이 해군으로 '해상방
위대'에 종사했다고 하는 걸 들었다. 해군의 조직과 군 편성에
는 해상방위대란 부서는 없다. 그 후 평민당인가 민주당인가 대
통령 후보로 출마했을 때 목포 경비부 헌병 정보부대장이었던 박
성철 예비역 소장을 김대중 후보의 경호실장으로 선임했으나 고
령과 건강상의 이유로 거절한 사실이 있다.

\<종합학교 입교 / 하사관학교\>

신병교육대 수료 후 꼭 6개월 만이었다. 하사관학교 생도 모집
공문을 접하게 되어 하사관학교에 입교하기 위해서 인사과에 신
청했다. 하사관학교 과정은 대개 6개월이었다. 학교를 졸업하는
것과 동시에 하사관으로 진급이 되는 것이다. 당시 종합학교는
항해학교, 기관학교, 경리학교, 공작학교, 통신학교, 신호학교가
있었다. 나는 공작학교를 지원했다. 내가 신병 교육 기간에 진해
해군 공창을 견학한 일이 있었다. 그때 공창에서 함정 수리를 하
는 공창 문관들과 같이 근무하는 해군 공작학교 출신 선배들의
설명을 들었고 선반, 용접 등 배울 것이 많을 것 같아 공작학교
에 가게 되었다. 49년 12월 말경 다시 진해로 돌아왔다.

1950년 1월 3일 해군 공작학교 5기생으로 50명이 입학했다. 47명
이 13기생이었다. 해군 어느 부서를 둘러보아도 13기생이 가장

많이 근무하고 있었다. 교장은 중위 김형식. 일본해군 지원병 출신이었다.

학교생활도 만만치 않았다. 토요일, 일요일에 자유로이 외출할 수 있다는 것이 다를 뿐이었다. 매타작과 기합을 받는 것은 더욱 심했다. 나무 몽둥이 대신 쇠 파이프로 패는 것이다. 한 대 맞으면 허리가 휘청거리는 것이다. 실무분대 생활을 청산 시킨다는 이유였다.

배가 고픈 것은 신병 교육 기간과 다를 바 없었다. 순검 후에는 여지없는 또 하나의 과업인 집합과 구타가 기다리고 있었다. 교육 내용은 기계과, 조립과, 목공과이고, 나는 원래 선반 작동을 할 수 있었기에 조립과에서 배우기로 했다. 공작학교 교육을 받던 중 아침 식사를 하기 위해서 식당으로 갔다.

식사 당번이

"김재수 생도! 여기 앉아서 식사해!" 했다.

흰 쌀밥이 식기에 가득하게 담겨 있었다. 콩나물국과 간단한 반찬 하나가 더 차려져 있었다. '김재수 생도 생일을 축하한다.'라는 쪽지가 하나 보였다. 기공 2조 황종학 11기생 교관이 생일을 축하해 준 것이었다. 눈물이 확 쏟아지며 제대로 밥을 먹을 수가 없어서 먹다 말고 식당에서 나와 버렸다. 황 선배님은 경북 포항이 고향이라고 했다. 학교 졸업 이후로 만나 본 일이 없다. 지금까지 1950년 1월 29일 아침 식사를 생각하면 황 선배가 생각난다. 생존해 계신다면 만나 보고 싶은 마음 간절하다.

공작학교 교육 목적은 함정에서의 수리 업무를 담당하는 것이다. 요즘처럼 기계문명이 최고로 발달한 현실에서는 예비품을 보유하고 어떠한 부분에 고장이 발생하면 고장 난 부분의 부품을 교환하면 간단하게 해결된다. 모든 물품이 부족한 50년대는 고장 난

부분은 교환이 아니라 수리해서 대처해야만 했다.

이야기가 건너뛰지만 내가 PCE- 51함에 보수장으로 근무할 때였다. 동해 출동 경비 임무를 끝내고 진해로 귀항하는 도중이었다. 포항 앞바다에서 FM 발전기가 고장 나 함 내 전력이 정지되니 기관까지 멈추었다. No 2. 발전기의 상태는 불량했고 FM 발전기(No 1)를 수리해야만 진해로 귀환할 수 있는 형편이었다. PCE-51함은 Slow Speed로 항진했다. 기관사 계훈구(桂勳龜) 준위가 내게 와서

"보수장! No 1 발전기의 Test Cock(Test Valve)을 못 쓰게 되었는데 어떻게 할 수 없는가?" 물었다.

"Test Cock을 봅시다." 답했다.

Test Cock을 보니까 재료만 있으면 만들 자신이 있었다. 재료 창고에서 비슷한 재료를 찾았다. 공작실 선반을 작동하여 2시간 후에 Test Valve를 만들었다. 발전기에 부착하고 발전기를 가동했다. 이상 없이 가동되었다. FM1 발전기를 Start 하면 시동하는 기계 소리가 상당히 요란하다. 침실에 있는 기관장[12]이 기관실로 와서 "어떻게 된 것인가?" 질문했다.

기관사가

"보수장의 솜씨로 Test Valve를 만들어 끼웠습니다." 라고 대답했다.

기관장이 나를 자기 침실로 호출했다. 가 보았더니 Johnnie Walker Whisky 1병과 Salem 담배 한 보루를 주었다.

"저는 담배도 안 피우며, 술도 전혀 안 합니다. 다른 데 써십시오" 하고 기관장실을 나왔다.

다음날. 함장, 부장도

"수고 많이 했네." 인사했다.

그렇게 해서 진해항까지 무사히 귀항했던 적이 있다. 해군 공작학

---

12) 해사 3기 최재호 중령

교 출신은 갑판부나 기관부나 문제가 있는 곳의 해결사인 것이다. 다시 공작학교 이야기로 돌아간다. 조립과 학생들에게는 망치 하나, 정 하나, 줄을 하나씩 지급해 주었다. 그리고 철판 재료를 주고 망치, 줄, 정을 사용하여 프라이어를 만드는 것이다. 순전히 인력으로 처리해야 했다. 학과목으로 금속재료과학, 전기, 용접 등을 이수했다. 공작학교를 졸업하면 해군 공창에 배속되어 공창 문관들과 함께 함정 수리에 종사하는 것이 통상적이었다.

<6.25 참전>

1950년 6월 중순에 공작학교 과정을 이수하고 졸업식과 동시에 하사관으로 진급이 되어 공창과 함정에 배속되는 것이 정해진 수순이었다. 당시 해군에서는 바다의 날(5월 31일)과 해군 창설기념일인 11월 11일 대대적인 체육대회와 민간인들까지 참가하는 여러 가지 행사를 했다. 우리 종합학교 5기생들은 졸업식까지 연기하면서 바다의 날 행사 준비를 했다. 바다의 날 행사는 6.25 종전 후 진해 군항제가 된다. 그런데 6.25를 맞이한 것이다.
우리는 함정 편으로 부산으로 이동해서 40계단 위에 있는 남성고녀에 주둔했다. 부산항 경비가 우리에게 주어진 임무였다. 제1부두에 해군본부가 이전해 왔다. 신병 16기생이 훈련 중이었으며 이들 16기생은 교육이 끝나고 포항 전투에 참여했다.

1950년 8월 중순, 한국 해병대가 통영 상륙작전을 성공 리에 수행하고 인민군과 대치하고 있었다. 해병대가 인천상륙작전에 참가하기 위해 통영을 떠나게 되었다. 우리가 통영 방어작전 임무를 수행하도록 해병대로부터 임무 교대 명령이 하달되었다.
부산에서 진해로 이동하여 전투 장비를 받았다. 전투 장비라고 하는 것이 아주 미약한 것이었다. 중기관총 1문, 경기관총 3문,

박격포 등이 전부이고 카빈총, M1 소총이 수병 각 개인에게 지급되었다. 나는 중기소대에 배치되었다.

진해에서 통영까지는 함정 편으로 이동했다. 부대명은 해군 11부대였다. 인원은 약 150명 정도 추산되었다. 부대장은 김충남 중령13). 중대장은 연봉생 소령14)이었다. 통영에서 고성, 진주 방향으로 국도가 이어진 공동묘지의 능선을 가로질러 참호를 파고 인민군과 대치했다. 아마 8월 말이나 9월 어느 날이라고 생각된다. 우리 진지에서 건너편 능선으로 인민군의 움직임을 육안으로 볼수가 있었다. 인민군의 이동이나 능선에 인민군이 보이면 "사격시작!" 명령과 동시에 교전했다. 처음으로 실제 적과 교전한 것이다.

<고구마 훈장>

우리가 주둔하고 있는 능선 뒤 편에 고구마밭이 있었다. 한가한 낮에는 고구마를 캐서 중기관총 실탄 통에 넣어 삶아 먹기도했다. 한 대원이 고구마를 삶던 실탄 빈 박스가 고압으로 폭발했다. 곤죽이 된 뜨거운 고구마가 파편처럼 튀어 얼굴에 상처를 입었다. 위생병이 응급처치하고 진해 해군병원으로 이송시켰다. 이 전우도 전장에서 상처를 입었다 하여 무공훈장을 받았다. 우리는 이것을 '고구마 훈장'이라 했다.

<적과의 교전>

참호 하나에 2명씩 배치되었다. 주간에는 휴식하는 시간이 많았

---

13) 후에 통제부 사령관 역임
14) 해병대에 편입되었음

다. 병기 정비 점검, 실탄 보유사항 확인 등이 야간에 기습하는 적에 대비한 전투준비였다. 야간에는 2명이 교대로 잠을 자면서 적진을 감시했다.

그 무렵 17기생이 신병 훈련을 마치고 보충됐다. 내 참호에도 2명이 보충되어 신병 2명과 고참 1명이 근무를 같이하게 되었다. 내 참호로 보충되어 온 신명 중 한 명의 이름은 이등수병 한재식인 것으로 기억난다. 1명의 이름은 기억할 수가 없다. 우리 부대에 배치된 17기생은 그야말로 평안한 생활을 했다. 17기생은 지원병으로 모병한 것이 아니고 강제 입대였기에 학력차가 많았다. 어떤 사람은 학력이 대학 중퇴지만 고졸, 중졸, 국졸에 군번을 암기하지 못할 뿐만 아니라 자신의 이름도 못 쓰는 사람이 있을 정도였다.

비가 많이 오는 새벽에 적의 습격을 받아 교전했다. 전방 감시를 철저히 했기 때문에 한 사람의 전사나 부상자도 없었다. 아무것도 보이지 않는 전방을 향해 무작정 난사했다. 약 1시간 정도 지났을까? 새벽 밝은 햇살을 받으며 참호에 나와서 인원점검을 했다.

"전원 이상 무!" 보고였다.

서로서로 보며 웃기 시작했다. 얼굴이고 옷이고 전부가 황토로 뒤범벅이 되어있었다. 비상식량으로 뒤 호주머니에 넣어 놓은 건빵을 꺼내보니 비에 젖어서 한 무더기 대변 같았다. 내 나이 20세. 해군이면서도 육상 전투지역에서 첫 전투를 했다. 두려움보다 재미가 있었다고나 할까? 죽는다는 생각은 추호도 없었다. 고달프다는 생각도 들지 않았다. 그날의 전투가 인민군의 마지막 발악 같았다. 인천상륙작전의 성공으로 인민군은 급속히 철수했기 때문이다.

그해 음력으로 8월 7일경이라 생각된다. 우리 11부대도 이동 준비를 완료하고 인민군이 진지를 구축하고 있는 곳으로 전투대형으로 수색하면서 진격했다. 참호 속에는 아무것도 없었다. 아주 깨끗한 적 진지였다. 우리 부대는 주로 주간행군을 했다. 밤에는 산정상에서 보초근무를 철저히 했다. 달이 밝은 밤하늘을 지붕 삼아 밤이슬을 맞아 가며 지새웠다. 아침이면 건빵을 씹으면서 아침 식사를 대신했다. 그렇게 계속되는 행군으로 추석날 오후에 고성읍의 초등학교에 주둔했다.

<추석>

오후에는 고성 읍민들이 삼삼오오 이고 지고 가져온 추석 음식을 대접받았다. 오랜만에 음식다운 음식을 먹었다. 나는 중기관총 분대의 일원으로 중기 실탄 1 box를 짊어지고 험한 산길을 행군했기에 너무나도 지쳐서 학교 마룻바닥에 누워 잠만 잤다. 얼마나 잠을 잤는지 17기 한재식 수병이 깨워서 일어나니 흰 쌀밥에 반찬이 갖추어진 밥상이 있었다. 고성 읍민들의 성의에 감사했다. 통영을 떠난 지 1주일 만이었다고 생각된다.

추석 다음 다음날. 우리 부대는 국도를 따라 행군했다. 당일 삼천포에 도착했다. '삼천포에서 내 고향 진주까지는 지척인데, 부모·형제는 어떻게 계실까?' 6·25 이후 처음으로 부모·형제 생각을 했다.

<여수/순천 주둔>

삼천포에서 함정 편으로 여수에 상륙했다. 여수초등학교에 주둔하면서 치안을 유지하는 것이 우리 11부대가 새롭게 하달받은 작전명령이었다. 당시 여수는 어느 곳으로 가나 무정부 상태였다. 경찰부대가 올 때까지 전초적인 임무 수행이었다. 여수 시내를 순찰해 보면 고성읍의 분위기와는 정반대였다.

여순반란사건의 쓰라린 과거와 6.25 전란의 혼란으로 선량한 시민이 받아야 했던 고통이 원인이었을 것이다. 여수 시민들은 우리가 어떠한 행동을 하고 조치를 하는지 주시하는 것 같았다. 초등학교 어린 학생들의 신발까지도 붉은색으로 염색되어 있었다. 우리 부대를 경계하는 분위기를 감지할 수 있었다.

우리 부대의 임무는 시민들을 안정시키고 평화적인 일상생활을 영위하기 위한 선무에 목적을 두고 있었다. 군은 사법권을 행사하는 것이 아니므로, 사법권을 행사할 수 있는 경찰부대가 도착할 때까지 질서유지에 최선을 다했다. 시민들과 대화가 되었고 친목 관계가 형성되었으며 해군의 좋은 인상을 심어 주었다고 생각되었다.

얼마를 여수에서 주둔했는지 모르겠다. 경찰부대에 치안을 인계하고 열차 편으로 순천으로 향했다. 6.25 후 처음으로 열차를 수송 수단으로 해서 편안한 부대 이동을 했다. 열차의 맨 앞에 화물칸을 달았다. 화물칸 지붕을 제거하고 모래주머니를 쌓아서 방패막이했다. 거기에 중기 및 경기관총을 설치해서 순천까지 무사히 도착했다. 순천 지방법원에 부대 본부를, 우리는 여관 및 법원, 경찰서, 시청 등에 주둔했다. 순천 시내는 평온했다. 순천 시민들도 아주 평온한 생활을 하고 있었다.

순천을 기점으로 하여 벌교, 보성, 봉래, 등지로 출동하여 빨치산의 잔당 소탕에 주력했다. 보성에는 경찰이 복귀하여 상당한 질서를 유지하고 있었다. 봉래 서상리란 마을에 공비 잔당이 있다는 정보가 있어 출동해 그 잔당들을 추격했다.

그곳에서 인민군 기동대장과 사랑을 하여 임신한 여자를 체포했다. 소지품을 조사해 보니 '기동대'란 붉은 완장을 가지고 있었다. 성명은 기억나지 않으나 순천도립병원의 간호사 출신이라고 했다. 아주 미모 수려한 멋진 여성이었던 걸로 회상된다.

성산리를 기점으로 노숙하면서 백운산 일대에서 공비 소탕을 하고 다시 순천으로 돌아왔다. 순천으로 돌아오니 순천 시민들의 열렬한 환영을 받았다. 순천 시민 중에서 예술을 사랑하는 사람들이 많았다. 우리를 위로하기 위해 흥부전을 순천극장 무대에 올려 우리를 위문해 주었다. 3막 5장이었던 것 같다.

나는 난생처음으로 흥부전을 관람했다. 지금도 놀부 하인 마당쇠의 코믹한 연기가 잊히지 않는다.

순천을 본 주둔지로 두고 치안 유지에 전념하고 있을 때 해군 군악대가 와서 순천 시내를 행진했다. 우리와 시민을 위해서 군악을 연주해 주어 대환영을 받았다.

순천 주둔 중 순천 여고생과 로맨스를 꽃피워 후에 결혼한 사람들도 제법 있었다. 전쟁 기간 중 오랜만에 시간적인 여유가 생기고 한가롭고 평화로운 시간을 갖게 되었다. 어느 여고생인지 모르겠으나 나에게 「인생사막」이란 소설책을 주면서 읽어 보라고 권한 여학생이 있었다.

그 여학생으로부터 많은 도움을 받아 제법 많은 책을 읽을 수 있었다. 숙맥 같은 나는 그 여학생의 호의에 보답할 줄도 모르고 이름도 물어보지 못했다. 그 여학생이 살아 있다면 지금쯤 80~82세의 할머니가 되어있겠지.

우리 부대는 순천 시민들과 아주 친밀한 관계를 유지했다. 순천 시민에게 민폐를 끼친 일은 단 한 건도 없었다. 오늘 이 글을 쓰면서 회상해 보니 순천 시민들은 우리를 두거운 인정과 애정으로 위문했으며 전쟁으로 인해서 피폐한 경제와 환경 속에서도 우리를 위문하기 위해 「흥부전」을 준비하여, 우리를 위문해 준 그 넘치는 정을 생각하면 지금도 가슴 한쪽이 따뜻해진다.

인민군과 마주 보고 전쟁을 하게 된 것이 나에게는 '이것이 조국에 이바지하는 것이구나' 하는 느낌을 어렴풋이 가졌었다. 보리밥에 소금물 뿌린 주먹밥도 맛있게 먹었다. 언제나 뒤 호주머니에 넣고 다녔던 두 봉지의 비상식량 건빵도 뒤 호주머니에서 사라졌다. 평화로운 생활이 시민들은 물론 우리에게도 주어졌다. 내 나이 21세 때였다.

<순천에서 진해로 귀환>

내 나이 21세. 앞으로 내 인생의 나침반이 어디를 가리킬지 알 수 없는 시점이었다. 1951년 11월 말 우리 부대는 순천에서 진해로 이동하게 되었다. 이동하기 전날 순천국민학교에서 대대적인 송별연이 베풀어졌다. 전란으로 생계의 어려움이 많은 순천 시민들이 차려 놓은 음식은 간단한 음료와 지방에서 구할 수 있는 것을 다 차려 놓은 것 같았다. 순천 시민 국악인들의 창을 비롯하여 인정 넘치는 정다운 마음씨로 성의를 다한 송별연이었다. 안면이 있는 사람들끼리 서로서로 위로하면서 아쉬움을 달랬다.
다음날 순천역에는 많은 시민이 운집해서 어디서 어떻게 구성했는지 브라스밴드까지 동원하여 이별의 곡 '올드 랭 사인'을 연주해 주었다. 그동안 사귄 연인들은 서로 눈물 흘리며 이별을 아쉬워했다. 기차가 보이지 않을 때까지 손수건을 흔들었다. 이후 소식에 의하면 순천역을 온통 눈물로 이별을 장식했다고 한다. 우리가 철수하고 난 후에 경찰이 치안을 담당했다. 경찰이 부역자 색출, 사상 검증을 대대적으로 강행해서 순천 시민들은 불안한 마음을 달랠 길 없었다. 순천 시민들이 국방부에 해군 11부대를 다시 보내 달라고 진정했다는 후문이 있었다. 나는 전라도와 인연이 많다. 해군 입대하여 첫 근무지가 목포였고, 전라도 출신의 많은 친구를 가지고 있다. 이민 와서도 변함이 없다.
진해에 도착한 시간이 17:00. 12월 초의 날씨였다. 따뜻한 식사가 준비되어 있을 것으로 기대했다. 하지만 우리가 배식받은 저녁

식사는 미국이 원조해 준 채소 통조림과 푸른 콩 통조림 하나씩
이었다. 침실은 보급창고였다. 가지고 다니던 모포를 펴고, 덮고
하룻밤을 지새웠다. 뒷날 아침 식사 후 총원 집합하였다. 50년 6
월 1일부로 소급해서 3등병조의 진급 발령과 동시에 해군 신병
교육대로 배속 발령받았다. 이것이 나와 훈련소, 나와 의장대의
인연으로 이어질 줄 그때는 생각도 못 했다.

<피난지 부산항 3부두 파견대장>

해군 신병교육대는 우리 13기생 교육 중에 이전하여 경화동에 있
었다. 통제부에서 경화동까지 소지품을 걸머지고 2시간을 걸어서
교육대로 부임했다. 6.25 전란 중에도 17기생, 18기생이 배출되어
참전했다. 19기생이 전반기 훈련 중이었다. 우리가 도착하니 19기
생들은 이동 준비를 완료하고 대기 중이었다. 19기생과 함께
FS901함정 편으로 부산으로 이동했다. 국제시장 뒤, 동국대학교
분교 건물에 주둔했다. 우리의 임무는 부산항 부두 경비 임무를
철도경찰로부터 다시 인수하는 것이었다. 나는 19기생 20명과 더
불어 제3부두로 파견되어 3부두 파견대장이 되었다. 1.4 후퇴 시
에 LST로 수송된 이북 피난민의 하선 부두였다.
우리들의 숙소는 3부두 입구 철도 변에 지어진 판잣집이었다. 사
무실은 3부두 정문 입구에 있고 미군과 같이 사용했다. 전체 경
비, 순찰해서 임무 수행에 최선을 다했다. 4부두는 부산경비부가,
제1부두는 해군본부가 주둔하고 작전 지휘했다. 중앙부두는 주로
유류를 하역했으며 내가 경비 책임자로 있는 3부두는 아주 고가
의 물품을 하역 저장했다. 주로 PX 용 물품이었다. 도난당하기
아주 쉬운 것이어서 철저한 감시가 요구되었다. 철도경찰대가 담
당하고 있을 때 여러 건의 불미스러운 사건이 있어 다시 해군으
로 경비 임무 전환된 것이라고 했다. 또한, 피난민의 안전도 보살

펴야 했다. 부산에 도착한 피난민들은 피난은 왔지만, 그 피난민을 돌볼 대책은 아무것도 없었다. 피난민들은 그저 삼삼오오 흩어져 부두 앞 도로를 따라 하염없이 시내 쪽으로 걸어갔다.

<1·4 후퇴 피난민을 맞이하다>

1951년 1월 15일경인지 확실한 날짜는 잘 모르겠다. 3부두에 화물선 한 척이 대 피난민이 하선한 것은 밤 11시쯤으로 기억된다. Victory급 화물선으로 7~8천 톤급이었다. 2차 대전 때 미국이 주로 Victory급 화물선을 이용해서 유럽은 물론 각 전선에 보급물자를 날랐다. Victory급 화물선은 그 시절의 상선으로서는 아주 대형선에 해당하였다. LST(Landing Ship Tank)는 중앙부두로 가고 이 Victory급 화물선은 3부두로 댔다. 선명은 Phoenix였다. 피난민이 얼마나 내렸는지 모르겠으나 새벽 2시경에 하선을 끝냈다.

우리 숙소에 피난민 중 두 명의 여자가 들어왔다. 추위와 굶주림에 찌든 형상으로 "우선 먹을 것을 좀 달라." 고 했다.
당시 3부두는 미군 PX 물자는 물론이고 식품이며 없는 것이 없었다. 대원들이 보급창고에서 식빵 두 줄이 들어 있는 큰 빵 봉지와 잼 한 통을 가져왔다. 그 자리에서 두 처녀는 순식간에 다 먹어 치웠다. 우리는 놀랐다. 얼마나 굶었을까 생각했다. 그리고 쓰러져 죽은 듯이 잠잤다.
다음 날 아침에 깨어나서 하는 말이
"올 데 갈 데가 없으니 여기 좀 있게 해 달라." 고 했다.
우선 난로 위에 있는 물을 데워 세수를 시키고 아침 식사를 먹인 후에 어디서 왔는지 물어보았다. 함경북도 길주에서 왔다고 했다. 키가 작고 예쁘장한 처녀는 이름은 곽희숙(郭喜淑)이고 나이는 17세쯤 되었다. 키가 좀 더 큰 처녀는 23세 정도 된 것 같은데 이름을 말하지 않았다.

3부두에는 보급물자를 운송하는 노무자들의 음식을 제공하는 식당(현장식당)이 있었다. 부두 입구 사무실에서 노무자들의 식권을 발행했다. 노무자들은 그 식권을 제시해서 식사하고 부두 내에 들어가 하역 작업을 하고 일당을 받아 가는 것이다. 우리들의 식사도 그곳에서 제공해 주었다. 우리 대원들은 특별식을 먹을 수가 있었다.

두 처녀를 데리고 식당에 갔다.

식당 책임자에게

이 두 처녀를 여기에서 밥을 먹게 하고 취사나 청소 등을 시켜 달라고 부탁했다.

식당 책임자는

"아이고 대장님의 부탁인데." 하면서 취사 일을 거들게 했다.

잠은 우리 숙소에 침대를 마련해서 잠을 자게 해 주었다. 내 내이 21살 때였고 19기생들도 대부분이 내 나이와 비슷했으며 나보다 한두 살 많은 대원도 있었다.

대원들은 곧 젊은 처녀들과 친한 친구가 되었다. 우리의 주 경비 지역 3부두 내에 있는 미군의 보급창고에서 담배, 사탕, 초콜릿 등을 가져다주었다. 이 두 처녀는 우선 숙식이 해결되었고 부수적으로 공짜로 들어온 여러 가지 후원 물자들을 모아 초량동 거리에서 소위 말하는 양키 장사를 했다. 제법 돈을 모아 미래의 생활 기반을 마련했다.

<부산 피난민들의 생활>

피난지 부산에서는 어딜 가나 '굳세어라 금순아' 란 현인이 부른 노래가 유행했다. '40계단 층층대에 기대앉은 나그네' 로 많이 불린 노래가 유행했던 것도 그 무렵으로 생각된다. 수도 서울이 수복되고 피난민이 서울로 올라가면서 부른 유행가 '이별의 부산정거장'이 남인수의 간드러진 목소리로 라디오 전파를 탔다. '1·4 이후로 나 홀로 왔다'라는 유행가도 유행했다.

피난 수도 부산은 많은 피난민으로 인해 인구가 급격히 팽창했다. 숙식 해결이 큰 문제였다. 부산 인근 산에는 천막 판잣집에 가마니나 거적때기 또는 미군의 Ration Box를 엮어, 임시 바람막이라도 해서 생활하는 것이 피난민의 실정이었다. 내가 이후 선장 생활을 할 때 다른 외국인 선장이 이런 이야기를 들려주었다. 야간에 부산항에 입항해서 높은 곳에서 반짝이는 불빛을 보고 아주 큰 빌딩이 있을 거로 생각했다고 한다. 주간에 보니 그것은 지난밤의 호롱불과 촛불이었다는 것을 알고 실소를 금치 못했다는 이야기다. 피난 수도 부산항에서는 '섰다 하면 교회요, 났다 하면 불'이었다. 불은 주로 산동네에서 많이 났다.

당시는 전시 하의 계엄령이 내려졌다. 12시부터 새벽 4시까지 통행금지 시간이었다. 새벽 4시 통행금지가 해제되면 하루의 생활 전선에 나서야 했다. 호구지책으로 피난민 대부분은 부두에서 하역 작업에 종사했다. 통행금지 직전이 되어서야 산 중턱에 자리 잡은 움막집에 돌아온다. 비록 움막집이지만 가마니나 레이션 상자를 깔아 놓은 숙소에 촛불을 밝히고 피난살이 고달픈 몸을 눕힌다. 너무나 피곤하다 보니 촛불을 끌 엄두도 못 내고 잠이 들어 그 촛불로 인해 불 나는 것이 다반사였다.

<피난민 구호 대책>

정부에서는 이 피난민을 수용할 대책이 없었다. 미국에서 원조하는 우윳가루나 옥수숫가루를 피난민들에게 전달할 방법도 없었고 피난민들을 누구에게 어떤 방법으로 구호를 요청해야 하는지 알 수 없는 형편이었다. 부산의 돈 있는 재력가들은 일본으로 도망

갈 궁리만 했지 같은 동포를 구제할 생각은 없었다. 구호품을 관리하는 관청에서는 우선 교회를 통해서 구호품을 전달하기로 했다. 다행히도 각 교회는 일부 피난민을 수용하고 관공서에서 구호품을 받아와서 피난민들에게 나누어 주는 구호 활동을 하게 되었다. 1.4 후퇴 시의 피난민들이 찾아갈 곳은 주로 교회였다. 미국에서 보내오는 구호물자(주로 우윳가루, 밀가루, 헌 옷 등)는 교회를 통해서 지급되었다. 구호품을 받기 위해서는 교회를 세워야 했다. 산 언덕 판잣집에 천막을 치고 가마니를 깔고 예배를 보았다. 무슨 장로교회, 예수교회 등 많은 종파의 개신 교회가 세워졌다. 그리고 많은 피난민이 혜택을 받았다.

<피난민들의 생활력>

피난민들이 피난길에서 헤어진 가족을 만나기 위해서 가는 곳은 영도다리였다. 이북에서 온 피난민들이 알고 있는 부산의 명소가 영도다리였기 때문이다.
국제시장 입구부터 피난민들은 좌판을 펴 놓고 장사를 시작했다. 미국 PX에서 흘러나오는 물건과 일본에서 밀수입한 물건들이 이들이 취급하는 주 상품이었다. 지금의 먹자골목 입구에는 맷돌을 갖다 놓고 녹두를 갈아 빈대떡을 구워 팔기 시작했다. 우리도 심심풀이로 사 먹었다. 참 맛있는 빈대떡이었다. 그 골목은 피난민들의 좌판 시장이 되었다. 부산 시내 토종 상인들은 음으로 양으로 재산을 정리하여 일본으로 도망갈 준비를 하고 있었다. 세월이 흘러 국제시장의 상권은 하나둘 이북 피난민의 손으로 넘어갔다. 지금의 국제시장 상권은 전부가 피난민의 것이라고 인정하는 것이다. 대단한 정신력으로 검소한 생활을 했다. 쉬는 시간 없이 그야말로 죽기 아니면 살기로 피난 생활을 한 결과였다고 생각한다.

<3부두에서 본 육군 훈련병>

육군은 징병제에 의한 병력보충이지만 해군은 지원제이다. 해군은 휴전이 성립되기 이전에 이미 병력보충이 시작되어 신병 21기생으로 1,200명이 모집되었다. 1949년 3월 31일 13기 1,200명이 입대한 이후 두 번째로 1,200명이 입대하게 되었다.

육군은 제주도에 훈련소를 설립해 3부두에서 해군 LST 편으로 육군 입소자를 수송했다. 내가 부산 3부두의 경비 파견대장으로 신병 19기 21명과 함께 근무 중에 목격한 것은 20대 청년들이 혈기 왕성하게 승선 출발했는데 소정의 신병 교육 훈련을 수료하고 3부두로 돌아와 전선에 배치되어 가는 대원들의 형태는 입소하기 전에 비교하면 형편없는 몰골이었다. 혈기 왕성한 장병들이 피골이 상접한 앙상한 신체로 어떻게 작전을 할 수 있겠는가?

헌병이 배치되고 LST에서 하선하는 신병들을 바로 열차에 승차시켜 그 길로 바로 일선으로 수송하는 것이다. 가족들은 혹시나 전선으로 떠나는 신병들을 만날 수 있을까 하는 생각으로 인산인해였으나 접근 금지였다. 자식들의 이름을 부르고 형, 동생 하면서 큰소리로 외치는 것을 바라보는 내 가슴이 아팠다.

내가 해군에 입대해서 신병훈련 기간 13주(3개월), 종합학교 6개월은 빈약한 식사로 항상 허기진 교육 기간이었다. 「제1공화국」이란 책자에는 정부가 정식으로 수립됨에 따라 각 경비부의 명칭이 군으로 전환하는 과정에서 장병들의 1일 급식은 1일 6홉 5작이라고 명시되어 있었다. 한 끼 식량이 520g이면 장정에게는 충분한 것이다. 그런데 왜 2홉의 급식이 지급되지 않았을까? 6.25 전쟁 중 국민 방위군 사건이 그 대표적인 부정 사건이었다. 그 책임을 지고 김윤근 육군 준장은 처형되었다.

<함경도 처녀들의 생활력>

3부두를 경비하던 우리는 중공군의 참전으로 진해로 귀환해야 했다. 부산 3부두로 같이 파견 나갔던 19기생들은 후반기 교육을 끝내고 일선으로 배속되었다. 나는 21기생 1,200명의 교관 생활을 다시 하게 되었다.

어느 날 위병소에서 '김재수 교반장 어떤 여성 면회자가 위병소에서 기다리고 있다' 라는 연락이 왔다. 나에게 찾아올 여자가 없고 아는 여자도 없다고 했다. 잠시 후에 다시 연락이 왔다. 찾아온 면회자가 곽희숙이라고 했다. 위병소에 가 보니까 함경북도 길주에서 내려온 피난민이었던 두 여자가 제법 세련되게 옷을 갖추어 입고 기다리고 있었다.

위병소 건너편 여관에 숙소를 정해주고

어떻게 왔는지 물어보았다.

"그동안 열심히 돈을 모아 초량동에 제과점을 차려 장사를 했고 이제는 서울로 올라가려고 인사하러 왔다. 서울에 올라가서 다시 연락하겠다. 그 어려운 시기에 우리는 3부두 경비대 때문에 큰 고생하지 않고 제법 돈을 모았다. 앞으로 재정적인 모든 문제는 책임질 터이니 제대하고 찾아오라." 라고 했다.

전쟁 상황은 예측 불허였다. 13기생 1,200명 모병 이후에 21기생 1,200명의 입대는 병력보충이 그만큼 절실한 상황이라는 뜻이었다. 이런 전시 상황에서 제대라는 것은 생각조차 할 수 없는 일이었다. 그렇게 이별을 한 이후 다시는 만나지 못했다.

이후 가끔 전해져 온 소식에 의하면 해군 복장을 한 해군 군인만 보이면 곽희숙은 '김재수를 아는지? 어디에 있는지?' 문의했다고 한다. 아마 지금쯤 80대의 할머니가 되었을 것이다. 나는 그 후 종합학교 특수과에 입교해서 3개월간의 교육을 받고 PF -61함에 승선해서 일선 근무를 했으며 1년 후에는 다시 신병훈련소 교관 생활, 종합학교 고등과를 수료하고는 PCE- 51함 인수 시 미국으로 가게 되어 곽희숙은 나의 소재를 알 수 없었을 것이다.

<1950년대 우리 해군력>

6.25 당시 우리 해군 병력은 확실하지는 않지만 6,000명 정도였을 것으로 추산된다. 그만큼 우리 해군력은 미약했다. 58년도에 육군 논산훈련소를 1주간 견학 간 적이 있다. 1일 1,000명의 신병이 입소하고 1,000명이 훈련소를 떠난다고 했다. 중위 이상의 장교인 교관 및 행정 요원이 2만 명이라 했다. 육군과 비교하면 우리 해군 병력이 얼마나 미약하고 충분하지 못했는지, 삼 면의 바다를 지키는 해군에 대해서 얼마나 소홀했는지 알 수 있을 것이다. 그러기에 출동 기간이 길어졌다. 해군이 보유하고 있는 함정 또한 형편없고, 화력도 미약한 실정이었다.

내가 해군에 입대했을 때 우리 해군이 보유한 함정은 JMS(Japanese Mine Sweeping Ship) 일본해군이 사용했던 철선과 AMS (American Mine Sweeping Ship) 미 해군이 쓰던 목재로 건조된 낡은 것뿐이었다. 특히 AMS 같은 함정은 Dock에 상가(上架15)) 하기 전에 출입문을 개방했다. AMS를 상가하면 목선이고 낡고, 찌그러져 출입문이 열리고 닫히지 않았기 때문이다. 우리 해군이 보유하고 있는 함정은 주로 소해정이었다. 화력은 20mm 기관총이 전부였다. 내가 해군에 입대하기 전에 여순반란사건이 발생했다. 해군 함정이 여수항 앞에서 포격했다고 한다. 그때 사용한 포는 38mm 육상 야전 포를 함수에 비치했다고 한다.

갑판 위에 모래주머니를 쌓아서 포좌를 고정하고 포격을 했다는 우리 선배들의 후일담을 들었다. 정말 보잘것없는 우리 해군의 실정이었다.

---

15) 함정을 수리하기 위해 Dock에 올리는 것

<백두산호 PC-701함>

50년 초 공작학교 앞 제1부두에 미국에서 사 온 PC Boat 1척이 접안했다. 우리나라 국방예산에서 산 PC급으로 600톤 정도인 것으로 알고 있다.

미 해군에서는 PC Boat라고 하는 것이다. 섬과 섬 사이의 도서경비, 연안경비 임무에 사용하는 것이라 했다. 함수에는 3인치 포 1문이 비치되어 있었다. PC-701 백두산함이라 명명했다. 우리는 통칭 포함이라고 했다. 이 포함을 구경하기 위해서 제1부두에 해군들의 발길이 이어졌다. 명명식을 대한 뉴스에서 촬영해 극장에서 상영하기도 했다.

이 PC-701함이 개전 초에 인민군의 상륙부대를 수송하는 선박을 격침하는 대전과를 올리는 혁혁한 공을 세웠다. 그러니까 우리 해군은 3인치 포 1문을 가지고 6.25를 맞이하게 된 것이었다. 6·25 이후에 PF-61, 62함을 미국으로부터 원조받았다. 이것도 2차 대전 때 미국이 소련에 대여해 준 것을 회수해서 한국, 태국, 콜롬비아 해군에 원조했고 Steam Engine이며 3인치 포 3문이 주포였다. 31포와 32포는 함수에, 33포는 함미에 비치되어 있었다. 포 조작은 전부 수동으로 조작해야 했다. 포를 조작하는 포요원도 노출된 형편이었다. PF는 1930년에 건조된 것으로 생각한다. 61, 62함 두 척 중 62함은 미 해군의 Oil Tanker의 호송 임무 수행 중 충돌하여 폐선 조치했고, 기관부원 60여 명이 전사했다. 내가 PCE- 51함 인수 차 San Francisco에 갔을 때 본 바로는 미 해군의 DD급 구축함의 주포는 5인치였다. 함수에 12문, 함미에 6문이 이중으로 3문식 상하로 겹쳐서 포신만 노출되어 있었다. 포요원은 포가 내에서 Telector[16)에 의해 자동으로 조작했다. 그에 비교하면 PF Type은 얼마나 구식인지 짐작할 수 있을 것이다.

---

16) 원거리에서 탱크를 조준할 때 사용하는 장치

<신병훈련소 · 종합학교 입교 · PF-61함 승함>

부산 3부두 경비 임무를 다시 경찰로부터 인수하고 경화동 신병훈련소로 복귀했다. 19기생의 후반기 교육을 맡게 되어 4분대 7교반장으로 훈련소 생활을 시작했다. 신병 19기생 수료 후 바로 21기생 1,200명이 입대했다. 전시 병력보충 계획에 의한 21기생 1,200명은 우리 13기생 다음으로 많은 입소 인원이었다.

21기 교반장으로 근무 중 보수학교 특수반 입교발령을 받아 종합학교에 입교하였다. 기공사 및 목공사(공작학교 출신)를 선발했다. 우리가 보수학교에 입교한 것은 당시 우리 해군에는 보수(Damage Control)란 직별이 없었다. 그래서 공작학교 출신 직별을 전부 보수 직별로 변경하여 미 해군의 교과과정에 의한 교육을 받게 한 것이다. 3개월간의 보수학교 교육을 마치고 PF61함 승함 명령으로 본격적인 함상 근무를 하게 되었다. 당시 우리 해군에는 6·25 이후 미국으로부터 지원받은 PF61함, 62함 3,000톤급 호위 구축함 2척이 있었다. 61함은 한국함대 기함이란 자부심으로 군기가 대단했다. 나의 계급은 보수 2조. 11기생이 3조도 있었다. 우리와 같이 진급하여 같은 계급이었다. 이 11기생이 우리 13기생을 집합시키며

"2조 이하 집합!" 해서 얼차려를 주는 것이었다.

300톤, 250톤 함정에 발령받은 보수사들도 많은 판국에 한국함대 기함인 61함에 발령을 받았으니 필자의 졸업성적을 짐작하시라. 졸업성적에 따라 인사배치를 했다.

PF-61함 승함과 동시에 연합함대에 편입되어 일본 佐世保(사세보) 항으로 이동했다. 미 해군의 Oil Tanker의 호위 임무를 수행했다. 주로 동해 원산, 흥남 앞 해상에서 미 해군의 보급함을 호위하는 것이 주 임무였다. 우리 해군에서 제일 큰 톤 수의 기함

에 승함한 것은 영광이었다. PF-61함에서 나의 직책은 기관 서무사였다. 21기생 수병 1명과 함께 작은 사무실에서 업무를 시작했다. 처음으로 시작한 해상생활이라 하나하나 새로 배워야 했다. 기관 서무사는 일명, Oil King[17] 이라 했다. 함의 전반적인 유류를 파악해서 보고하는 직무였다. 매일 아침 각 Oil Tank를 Sounding[18] 해서 24시간 소비한 유류의 소비량을 작성해서 기관장의 서명을 받아 함장에게 보고하는 것이 주 임무였다. 기관부의 전반적인 행정을 담당했다. 일반행정은 물론 수리신청서 작성, 필요한 기관부에 드는 청구 물품 작성제출 등 업무량이 많았다. 佐世保(사세보)에서 미 해군 보급함과 같이 출동하면 그 보급함의 물자가 완전히 보급될 때까지 항해했다. 항해 기간은 1개월 또는 2개월이 보통이었다. Long Term은 1~3개월, Short Term은 1개월이 출동 기간이었다.

PF61함이 부산의 조선공사에 있는 Dry Dock에 입가(入架)하여 수리하게 되었다.[19] 서무장이 신병훈련소로 발령되었다고 전했다. 왜 또 신병훈련소인가 하는 생각이 앞섰다. 여하간 발령을 받았으니 정든 61함을 떠나게 되어서 섭섭했다.

<또다시 신병훈련소로>

1953년 1월. 나의 계급은 2등병조였다. 61함 근무 중에 11기, 12기 그리고 나의 기수인 13기들이 같이 진급 발령이 났다. 11기생들의 질투가 심했다. 종합학교를 졸업한 우리는 기간이 되면

---

17) 매일 아침 8시에 유류 탱크 뚜껑을 열고 줄자로 깊이를 잰다. 전날의 기름과 당일의 유류 잔량을 확인한다. 함장에게 매일 보고해야 하는 업무다.
18) Sounding으로 썼지만, 탱크를 두드려 소리로 잔류량을 확인하는 것이 아니다. Sound에 길이를 잰다는 뜻도 있다.
19) 당시 우리 해군에는 Dry Dock이 없었다.

일률적으로 진급 발령이 하달되지만, 종합학교를 졸업하지 않은 하사관들의 진급은 내신을 하고 심사 후에 발령하기 때문에 진급이 늦어지는 것이다.

신병훈련소에 부임하니 24기생이 교육 중이었다. 서무장은 21기 때 같이 교반장을 한 7기생 선배였다. 반갑게 맞이해 주었다. 21기생 교반장을 하다가 훈련소를 떠날 때는 진해 경화동에 훈련소가 있었다. 내가 다시 신병훈련소에 발령받아 갔을 때, 24기생 신병들이 수용된 병사(兵舍)는 통제부 내 보급창으로 사용했던 창고였다. 신병들을 수용할 장소가 없어 일본군들이 사용하던 창고를 숙소로 사용했다. 경화동 훈련소는 해병대훈련소로 전환되었다. 나는 24기생 2분대 교반장으로 배속됐고 24기생이 수료 후 바로 25기생이 입소해 왔다. 나는 1분대 3교반장이 되어 교육훈련에 전념했다.

신병 25기생이 입소했을 때부터 신병교육대가 훈련소로 변경되었다. 소령급이던 훈련소장이 중령으로 격상되어 양해경 중령이 부임해 왔다. 6·25 동란으로 병력증가에 따라 기구를 개편한 것으로 생각하였다. 새로 부임한 양 중령은 San Diego에 있는 미 해군 신병훈련소를 약 1개월간 시찰하고 왔다.

미 해군 신병훈련소의 편제를 그대로 우리 훈련소에 적용했다. 대대, 중대 단위로 편성했다. 인원을 분대로 편성하고 일본식이었던 교과과정을 중대 단위의 미국식으로 변경했다. 1개 분대 120명이던 것을 1개 중대 60~70명으로 변경 편성했다. 중대장은 병조장, 보조관은 3조(三曹), 2조(二曹)로 편성 배치했다. 군사훈련은 중대장 보조관의 담당이었다.

교수부의 교관이 일반학과를 담당하는 대혁신이 이루어졌다. 훈련소 기구도 개편하여 교수부, 훈련대, 계획과로 나뉘었다. 나는 교수부 소화훈련과에 배속되어 보수에 관한 교육을 하게 되었다. 훈련소에서 처음으로 보수학과를 강의하게 되었다. 모든 학과목

및 내용을 분석해서 교수안을 작성하여 토대를 만들었다. 신병과 직접적인 생활을 하지 않으니 시간적인 여유가 있었다.

여유 있는 시간을 활용하여 시내에 있는 사설 영어학원에서 영어 공부를 시작했다. 54년 6월 1일부로 2조에서 1조로 진급했다. 1등 병조로 진급되면 군 공무원이 되어 봉급도 그때 화폐로 3만 환을 받게 되었다. (2조의 봉급은 약 3천 원 정도) 1조로 진급과 동시에 영외 거주증이 발급되어 동문(東門)[20]인 영문 출입의 제한을 받지 않게 되었다. 그 전까지는 1조도 영내거주를 해야 했고 외출 시에는 정복을 착용해야 했다.

<보수고등과 1기 참모총장상을 받다>

1조로 진급 후 종합학교의 보수고등과 1기생으로 입교해서 3개월 간의 교육을 이수했다. 새로운 시대의 변천에 따른 새로운 지식의 향상을 위해서 입교를 했다. 영어, 수학, 함정의 복원력 등 많은 것을 배웠다.

그날 배운 것을 정리하고 복습하고 나면 자정이었다. 고등과 졸업식 날, 나는 참모총장인 1등 상과 부상으로 Parker 만년필을 받았다. 나의 평균성적은 92.8이라고 사회자가 말했다. 종합학교 창설 이후 최고점수라고 했다. 보수고등과를 수료하고 학교의 교관요원으로 근무할 것을 제안받았으나 다시 함상 생활을 할 각오로 함상 근무를 희망했다. 함대 사령부 인사과로 신고하니 함대 사령부에 있는 함정 훈련단의 교육 요원으로 발령받았다.

<함정교육단>

함정 교육단(STU : Ship's Training Unit) 에서는 새롭게 교육을

---

20) 진해 통제부의 동쪽 정문을 말한다.

받은 보수 교관이 필요해 내가 발탁되었다. STU 단장은 남철 대령이었다. 부임신고를 했더니

"내가 자네를 특별히 요청했네. 앞으로 같이 일해 보세." 기분 좋은 악수를 청했다.

훗날 이 분의 많은 덕을 보았다. 남철 소령은 육군 소령으로 있던 분이 영어를 잘 한다는 이유로 해군으로 온 분이었다. 하지만 신고하고 나오니 앞이 막막했다. 당장 잠자리가 문제였다. 일단 일반 대원 침실에서 하룻밤을 보내기로 했다. 식사문제와 부식비는 내가 직접 지급하기로 조치했다. 잠자리는 2등 병조인 침실 담당자에게 부탁해서 임시로 있기로 했다. 함상 근무를 하면 하숙비도 필요 없고 식사비도 일반대원들과 같이 제공되니 먹고 자는 것이 해결되었기 때문이다.

함정에 근무하고 있는 승조원의 환기교육(換期敎育)을 하는 곳이 함정교육단이다. 나에게 주어진 임무는 함상 근무자 교육은 물론 출동검사, 입항검사, 소화훈련, 방수훈련 등을 책임지고 교육하는 것이었다. 각 함정의 보수사들은 입항 시를 잠깐 이용해 1시간~2시간 정도 임시방편적인 교육을 했다. 내가 가지고 있던 교수안을 한 자 한 자 철필로 긁어 등사 인쇄해 책임자에게 한 부씩 배부했다. 고등과에서 배운 새로운 것을 전달하는 곳이라고 생각하면 된다.

<해군에서 보수직별이란>

여기에서 보수란 무엇인지 설명할 필요가 있다. 왜 해군사관학교를 비롯해 해군에 없던 보수 직별을 신설하고 보수(Damage Control)란 과목을 교육, 실시하게 되었나 하는 문제를 살펴볼 필요가 있다. 태평양 전쟁 때 미 해군과 일본해군이 맞붙은 산호초 해전에서 미 해군의 항공모함 York Town(요크타운) 호가 일본해

군의 공격을 받고 전투 불능 상태가 되었다. 이것을 함 승조원 전원이 투입되어 3시간 동안의 보수작업으로 하와이로 귀항해서 다시 수리한 후에 뒷날 Midway 해전에 참전하여 혁혁한 공을 세운다. 미 해군은 보수에 대한 중요성을 느끼고 보수교육에 전력을 다했다.

그렇게 열심히 강의하고 함정의 검사(장비 및 안전에 관한 것)와 훈련에 여념 없는 날들이 계속되었다. 그리고 4주간 교관학교 입교발령을 받고 다시 종합학교에 입교했다.

<교관학교 입교>

교관학교는 또 다른 새로운 지식을 배우는 특수한 교육장이었다. 내가 신병들이나, 함정 승조원에게 강의한 방법보다 새롭고 진보적인 교육방법을 습득하게 되었다. 1시간용 교수안을 작성하면 서너 시간 또는 그 이상의 시간을 철저하게 교관 자신이 먼저 학과 내용을 습득하게 하는 교육방법이었다. 교관 자신이 만든 학습방법을 교육생들 앞에 나가 강의를 직접 시연해야 했다. 남이 만든 강의방법을 베끼는 것은 허용되지 않았다. 4주간의 시간은 너무나 빠듯했다.

미 해군 교관의 교과과정을 처음 습득한 것이다. 나는 이상하게도 신병훈련소를 떠나면 또 훈련소로 발령이 났다. 교관학교를 졸업하면 자동으로 원대 복귀하도록 예정되어 있었다. 그러나 교관학교 수료와 동시에 다시 훈련소로 발령받아 훈련소로 부임하게 되었다. 신병훈련소 교육부에서 고등과와 교관학교 출신으로 나를 지명한 것이다. 신병훈련소는 해군 통제부 내 해군병원 우측 보육관 옆 광장에 콘셋을 지어서 신병들을 수용하고 있었다. 교육부 교관으로 배속되어, 주로 보수에 관한 기초적인 것과 소방훈련에 관한 교육안을 작성하는 것이 선결문제였다. 보수 직별자 중에서 누가 이 교수안을 작성할 것인가 고민했을 때, 보수고 등과에서 수석을 한 김재수를 지명한 것 같았다. 나는 각 교관이 시간 배당표를 보고 몇 시간, 몇 교시하면 알아서 교실을 찾아갈 수 있도록 시간표를 만들었다. 새로운 부서가 하나 필요하다고 해서 만든 것이 계획과였다.

해사 5기생 정진형 대위가 과장이었고 나와 수병 2명이 계획과에 배속되었다. 교육계획수립, 교육결과보고 작성이 나에게 주어진 업무였다. 업무량이 상상을 초월할 정도로 많았다. 과업이 끝나고 3, 4시간의 야간근무를 해야만 했다. 그리고 실무분대 분대사로 임명되어 실무분대원의 외출, 외박, 휴가 등의 허가와 내무생활을 관장했다. 세월 가는 줄 모르고 주어진 임무 수행에 바쁘게 보내 던 중, PCE- 51함 인수 요원으로 발령받았다.

< PCE- 51함 인수 요원으로 도미하다>

1954년 4월경이라고 생각된다. 6·25동란 발발 이후 해군 전력을 증가하기 위해 병력과 장비를 보강하는 목적으로 새로운 함정을 도입하게 되었다. 당시 우리 해군에는 PF 61, 63, 65, 66, 4척과 PC형 함 4척이 주력이었다. AMS 소해정의 장비를 보완해서 운항 하고 있었다. 그래서 PCE- 51함, PCE- 52함을 우리가 미국으로 가 직접 인수해 오게 되었다. 그 인수 단장이 내가 보수고등과를 1등으로 졸업하고 함대에 신고하러 갔을 때 '내가 자네를 특별 히 요청했네.' 했던 함정 교육단장 남철 대령이었다. 함대 사령 부에 집합해서 부임신고를 했더니,

"자네 또 만나게 되었네." 하면서 매우 반가워했다.

훈련소에서는 나 혼자만 인수 요원으로 뽑혀 훈련소 내 직원들의 축하 인사를 많이 받았다. PCE- 51함, PCE- 52함의 승조원은 각 54명이었다.

전시에는 한 척당 투입되는 승조원의 T.O[21]는 120명이다.

해군에서 내노라하는 대원만 선발된 것 같았다. 영광이었다.

함대 사령부에 108명 전원이 집합해서 인수 단장인 남철 대령의 인사말과 앞으로의 계획을 들었다. 전원이 신체검사를 받았고 여권 수속 등 바쁜 일과였다.

51함에서 나의 직위는 보수장이었다.

내가 인수 요원으로 발령받았을 때 간단한 영어 예비심사를 했다. 이런 문장을 읽어주면서 해석해 보라고 했다.

"I saw man sawing with the saw." 나는 이 문장을 해석해 보라는 질문을 받고

"뒤의 saw에 the 관사가 붙었으니 명사이고 주격 동사이니 saw는 see의 과거 sawing은 조동사입니까?" 했더니

"알았다." 하고 나가라 했다. 나 혼자의 생각이고 사실 나는 영문법은 제로였다.

---

21) TO는 table of organization 약자. 定員, 일정한 규정에 따라 정한 인원을 뜻한다.

보수학교 동기생과 13기생들로부터도 역시 김재수는 인수 요원으로 선발될 만하다는 평을 받았다. 나는 소위 말해서 **빽**을 쓰거나 부탁을 해 본 일이 없었다.

처음으로 대한민국 여권을 손에 쥐고, US 달러 300씩 받았다. 54년 11월이었다. 한국을 떠나기 전에 미래의 나의 아내가 될 이창섭 양에게 난생처음으로 편지를 보냈다. 함정 인수차 미국으로 떠나면서 편지를 쓴다는 것과 오빠가 회계학교를 수료하고 어느 곳에 근무하는지 알 수가 없다는 것 등을 간단하게 썼다. 미국에 도착하면 다시 소식 전하겠다는 간단한 편지였다.

PF-61함 편으로 진해에서 출발하여 일본의 요코하마(橫浜)까지 갔다. 요코하마에서 여객선 편으로 San Francisco에 도착한 것이 12월 중순이었다. 금문교를 쳐다보며 San Francisco 여객부두에 입항했다. 미 해군에서 제공한 Bus 편으로 San Francisco 시와 Oakland 중간지점에 있는 Treasure Island에 있는 미 해군기지에 여장을 풀었다. In and out Office에서 기지 출입증, PX와 식당 출입증을 만들었다. 신장을 재는 단상에 서니까 Flash가 터지면서 바로 증명이 나왔다. 그야말로 전자동이었다. 다음 날 아침 식사를 하기 위해서 식당으로 갔다. 식당 입구에 Uniform of Day라고 적혀 있었다. 그날은 Uniform of Day라고 해서 식당을 출입할 시에 정복을 착용해야만 했다. 아침 식사 배식대에 준비된 종류는 빵, 우유, 달걀, 사과, 오렌지, 바나나, 커피, 코코아 등 쳐다보아도 배가 불러오는 것 같았다. 우리 해군의 아침 식사는 3:7의 보리밥에 콩나물국이 보편적인데 말이다. 점심은 말할 것도 없고 저녁도 훌륭했다. 시내에 외출해서 보니 하늘이 높다 하고 치솟아 있는 고층건물, 정말 별천지에 온 것 같았다.

나는 서울에 있는 이창섭 양에게 편지를 썼다.

조국은 전란으로 전 국토가 폐허가 되어있는데 여기는 우리가 상상도 할 수 없는 별천지인 것 같다. 나의 후손들은 반드시 미국으로 보내서 영어를 잘 할 수 있게 유학 보내야겠다고 썼다. 그리고 금문교가 인쇄된 그림엽서와 함께 편지를 보냈다.

난생처음으로 미국에서 보낸 편지를 받은 기분은 감격스러웠다는 소감과 함께 회계학교를 졸업한 오빠의 소식도 전해왔다. 그로부터 시작한 편지 왕래는 귀국해서도 계속되었다.

<미 해군의 교육제도와 군 내무생활>

미 해군을 초기교육 하는 곳은 San Diego 신병훈련소다. 미 해군의 신병 교육 기간은 13주이다. 이 기간에 엄격한 교육을 받는다. 1개 중대는 50명 정도이고 병조장 1명과 조수 1명이 있었다. 병조장과 조수 1명은 신병들을 뒷바라지해주는 안내역이라고 하면 적당하고, 다른 교육은 교육장과 교실에서 그리고 실무장에서 13주간 훈련하는 과정이었다.

신병 교육을 수료하면 2등 수병이 되어 주로 해상생활, 즉 함정 근무자로 실무 실습 기간이다. 1등 수병이 되면 하사관 학교에서 자신의 적성에 맞는 학교를 선택해 입교한다. 하사관 학교에 입교하라는 명령서를 받으면 학교 소재지로 부임한다.

학교에 도착하여 숙소의 담당자에게 신고한 후 침구를 받고 부여된 번호를 받아 침실에 가면 침대 번호가 있다. 이 번호가 학교를 졸업할 때까지 신분 번호이다. 아침 6시 기상 후 식사하고 7시 30분에 병사(兵舍) 앞에서 숙소 책임자가 인원 점검하여 학생의 존재 여부를 기록한다. 병사 앞에는 아래와 같은 번호가 있는데 숙소 책임자가 준 번호와 같다.

1	2	3	4	5	6	7
8	9	10	11	12	13	14
15	16	17	18	19	20	20

책임자는 번호만 확인해 기록하며 생도의 출석 여부를 확인한다. 아침 점호 후 학과 교실로 간다. 교실에는 책상 위에 자기에게 주어진 번호가 있다. 그 번호에 맞추어 자리에 앉는다. 교관은 빈 자리의 번호로 학생의 출석 여부를 확인한다. 하루의 일과가 끝나면 자유시간이다. 그날 배운 것을 복습한다. 주로 휴게실이나 침실에 부속된 곳에서 복습한다.

밤 9시에 전 병사(兵舍)는 소등이다.
불이 밝혀진 곳은 화장실뿐이다.
미 해군은 복제 규정이 없다.
근무 중에는 당연히 군복을 입지만 일과가 끝나면 자유이다. 부대 정문 출입도 신분만 확실하면 아무런 제재를 받지 않는다. 내무생활이 따로 없다. 실무부서의 숙소도 계급별 구분이 없다. 침실의 청소나 관리는 담당자를 정해 돌아가면서 한다. 상급자라고 해서 하급자를 집합시키는 일은 없다. 자신에게 부여된 직무에는 충실하게 한다. 근무 시간만큼은 철저하며 책임감이 강하다.

우리 해군은 헌병대가 있었다.
토, 일요일 시내 외출 나온 대원들의 신분을 조사하거나 복장이 불량하면 복장이 불량하다고 제재를 가했다.
일본식 제도를 본받은 것이다. 미군은 함정이 항구에 입항(특히 외국 항)하면 함 자체에서 SP(Security Police)를 차출해서 외출한 대원들의 안전을 위해 주의를 기울인다. 보통 생각하는 군인 경찰이 아니다. 미군의 헌병제도 MP(Military Police)는 어떤 사건이 발생했을 때 출동하여 문제를 해결하고 범법자에 관한 법률을 적용하고 집행하지만, 해군 SP는 주로 외국에서 대원의 안전을 위한 제도이다.

<PCE-51함 인수 요원 교육>

San Francisco에서 거의 1개월간 소화훈련, 방수훈련을 받았다.
함정 인수 전에 소정의 교육계획에 따라 제일 먼저 시작한 것이
소화훈련이었다. 한국 해군 에서는 한 번도 해보지 못한 처음 해
보는 훈련이었다. 함장 이하 전원이 똑같은 소화복을 입고 소화
훈련을 했다. 함정구조와 똑같은 건조물로 된 내부에서 실제적인
훈련을 반복하는 것이었다. 기관실 화재 훈련 시 교관이 "Goose
Neck! (거위 목)" 을 외치면 소방호스를 꺾어 기관실 바닥의 구
멍으로 내려 소화 호스로 물을 좌우로 뿌려 기관실 화재를 진압
했다. 방수훈련과 보수에 관한 훈련을 실전과 같이 집중적으로
받았다. 전투 중 함정의 손상을 최소화하는 것이 바로 승조원의
생명을 구하는 것이고 전투력을 향상하는 것이라고 강조했다. 매
일 계속하다 보니 숙달되어 모두 잘하고 있었다.
한국을 떠날 때 받은 300불의 수당과 미국 정부에서 지급하는 1
일 1불의 수당을 모아서 미래의 아내에게 줄 선물을 준비했다.
치마, 저고릿감을 세 벌, 양장용 모직물 한 벌, 화장품 몇 개, 백
화점 내를 돌아다니면서 보니까 Weekly pants라고 쓰여 있는 속
내의가 예쁘고 보기 좋아서 샀다. 조그마한 가방 하나를 사서 별
도로 짐을 꾸려 놓았다.
San Francisco에서 PCE-51, PCE-52함을 인수하고 San Diego로
이동하며 해상훈련을 받았다. 내가 훈련받은 배는 PCE-51함이었
다. 함정에 처음 승함하니 PCE-882 Asheboro란 기존의 미 해군
함명이 동판에 적혀 있었다.

그때 나의 눈에는 미국이란 나라는 자원이 무궁무진한 나라로 보
였다. San Francisco에는 2차대전이 끝나고 예비역으로 편입된 순
양함, 구축함이 끝이 보이지 않을 정도로 계류되어 있었다. San

Diego에 와서 보니까 LST가 수백 척이 계류되어 있었다. B29 폭격기도 San Diego 건너편에 있는 Coronado에 있는 해군에서 사용했던 함재기, 수상기 등이 끝이 없이 진열되어 있었다. 7개월간의 훈련이 끝나고 하와이로 향하기 위해 준비를 해야 했다.

1955년 6월 초 San Diego를 출항해서 하와이에 입항했다. 교포들의 열렬한 환영행사를 받았고 환영행사에도 참여했다. 하와에서 약 1주간을 기항하며 일본 요코스카(橫須賀)항으로 항해할 준비를 해야 했다. 항해 mile 수와 항해 일자를 계산해서 기름을 수급하는 데 신경을 써야 했다. 날씨만 좋다면 Full Tank로 해도 충분할 것으로 계산을 해서 Air Vent까지 꽉 채워 Full Tank 했다. Air vent의 공기 배출구를 나무쐐기로 끼우고 고무 Tape로 봉함했다. PCE-52함에서는 Pick Tank에 예비기름을 Filling 한다는데 나는 Pick Tank에 청수(淸水)를 만재했다. 출항함과 동시에 전 탱크의 기름을 Engine으로 들어가는 예비 Tank에 조금씩 2일간 소비하니 Ventilation에서 기름이 Over Flow가 되지 않았다. 일본에 도착해서 Sounding 해 보았다. 하루 정도의 여유가 있었다. 태평양 횡단 중에 Pick Tank의 물을 이송해서 대원들의 목욕물로 공급했더니 대환영이었다.

1955년 7월의 어느 날 오후에 PCE- 51, PCE- 52함은 모항인 진해에 도착해서 참모총장에게 신고했다. 우리가 인수해 온 미 해군의 PCE-882 Asheboro는 한국 해군 PCEC-51 노량함[22]으로 명명되어, 함대 사령부 산하의 제1전단에 편입되었다. 한국 해군에서는 최신식이라고 했지만, 미국에서는 쓸모가 없어서 버려진 것이 우리에게는 새로운 전투력 향상으로 이바지했다. PCE-51함은 주로 동해에 출동하여 경비 임무를 수행했다. PCE-51함에서 함

---

22) PCEC-51(노량함). 1959년 소연평 근해에 침투한 무장간첩선을 격침하고 1977년에 삼천포 근해로 침투한 무장간첩선 탐색에 동원되었다.

상 생활을 본격적으로 하게 되었다. 서해와 동해에 출동을 두 번 다녀왔으며 PCE-51함에서 1년간 근무했다.

<백령도 냉면집>

1955년 PCE-51함에서 근무 당시 서해에 출동해 나가면 백령도를 비롯한 서해 5도의 주변 경비 임무를 했다. 인천에서 백령도로 왕복하는 여객선을 호위하는 특별임무 작전이었다. 한가할 때는 연평도에 상륙해서 연평도 산골짜기에서 가재도 잡고 소박한 섬 사람들의 생활환경도 보았다. 백령도에서 LST-Beach가 있는 육상 끝에 조그만 오두막 초가집이 있었다. 평양에서 피난 나온 노부부가 맷돌에 간 메밀가루로 순전히 손으로 만들어서 주는 평양냉면은 동치미 국물에 말아 먹는 냉면 맛으로 일품이었다.

1970년 USNS LST-1067의 승조원으로 백령도 Radar 기지에 보급품을 수송차 백령도 LST-Beach에 정박했다. 현역 시절에 기항했던 곳에 예비역으로 다시 찾아 감개가 무량했다. 그 노부부의 냉면집에서 필자와 심인섭, 김희연 세 사람이 노부부와 함께 옛날 이야기를 했다. 노부부는 냉면값을 받지 않겠다는 것을 우리는 곱절로 냉면 대금을 지급해 주고 왔다.

LST와 LST-Beach (참고사진)

<육군 보병학교 화생방학교>

1956년도 신년 초였다. 미국에서 인수한 PCE-51함 승선 근무 중 광주에 있는 육군 보병학교 내에 있는 화생방학교에 입학명령을 받아 입교하였다. 교육 기간은 4주였다. 교과목은 원자방어, 화학용 Gas에 관한 것 등이었다. 내가 1조에서 병조장 진급시험 때 시험문제의 대부분이 화생방학교의 교육과목에서 출제가 되어 쉽게 진급시험에 합격할 수 있었다. PCE-51함으로 복귀해서 신고하고 난 1개월 정도 지난날 서무장이

"보수장! 신병훈련소로 전속발령이 났다." 라고 통보했다. '또 신병훈련소인가?' 여하간 명령이니까 훈련소에 부임 신고했다. 교수부로 배속되어 원자방어와 GAS(화생방)에 관한 교수안 작성 및 강의를 했다. 신병은 물론 교관들에게 원자폭탄에 대해 특별 강의를 했다. 알파(α), 베타(β), 감마(γ) 방사능은 어떻게 인체에 해를 주며 방사능에 노출되면 치료할 수 없다는 것을 내가 배운 대로 열심히 교육했다. 이상하게도 훈련소를 떠나면 또 훈련소로 돌아오게 되었다. 교육부에서 다시 계획과로 배속되어 종전에 했던 교관 배치시간표 작성, 교육계획수립, 결과 보고 등 바쁜 업무를 해야 했다. 옛날 업무에 복귀한 것이다

<내가 받은 원자탄 교육과 내 생각>

내가 육군 보병학교에서 배운 원자폭탄의 강의 중 기억에 남는 것은 원자폭탄의 폭발은 일기(日氣), 즉 기후(氣候)와 매우 밀접한 관계가 있다는 것이다. 미군이 원자탄 투하를 먼저 동경으로 생각했으나 당시 동경은 잿더미가 되어있었고, 오사카(大阪)는 공업지대라 B-29 180대가 원자탄을 투하해도 별 소득이 없었다. 일기와 기후를 고려해서 히로시마로 결정한 것은 기후 조건이 좋을

뿐만 아니라 공업지대였기 때문이다. 1945년 8월 6일 아침 8시 15분에 투하해서 8만 명이 사망했고 8월 9일에는 나가사키(長崎)에 투하해서 3만 명이 사망했으며 방사능에 오염된 환자들은 오늘날까지도 방사선의 피해에 고통스러워하고 있다.

내가 예전에 교육받은 거로 북한이 원자탄을 서울에 투하할 수 있는가 하는 문제를 생각해 봤다. 앞서 언급한 대로 원자탄이 폭발해서 피해를 극대화하기 위해서는 기후와 밀접한 관계가 있다고 했다. 그렇다고 한다면 원자탄은 태양의 광열(光熱)이 반드시 수반되어야 한다. 겨울철의 눈과 비 온도 기압 및 풍향 등을 생각한다면 겨울철에는 사용해도 효과가 없다. 또 하나는 우리나라 겨울철에는 시베리아에서 발생하는 고기압의 영향을 받는데 이 풍향은 호주, 뉴질랜드까지 파급되어 일본에도 피해가 가는 것이다. 만일 북한이 여름철에 핵폭탄을 서울에 투하한다면 여름철에는 동남아 해상에서 발생하는 태풍 저기압이 수시로 발생하는데 이 풍향은 동남아를 거쳐 중국, 한국, 일본에 상륙하면서 북해도, 캄차카반도를 거쳐 알류샨 열도(Aleutian Islands)에서 소멸한다. 북한이 이러한 기상을 고려한다면 서울에 원자탄을 투하하면 평양도 방사선 피해에 직면하게 된다. 히로시마나 나가사키(長崎)의 피해가 단기간에 회복된 것은 요즘 시각으로 보아 아주 규모가 미미한 원자탄이었기 때문이다.
그때 나와 같이 화생방 교육을 받은 대원들은 함정에 배치되어 방사능 예방 장비를 설치하고 점검했다. 승조원들에게 방사능 예방과 교육도 물론 아울렀다.

<병조장(兵曹長) 진급>

1조에서 병조장으로 진급시험 제도가 시행되었다. 진급시험준비를 따로 해야 했다. 신병훈련소 계획과에 있었으므로 훈련소 내의 신병들 교육계획, 교관들의 강의시간 배치 등 자정까지 넘기는 것은 예사였다. 너무나 업무량이 많아 고생 많이 했다.

병조장 진급 직급시험 내용의 50%가 주로 육군 화생방학교에서 배운 원자방어와 화생방에 관한 것이 출제되어서 나에게는 쉬운 문제였다. 직별에 관한 문제가 50문제, 일반상식문제가 50문제 모두 100문제였다. **나는 수석으로 시험 합격하여 6월 1일부로 병조장으로 진급했다.** 청색 작업복에서 카키색의 근무복으로 바꿔 입게 되었다. 병조장 복장은 장교 복장과 같으나 모자에 금테가 없고 모표(帽標)가 달랐다. 복장은 사관 복장과 같고 식당, 침실 등도 독립적인 대우였다.

청바지를 벗고 병조장 정복으로 복장 단정히 해서 신병훈련소 소장 박병태 대령에게 진급신고를 했다. 내 동기생 정병선은 2조에서 1조로 진급되어 같이 진급신고를 했다.

소장이

"같은 동기생이라고 하면서 자네는 왜 이제 1조가 되었는가? 휴가 갔다 왔는가?" 라고 물었다.

이 일로 인해 누군가 진급이 늦으면 휴가 갔다 왔는가? 하는 유행어가 만들어졌다. 여담이지만 병조장 진급할 때 나의 진급 인사를 받은 훈련소 소장 박병태 대령은 뒷날 내가 선장으로 있을 때 같은 회사의 다른 선박에 기관장으로 근무했다.

13기생 중에서 우수하다고 인정되는 사람들은 그때 처음으로 병조장으로 진급했다. 병조장으로 진급이 되는 것과 동시에 계획과에서 훈련대 중대장으로 보직이 변경되어 59기생 1중대장으로 임명되어 신병 교육에 직접 관여하게 되었다. 605 중대장(60기생 5중대)으로 신병들과 같은 침실에서 같이 생활했다.

<영어학교 입교>

나는 신병훈련소 613중대장으로 복무 중, 해군영어학교 1기생으로 입교발령을 받아 영어학교에 입교했다. 입교함과 동시에 Current English(시사영어)로 시작해서 Dixson 7의 (小野文法 고노 문법) 문법을 첨가해서 1일 8시간 동안 영어만 하게 되니 고된 영어 교육이었다. 해군 영어학교 1기생 25명 중 13기생은 나밖에 없었다. 대개 30기 생들 이상이었다. 30기생들은 거의 고등학교 출신들이라 영어는 기본적으로 잘 했다. 나는 영어 기초가 없으니 너무나 애를 먹었다.

그 날 배운 것을 복습해야 했고, 내일 배울 것을 예습해야 했다. 새벽 4시가 되어야만 취침할 수가 있었다. Final Test는 사관학교 영어전용교실에서 미 해군 병조장 CPO(Chip Petty Officer)가 주관하여 Dictation 및 회화를 하는 것이었다. 문법 이전에 말부터 배워야 한다는 것이 그들의 교육 방침이었다. 영어학교를 겨우 Pass 한 것이 나의 성적이었다. 내가 해군에서 받은 교육 중 제일 힘든 교육으로 기억된다. 퇴교하고 싶은 생각까지 가진 유일한 해군 교육이었다.

영어학교 졸업 후에 원대 복귀하여 66기생 665중대장으로 임명되어 중대 교육에 열심히 한 결과 가(假) 명예 중대가 되었다. 66기생 중 입대한 지 1.5개월 후 67기생이 입대하여 선임대대, 후임대대로 구별되었다. 66기 수료 후에 68기생이 입대했고, 나는 681중대장으로 임명되었다. 68기생들은 전반적으로 학력이 고등학교 졸업자였다. 특히 681중대는 훈련과 학술도 우수했으며 신병훈련소 창설 이후 처음으로 제1회 정식 명예 중대가 되었다. 나에게는 표창장과 함께 손목시계를 부상으로 받았다.

<1950~60년 당시 해군의 부끄러운 비리>

해군 함정이 해역경비를 위해 출동하면 위치보고를 하게 되어있다. 1950~60년 내가 함상 근무하던 시절 서해 경비를 위해서 출동한 함정은 '경비구역 내에서 임무 수행 중'이라고 위치보고를 하나 실은 연평도 앞바다에서 Anchoring하고 함정의 유류를 팔아서 생긴 돈으로 상륙하면 술판을 벌이는 게 다반사였다.
정해진 승조원의 1/3은 휴가로 하선하고 2/3만의 승조원으로 출동하는 것이었다. 3명의 수병은 2명이 되고 3명이 해야 할 과업을 2명이 해야 한다. 휴가 간 승조원의 식비와 수당은 어디로 갔을까? 그런 일이 비일비재했다.

<해군의 주임상사 제도>

내가 존경하는 해사 3기 출신 오윤경 대령이 OO함 함장으로 재임 중 해사 출신 박모 중위가 중사 한 사람을 구타한 사건이 발생했다. OO함의 모든 중사, 상사가 제대 내신을 전보로 해군본부에 타전했다. 그 소식을 들은 함대 산하 모든 함정의 중사, 상사가 제대 내신을 제출했다. 해군 창설 이후 중, 상사가 집단 행동한 큰 사건이었다. 해사 출신 신임 소위들의 중사, 상사 구타문제는 다분히 감정적인 요소가 많았다. 당시 참모총장은 장지수 제독이었다. 이 분은 해군 내에서 상당히 신망 있는 분이었다. 참모총장의 지시로 각 부서에 주임상사를 임명하고, 참모총장 집무실 옆에 참모총장과 직접 통할 수 있는 사무실을 마련해서 각급 장교들의 구타를 직접 보고받는 제도를 시행했다. 각 함정과 육상부서에도 주임상사가 임명되면 부장(副長)과 직접적인 대화 통로가 이루어졌다. 구타사고가 발생하면 그 즉시 해당 장교는 예편하는 조치와 진급에 영향을 주었다. 문제의 박 중위는 맹장 수술을 한다는 펑계로 해군병원으로 도망가서 위기를 모면하고, 한동안 신병훈련소에서 근무했다. 마산고등학교 출신이다. 진급에도 불이익을 당했을 것이다. 그 사건 이후로 함상에서 장교들의 중사, 상사 구타 사건은 사라졌다.

<해군 생활을 하면서 기억에 남는 이재송 대령>

이 분은 고베(紳戶) 상선학교 출신으로 6·25 때 해군에 입대해서 함장도 역임했다. 나라를 위한 마음가짐은 진심, 그것이 전부였을 것이다. 함정 교육단장으로 근무할 때 시내의 관사에서 도보로 출퇴근했다. 기름 한 방울 나지 않는 나라에서 절약해야 한다며 Jeep 차도 반납하고 출퇴근 때는 걸어서 다녔다. 건강에도 좋고 여러 사람과 같이 이야기하며 걸으면 친밀감과 상식도 는다고 했다. 갑판 출신이지만 기관에 관해서도 기관장과 동등한 기술을 가지고 있었다. 통신사로서 손색이 없을 정도로 통신을 잘했고 국제 통신법규에도 정통했다.

<나의 학력>

하사관학교를 졸업하면 수료와 동시에 하사관으로 진급이 되었다. 나는 우리 동기생보다 진급이 6개월 앞서가게 되었다.
종합학교 생도들의 기별은 11기, 12기생들과 같은 종합학교 기별이었고 그중에서도 병조장으로 진급할 때 내가 제일 빠른 진급을 했다. 6.25 발발로 병력보충의 필요성이 요구되어 신병 21기생이 1,200명 대량 모병이 되었다. 그러기에 제대라는 것은 없었다. 자동으로 장기복무를 하게 되었다. 일 계급 진급하면 자연히 복무기간도 연장되는 것이다. 그래서 고등학교 졸업장의 필요성을 생각하게 되었다.

진해에는 공립으로 진해중학교와 여중·고가 있었다. 진해 역 옆에 충무상업 중학교가 있었다. 국회의장을 지낸 황낙주 씨가 설립했으며 천막촌 교사였다. 진해 미 해군 고문관실과 유대해서 많은 원조를 받았다. 부산 미군 부대와 진해 고문관실에서 보급품 포장용 판자의 폐품을 무료로 받아 학교를 지어서 가난하고 재정이 빈약한 학생들을 나이 불문하고 입학시켰다. 나는 한국 해군으로 유일하게 고문관실에 무상으로 출입했는데 미 해군 친구인 Thomas D. Beth와의 친분으로 X-mas 파티에도 나 혼자만은 참석했다. 고문관실에 자주 출입하다가 황낙주 씨를 알게 되었다. 진해 미 해군 고문관실이 충무중학교와 충무상업 고등학교의 후원자가 되어 물질적으로 학교운영에 많은 후원을 해서 훌륭한 학교 하나를 설립하게 되었다.

황낙주 이사장과 의논해서 중학 3학년으로 편입했다. 젊은 학생들과 병조장 복장으로 나이 많은 학생이 맨 뒷줄에 앉아 중학과정을 시작했다. 고교에 진학해서는 부기와 주산을 배웠다. 그때 나는 미혼이라 훈련소에서 의장대원과 숙식을 같이 했으며 밤 11시에 돌아오곤 했다. **나는 충무 상고 4회 졸업생이 되었다.**

때마침 마산대학 분교가 진해 해병대 기지(경화동에 있음) 내에 세워졌다. 나는 경제학과에 등록했다. 일반 교양과목과 영어는 원서로 강의했고 독일어도 배웠다. 경제학은 '케인스 경제학'을 처음으로 '효용의 한계'란 내용의 강의를 청강했으며 1학년 말학기 시험 후에는 경화동의 막걸릿집에서 종강 파티를 하였다. 대개의 연령층은 나와 같은 30년생이었고, 육군 대령을 비롯한 각양각색의 야간 대학생이었다. 2학년부터는 교실을 구하지 못해 마산의 본교로 편입되었다. 수강생 대부분은 마산의 본교로 등교하게 되었다. 마산에서 하숙하고 진해로 출근하는 열학파도 있었다. 나는 그때 결혼 전이라 영내생활을 하고 있었다. 의장대원들

과 생활도 있었지만, 군악에 맞춘 새로운 관병훈련을 구상 중이
었고 숙식을 같이하는 형편이기에 학업을 계속할 수가 없었다.
그러니까 대학 문턱을 밟기는 밟은 것인지 궁금하다.

<황낙주23)씨와 나>

어느 날 황낙주 충무 상고 이사장이 나를 만나자는 연락이 있었
다. 내가 충무 상고 4회 졸업식 때 군악대와 의장대를 동원해서
졸업식의 주도적인 역할을 했다. 이사장 앞에서 사열을 시키고
관병훈련을 해서 학부형과 손님들의 찬사를 받아 졸업식장을 빛
나게 했다. 어떤 고등학교 졸업식도 군악대, 의장대가 출연해 준
사례가 없었다.
황낙주 이사장의 자택으로 갔다. 황 이사장의 자택은 진해극장
건너편의 이층집이었다. 부인이 차를 준비해서 기다리고 있었다.
차를 권하며 앞으로 국회의원에 출마할 계획이니 협조를 부탁한
다고 했다. 진해에서는 야당이 국회의원에 출마해서 당선된 사람
이 없었다. 자기를 진해에 주둔하고 있는 해군들에게 인식되도록
협조를 부탁하며 어떤 방법이 없겠는가 하는 것이다. 충무중 상
고의 학생들은 대부분이 저소득층의 자녀와 정규 중고에 진학하
지 못하는 학생들이 대부분이었다. 그래서 황낙주 이사장은 서민
층에서 인기가 있었다. 그러나 거대한 조직을 형성하고 있는 여
당 성향의 해군 유권자의 지지 받기에는 역부족이었다.

황낙주 이사장은 평소의 말솜씨가 일품이었다. 연설도 잘했다. 매
기수 해군 신병 수료식을 거행할 때는 사열관으로 제독 한 분과

---

23) **황낙주**(黃珞周, 1928년 3월 22일 ~ 2002년 12월 12일)
국회의장을 지낸 대한민국의 정치인. 제8대, 제9대, 제10대, 제12대,
제13대, 제14대, 제15대 국회의원 역임.

주빈으로는 민간인 중에서 한 분을 초청해서 격려사를 하는 것이 상례였다. 몇 기생의 수료식 인줄은 모르겠으나 황 이사장이 내게 부탁한 약속을 지켜 주기 위해, 수료식의 주빈으로 초청해 줄 것을 훈련소장 허덕화[24] 대령에게 요청해 승낙을 받았다. 소장 명의의 초청장을 보냈더니 대단히 기뻐했다.

그때 황 이사장의 격려사 구절이 지금도 생각난다. 그 격려사의 요지는 이랬다.

"Rocky 산맥의 정점에 내리는 빗방울이 동서로 갈라서서 태평양, 대서양으로 흘러 거대한 오대양이 형성된 것과 같이, 훈련을 끝내고 훈련소를 떠나는 여러분들도 하나하나 각 부서에서 바다를 지키는 국토방위에 매진하는 것은 저 대양과 같이 거대한 것입니다."

대략 위와 같은 격려사였다. 황 이사장은 군악대, 의장대를 사열하였고 신병 분열식을 받은 것은 일생을 두고 잊지 못하겠다고 했으며 평생의 영광으로 간직하겠다고 했다. 그 후 진해지구에서 출마하여 낙선했다. 한참이 지난 후 선거구가 진해, 창원이 하나의 지역구로 통합이 되었을 때 출마하여 국회에 진출했다. 서울로 떠나기 전에 만나자는 연락을 받고 만나서 이별의 차를 나누었다. 진해 지역구로 내려오면 내게 꼭 안부 전화를 했다. 박정희 정부 시절에 국회의장을 지냈으니 사람의 팔자는 무엇으로 평해야 할지 모르겠다. 나는 그 후, 뱃사람(船員)이 되었다.

<의장대 중대장으로>

당시 훈련소에서는 의장대를 시범 중대라고 했다. 시범 중대 책임자였던 나의 동기생 윤홍섭 병조장이 제대해서 공석이었다. 책임자 없이 그 해 국군의 날 행사에 참여해야 했다. 훈련대장인

---

24) 진주 중학교 출신

해사 4기생 김용수 소령이 나에게

시범 중대를 인솔해서 국군의 날 행사에 참여하라고 지시했다.

48, 49기생이 주축이 된 시범 중대였다. 더욱이 중대장까지 공석이었던 관계로 나는 의장대에 관한 관심도 없었다. 사관학교 생도와 같이 여의도 비행장에 도착해 천막 막사에서 의장대의 장비와 대원을 집합시켜 놓고,

나는 정식으로 임명된 중대장도 아니고 임시 인솔자이니만큼 여러분들이 알아서 잘 하라고 부탁했다.

다음 날 해사 생도와 같이 분열훈련을 했다. 그야말로 신병 중대가 한 것보다 형편없는 훈련이었다. 아니나 다를까 제병지휘관 오윤경 중령이 나를 호출해 놓고

의장대 훈련이 왜 이렇게 형편없는지를 질책했다.

자초지종을 설명했다.

"나는 신병 훈련대 중대장으로 근무했고, 의장대장이 공석이라 임시 인솔자입니다. 이제부터라도 열심히 해서 훈련하겠다." 답했다.

아침에 6시에 기상하여 7시 30분까지. 저녁 후에도 다시 훈련을 계속했다. 잠자는 시간, 식사시간을 제외하고는 분열훈련을 열심히 했다. 국군의 날 행사를 하기 위해 2주일 전에 우리는 여의도에 합류했다. 타 군부대는 3개월 전부터 집결하여 분열훈련을 하고 있었다. 타군 부대보다 훈련에 합류한 시간은 늦었지만, 열심히 훈련한 결과 행사는 그런대로 잘했다고 생각되었다.

제병지휘관 오 중령이 직접 찾아와서

"정말 잘했어. 처음 보았을 때는 염려가 되었는데, 열심히 해 주어서 고맙다."

의장대원에게 격려와 위로의 말을 전해주었다. 나야 진해가면 의장대와 관계가 없게 되니까 홀가분한 마음으로 여의도를 떠나게 되었다. 신병훈련소에 복귀하여 행사에 관한 사항과 경과보고를

했다.

보고를 받은 훈련대장 김용수[25] 소령이

그러지 말고, 아예 의장대 중대장을 정식으로 맡아서 하는 게 어떨지 제안했다.

나는 당연히 거절했다.

지금 이 의장대 인원으로는 의전행사나 참가하는 것으로 만족한다면 별문제가 없겠지만 관병훈련 Team으로는 훈련이 부족하고 새로운 유능한 사람을 차출해서 중대장으로 임명하는 것이 좋을 것 같다 하고 물러 나왔다.

다음 날 소장의 호출이 있어 소장실로 갔다.

의장대를 맡지 않겠다는 이유가 무엇인가 물었다.

장기간 책임자 없이 흩어져 있는 대원을 다시 훈련해 제대로 하기 위해서는 역부족이란 골자로 보고를 했다.

"그러면 의장대를 어떻게 하면 제 궤도에 도달하게 할 방안이 있는가?" 반문했다.

"좀 생각할 수 있는 시간을 달라." 하고 소장실에서 나와 생각을 정리하여 다음과 같은 계획을 보고했다.

- 현재 하는 관병훈련은 주먹구구식이며 어떤 기준도 없다.
  그때그때 적당히 하고 있다.
- 인원을 전원 교체해야 하겠다.
  입소하는 70기생 중에서 80명을 요구했다.
- 의장대 기구의 혁신이었다.
  M1 소총의 도금. 대금용 허리띠. 멜빵끈을 품위 있게 새로 제작해 줄 것.
-. 장갑, 구두약, 각반의 정기적인 보급. 훈련복, 훈련화의 공급

---

25) 해사 4기

위와 같은 내용을 제출하여 동의를 얻었다. 70기생 중에서 80명을 선발하여 708중대가 편성되어 본격적인 의장대 만들기에 전념하게 되었다.

<군악에 맞춘 관병훈련>

의장대 중대장으로 부임하여 우선 훈련내용을 하나하나 분석해 보았다. 제대로 된 과정이나 교본이 없었다. 행사할 때마다, 적당히 변형해서 시범하고 있었다. 한 동작 한 동작할 때마다 일일이 구령을 붙여 중대를 통솔하고 있었다. 행사할 때마다 약간씩 변경된 것도 있고, 어떤 기준이 없었다. 집을 지어도 설계도가 있어야 하는 법이다.

각 동작을 분리해서 훈련순서를 정하면, 대원들이 훈련하기도 쉽고 배우기도 쉽다. 또 보기도 쉽게 해야 한다고 생각하게 되었다. 우선 9, 12, 16, 21, 4인조, 31개 동작으로 나누어서 훈련순서를 정하면 되겠다는 생각이 들었다.

대원을 집합시키고 대략적인 설명을 했다. 그리고 하나하나씩 분리해서 연습해 보니까 처음에는 제대로 맞지 않았지만, 며칠 연습을 하니 내 생각대로 되어 들어갔다. **내가 복안으로 생각하고 있던 계획을 고참병으로 하여금 우선 연습시켜 70기생의 기본적인 교련을 약 4주간에 걸쳐 완료하도록 했다.**

그 후부터는 관병훈련을 가르치기 시작했다. 습득하는 과정이 상당히 빠르게 향상되었다. 70기생이 신병훈련소를 수료할 때까지 같은 내무반에서 같이 잠도 자고 그야말로 생사고락을 같이했다. **당시 의장대의 T.O는 55명이었다.**

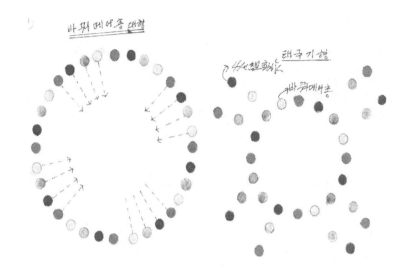

선임 수병 5명이 70기생들의 의장대 만들기에 조교로서 큰 노력을 해주었다. 의장대가 해야 할 준비사항부터 새롭게 교육을 했다. 총기 손질은 물론, 구두 닦기, 행사복 다림질하는 것 등 언제라도 행사에 출두할 수 있게 준비해 두게 하는 것이 선결문제였다. 선임 수병들이 잘 지도해 주었다. 합동내무대 내의 침실 하나를 총 돌리는 교련장으로 만들었다.

M1 총을 돌리는데 팔의 각도가 옆에서 보아 팔꿈치를 기준으로 90°가 되도록 하여 총을 돌리게 했다. 90° 각도에서 돌리면 상당한 힘이 든다. 옆에서 보아 45° 각도로 돌리는 것은 총을 돌리기는 쉬우나 외관상 보아 잘 맞지 않아 의장대의 일률적인 단체미가 안 보인다. 앞과 옆에서 보면 전부 따로 돌아가는 것처럼 보인다. 이것을 피하고자 90° 각도로 돌리는 것은 상당한 훈련이 요구되었다. 큰 거울을 앞에 두고 매트를 발등 위에 덮어 M1 소총을 돌리는 훈련을 계속해서 반복하니 300~ 400바퀴씩 돌리는 것은 보통으로 하게 되었다.

오별(伍別), 반별, 분대별로 각자의 위치와 동작을 숙지시키고 훈련하니까 조직적이고 멋들어진 조화가 이루어져 갔다. 70기생들은 이해와 습득하는 것이 빠른 속도로 진전되었다.

관병훈련 종목을 정리해 보니까 정지 동작인 9개 동작, 12개 동작, 4인조, 31개 동작. 행진 동작인 1열 횡대, PT형, K · N(Korea Navy) 형 시간은 약 15분 정도였다. 그런데 종전과는 좀 다른 새로운 훈련을 고안해야겠다고 생각했다. **해병대 의장대 훈련도 보고, 논산훈련소까지 가서 육군이 하는 것도 보았으나** 별로 특별한 것이 없었다.

"바꿔 메어 총"을 해야겠는데 어떤 아이디어도 떠오르지 않았다. 우리가 훈련하는 장소는 통제부 사격장 옆 공터를 정리해서 사용하고 있었다. 대원들에게 휴식을 주고 앉아서 생각하고 있었다. 그때 흐르는 물 위에 단풍잎이 떨어지더니 흐르는 물결 따라 원을 그리며 회전하는 것을 보고 저렇게 하면 되겠구나 하는 생각이 들었다. 즉시 사무실로 돌아와 백지 위에 원을 그리고 32개의 점을 찍어 보았더니 무엇인가 될 것 같았다. 하지만, 중대원 32명이 어떠한 방법으로 원을 만들 수 있을까? 좋은 생각이 떠오르지 않았다. 그날 밤 내무반 침실 책상 위에 접었다 폈다 할 수 있는 부채가 놓여 있었다. 무심코 펴 보았다.

그 순간 '이것이구나, 부챗살 모양으로 만들면 되겠구나.' 생각했다.

다음 날 대원들에게 **내가 생각한 formation을 설명하고 오별로 뒤로 돌아서 보폭을 조정하여 부챗살과 같은 형을 만들었다.** 간단하게
만들어졌다. 그리고 한 사람 한 사람 1분대원이 오른편으로 돌아가는 기점에서 방향을 오른쪽으로 바꿔가면서 거리를 조정하니까 원형이 만들어졌다. 그 형에서 바꿔 메어 총을 하니까 원위치로

돌아오게 되었다. 태극기 형도 쉽게 만들어졌다. 그렇게 해서 훈련을 거듭한 결과 만족할 만한 관병훈련이 완성되었다. 시간을 확인해 보니까 약 17분 정도였다.

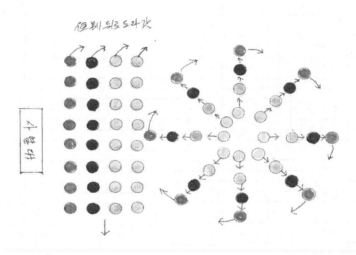

그때까지는 정지 간의 동작은 한 부분(종목)마다 중대장의 구령에 따라서 동작을 했다. 예를 들면 "31개 동작 오른편 어깨 총~!" 식이다. 하지만 행진 간의 시범을 보일 때는 구령의 타이밍을 잘 못 맞추면 보수(步數) 계산이 하나의 장애가 된다는 것을 발견했다. 사열대를 중심으로 오른쪽, 왼쪽으로 왕복하게 되는데 훈련 동작을 마음속으로 보수(步數) 계산을 하면 중대의 위치가 사열대의 정면위치에서 벗어나게 되는 것이 약점으로 지적되었다. 그래서 60보의 보수(步數) 동작이 제일 적합한 것으로 판명됐다.
한 행렬의 훈련이 끝나고 일단 정지했다가 대열을 바꾸기 위해서 오른쪽으로 두 번 돌아서 정지했다가 다시 하나, 둘, 셋 하면서 훈련을 계속하는 방법을 택했다. 이 시점에서 군악에 의한 훈련도 가능하겠다고 생각하게 되었다. 정지 동작에서는 총을 한 번 치는 것으로 무방했으나 행진 중의 동작에는 총을 두 번 쳐야 박자 맞는 행진을 할 수 있다는 것을 알았다.

그래서 처음 시작할 때 한 번의 구령에 따라서 시작하고 마지막에 "받들어 총!" 하고 끝맺음을 해야 하겠다고 생각했다. 훈련 종목을 확인하고 동작마다 보수(步數)를 기록해 보았다. 확인한 보수에 의해서 군악에 맞추어 훈련하게 되면 문제가 해결될 것 같았다.

합동내무대의 의장대 침실 옆의 작은 방에서 훈련내용의 보수(步數)를 기록하고 사열대를 기준으로 행진 간에 좌우 균형이 잘 맞추어지도록 고심했다. 밤 중에 훈련소 연병장의 사열대를 기준으로 보수를 재어 보기도 했다.

그때가 밝은 달밤이었다.

당직 사관이 연병장에 왔다 갔다 하는 나를 확인하고

중대장이 이 밤 중에 무엇 하느냐 물었다.

달밤에 체조합니다는 우스개로 답을 했다.

종이를 들고 보수를 세어가며 손전등으로 확인하는 과정을 보았다. 다음날 당직 사관이 소장에게 의장대 중대장이 밤 중에도 훈련에 관한 연구를 하고 있더라고 보고했다.

며칠 후. 훈련소장 신만균 대령에게 훈련내용과 군악에 맞추어서 관병훈련을 하겠다는 계획을 설명했다. 훈련대장 송승길[26] 소령에게 보고하고 군악대장과 교섭해서 관병 훈련곡을 만들기로 합의했다. 나는 5선지에다가 4절씩 계산한 보수를 기록했다. 이것을 군악 학교 5기생인 이용도 1조에게 전했다. 이용도 1조는 매일 밤 합동내무대 나의 방에서 밤늦게까지 곡을 만드는 작업에 헌신해 주었다.

동작에 따라 민요도 삽입했고 31개 동작 시에는 당시 유행했던 Giant란 영화 주제곡을 넣었다. 태극기 형은 '휘날리는 태극기'를 넣었고, PT형은 '해군가'를 삽입해서 곡을 완성했다.

---

26) 해사 5기

1960.4.2 신병훈련소(나팔대와함께)

훈련소 나팔대의 지원을 받아 큰북과 작은북을 치며 박자를 숙지시키기 위한 훈련을 거듭했다. 곡이 완성되어 군악대와 같이 처음으로 군악에 의한 관병훈련을 해 보았다. 너무나 잘 맞아서 소장, 훈련대장, 모두가 대만족이었다. 70기생들의 훈련을 숙지하는 감각도 뛰어났다. 내가 생각하는 의도를 잘 이해했고, 두뇌 회전이 빨랐다.

나는 해군의장대를 3군 및 해병대 중에서 의장대 하면 해군의장대가 최고다 인식을 할 수 있게 최고의 의장대를 만들기 위해서 타 군이 하지 않는 특출한 동작을 해야 한다고 생각했다. '뒤로 돌아 가!' 할 때도 오른발을 높이 올려서 한번 힘차게 구르고 뒤로 도는 것. 중대가 방향을 바꿀 때 전원이 오른편으로 두 번 오른편으로 돌아가서 방향을 바꾸는 것 등이 그것이다.

내가 생각해도 완벽했다. 내가 만들어 준 5선지상의 보수계산도 정확했으므로 군악에 의한 훈련이 일치되었다고 생각되었다.

군악대를 항상 차출할 수가 없어 훈련소 나팔대를 이용해서 박자에 맞추어 훈련했다. 대원들도 재미있게 훈련에 임해 주었다.

70기생으로 하여금 의장대다운 면모가 갖추어졌다고 생각했을 때 이승만 대통령 생일축하 국군분열식에 참가하게 되었다. 분열 행진은 48명이 참가하게 되었다. 48명을 4열 12오로 편성하여 4열 횡대로 신장순서로 정렬시켰다. M1 소총을 오른편 어깨에 메고 옆에서 보면 전부가 굴곡이 없어 보이도록 개개인에게 고정했다. 팔도 90도로 조정해서 옆에서 보면 굴곡 없이 한 사람이 팔을 흔드는 것 같이 보이게 훈련을 했다. 당시 전 군의 팔을 흔드는 각도는 앞으로 6인치, 뒤로 3인치로 흔드는 미군 교본을 따르고 있었다. 이것을 무시하고 해군의장대는 90도로 흔들었다. 몇 번 반복해서 단번에 숙달이 되었다.

이승만 대통령의 생일은 3월 26일. 우리는 2주 전에 여의도에 도착했다. 제병지휘관은 지난해와 같은 오윤경 중령이었다. 도착한 다음 날 군악대, 의장대, 해사생도, 신병대대와 같이 종합훈련을 했다. 제병지휘관이 의장대의 분열을 보고는
해군의장대는 멋지게 잘한다. 이제부터는 의장대장이 알아서 하라고 지시했다.

이 분열훈련은 훈련소에서 매일 아침 과업정렬이 끝나면 신병들과 같이 훈련을 했기 때문에 분열 행진에는 자신이 있었다. 3월 24일 국방부 장관 김정열[27] 임석 하에 최종 분열 연습을 3군 및

---

27) 공군 참모총장 역임

해병대가 참가하여 종합 분열훈련을 했다.

의장대는 해군이 제일 잘했다는 평을 받았다.

우리는 한 번 더 전군이 보는 앞에서 분열했다. 그 이후부터 해사 생도들도 팔을 90도로 흔드는 방법으로 변경되었다. 최종적으로 전군이 팔을 90°로 흔드는 방법으로 전환되어 국군의 날 행사는 물론이고 어느 군으로 가 보아도 전부가 팔 흔드는 각도가 90°로 변했다.

다시 관병훈련 이야기이다. 동작이 바뀔 때마다 구령하지 않고 처음 시작할 때 "받들어 총!"으로 관병훈련을 시작하면 정지 동작이 끝남과 동시에 군악 연주에 의해서 최종적으로 K.N에서 끝나고 받들어 총! 하고 "관병훈련 끝!" 보고함으로써 관병훈련이 끝나는 것으로 최종 완성되었다.

<군악에 맞춘 관병훈련과 7함대 사령관 키벳 중장>

군악에 의한 관병훈련이 완성되어 처음으로 관병훈련을 피력할 기회가 왔다.

1959년 해군사관생도 졸업식 날 귀빈으로 초청되어 진해를 방문한 미 해군 7함대 사령관 키벳 중장 부처(夫妻)에게 관병훈련을 하라는 지시를 받아 맹훈련했다. 그해 4월 13일이었다. 해사 생도의 졸업은 4월 13~14일 진해의 벚꽃이 만개한 봄날에 하는 것이 통상적이었다. 진해의 벚꽃은 4월 1일경에 꽃봉오리를 맺기 시작해서 약 2주간 화려한 꽃이 핀다. 군항제도 이 기간에 하는 것이다. 그런데 그해 벚꽃이 피고 지고 하는 시기에 비가 자주 내렸다. 키벳 중장 부처가 오기로 한 당일도 아침부터 비가 부슬부슬 내리기 시작했다. 나의 마음은 안절부절못했다. 오직 비가 그치기만 바랐다. 대원들을 훈련소 옆 보육관 내에 집합시키고 최종적인 마무리 훈련을 했다.

사열대에 있는 귀빈은 보지 말고 오직 M1 소총만 보고 훈련하라고 거듭 강조했다.

오전 9시 30분. 이슬비가 내리는 훈련소 연병장 사열대 앞에 군악대원이 정렬하고 우리는 관병훈련을 관병할 키벳 중장 부처를 기다리고 있었다. 헌병 백차의 선도 하에 해군참모총장 이용운 중장과 키벳 중장 부처를 태운 승용차가 들어왔다. 키벳 중장 부처가 훈련소장 신만균 대령의 안내로 사열대에 좌정했다.

소장의
"임석 상관에 대한 경례!" 지시에 따라
중대장인 내가
"받들어 총!" 구형과 함께 군악대에서는 3성 제독에 대한 예악을 연주했다.
예악이 끝나는 것과 동시에
"관병훈련을 시작하겠습니다." 보고를 하고
"세워~총!" 구형과 동시에 관병훈련이 시작되었다.

앞으로 좌우 간격을 넓히는 것을 시작으로 정지 동작 대형에서 16개, 9개, 21개 동작 및 4인조 동작을 했다. 반별 및 전원 동작으로 마지막에 총을 다섯 바퀴 돌리는 것으로 정지 동작을 끝마쳤다. 2부 행진 동작은 군악에 의해서 훈련이 시작되었다. 해군의 장대가 창설되고 처음 피력한 군악 연주에 의한 관병훈련을 최고의 귀빈을 모시고 하게 된 것이다. 행진 동작을 시작할 때부터 비가 조금씩 내리기 시작하는 것이 훈련이 중반으로 진행됨에 따라 점점 심하게 내렸다.

'혹시나 실수하지 않을까? 비에 젖은 총이 미끄러져서 놓치지나 않을까?' 마음이 조마조마하고 입술이 바싹바싹 말랐다. 나는 사열대에 누가 앉아 있는지도 잊어버렸다. 오직 대원들의 훈련 동작에만 주시하며 다음 동작으로 전환과정과 대원들의 훈련 동작 하나하나와 보수를 헤아리면서 같이 훈련하는 마음이었다. 내가 비를 맞고 있는지, 지금 무엇을 하고 있는지 무아지경에 있었던 것 같다.

훈련이 종반으로 가는데 비는 점점 심하게 내렸다. 원형에서 바꿔 메어 총을 하고 다섯 바퀴의 총을 돌릴 때는 소나기가 쏟아져 M1 총에 부딪히니 물레방아에 물이 튕기어 나오는 것 같은 형상이 되었다. 한 사람의 실수도 없는 완벽한 관병훈련이었다.

나는 나도 모르게 감격의 눈물이 났다. 비에 젖고 눈물에 젖었다. 훈련이라기보다는 동작 하나하나가 예술적이었다고 할까?

마지막으로 한국 해군을 뜻하는 영어 약자 K.N(Korea Navy)을 만들고 훈련 끝을 알리는

"받들어 총!"의 구령을 넣었다.

거수경례로 인사를 받고 올린 손을 내림과 동시에 키벳 중장이 비를 맞으며 우리 중대 앞으로 와서 내게 악수를 청했다.

"Excellent! Wonderful Drill, Thanks!" 하는 인사를 했다.

군악대도 수고가 많았다. 비가 오니까 북소리가 제대로 울리지

않았다. 우리가 연병장을 떠날 때까지
도 키벳 중장 부인은 우리를 바라보고
있었다. 훈련이 끝나고 소장실에서 호
출이 있었다. 소장실로 갔더니 키벳 중
장이 반가이 악수를 청했다. 참모총장
께서는 "자네 61함에 근무했지?" 하
고 물었다.

"네! 총장님! 61함에서 기관서무를 담
당했기에 함장님께 매일 아침 유류 현
황을 보고했습니다." 씩씩하게 답했다.
"그렇지." 하면서 그때를 회상하는 것이었다.
금일봉을 받았다. 확실한 액수는 모르겠으나 반은 군악대에 보내
고, 반은 선임 수병에게 주어서 쓰라고 했다. 모든 영광은 열심히
해준 대원들에게 돌렸다.

<관병훈련과 시민행사>

군악 연주에 의한 훈련을 한 뒤로 해군의장대의 위상이 많이 달
라졌다. 다음날인 해군사관학교 졸업식장에서도 키벳 중장 부인
은 만나는 사람마다 관병훈련에 대한 칭찬을 많이 했다고 한다.

대외적인 행사로는 4 · 19혁명 후 민주당 정권이 벌인 국토건설사
업에 군악대와 의장대와 함께 내 고향 진주에서 관병 훈련한 것
을 영광의 추억으로 생각한다. 2박 3일간 군악 연주와 관병훈련
을 진주고등학교 교정에서 했으며 대호평을 받았다.
한국 해군에서는 1961년쯤 APD를 인수해서 경남함으로 함명을
명명했다. 당시 경남도청이 부산에 있었던 이유로 경남함 인수
환영식을 부산 시청 앞에서 했다.

1960년 대 해군의장대 진주촉석루   2004년 5월 해군의장대 진주촉석루

교통정리를 하고 부산 시청 앞 도로를 훈련장으로 만들어서 관병 훈련 시범을 보였다. 오는 사람, 가는 사람은 물론 왕래하는 모든 차량이 정지하여 구경하는 바람에 일시적인 교통혼잡을 일으키기 도 하였다.

<해군의장대의 총 돌리기>

국군의 날 행사에 참여해도 훈련을 따로 할 것도 없이 행사 전전 날의 종합훈련에만 참여하면 되었다. 휴식하는 시간적인 여유가 많았다. 어느 날인가, 해병대와 육군의장대원이 와서 총 돌리기 시합을 하자고 제의해 왔다. 우리 의장대에서 제일 키가 작아 별 명이 땅콩인 수병이 있었다.
"어이! 땅콩, 네가 한번 해 보아!" 했다.
땅콩 수병이 대검을 M1 소총에 착검하고 300번을 돌리는 것을 보더니 해병대와 육군의장대 두 대원이 아무 말도 하지 않고 그 냥 떠나갔다.
왜 그냥 가느냐고 했다.
키가 제일 적은 사람이 300바퀴를 돌리니, 다른 사람은 보나 마나라고 했다.

진해의장대에서는 총 돌리는 것을 참으로 잘했다. 침실에 가서도 시간이 나는 대로 총 돌리는 훈련을 매일 했다. 훈련 연습도 선임 수병인 교반 조수가 알아서 처리했다. 후임자 및 보충되는 신병 대원도 선임자들이 각자 개인별로 같이 동작 훈련을 1대 1로 했다. 습득도 빨랐다. 70기생의 제대를 앞두고 80기 중에서 다시 80명을 차출해서 70기생의 과정을 그대로 이어받아 선배들의 전통을 이어갔다. 특히 해병대 의장대에서는 우리의 바꿔 메어 총과 태극형을 무척 부러워했으나 우리 훈련을 흉내 낼 수가 없었다.

부산제1부두에서 관병훈련 1960.3.12.

<해군의장대 마크>

해군의장대의 마크가 없었다. 내 나름대로 도안을 만들었다. M1총이 교차하고 아래에는 지휘도가 가로로 놓여 있는 마크였다. 이 마크를 달고 국군의 날 갔더니 타군에서 모두 부러운 눈으로 보는 것이다. 사실은 복장 규정 위반이었다. 이 의장대 마크를 해군본부 정훈관실의 16기생이 금실로 수를 놓고 도안을 세련되게 다듬어 주었다. 지금도 해군의장대원의 어깨에는 이 마크가 당당히 이어져 오고 있다.

1961년 5·16혁명으로 신병훈련소 내에서도 많은 변화가 있었다. 의장대의 대표적인 행사는 제주도를 개발하기 위한 목적으로 제주시와 서귀포 간의 고속도로 기공식에 군악대와 의장대가 참석하여 군악 연주와 의장대의 관병훈련을 피력했다. 제주도를 일주해 보았다. 서귀포에서 일 박하며 48기생 오창재를 비롯한 의장대 출신들을 만나 보게 되었다. 김영관 해군 준장이 당시 제주도 지사였다. 제주도 경비부 사령관은 허덕화 대령이었다. 허덕화 대령은 신병 훈련소장을 역임했으므로 의장대에 대해서 특별한 관심으로 많은 편의를 제공해 주었다. 1주일간의 제주도 행사의 일정을 끝마치고 훈련소로 귀대했다. 이것으로 의장대의 틀이 갖추어졌다고 한시름 놓았다.

<HONOR GUARD>

그 당시 육, 해, 공, 해병대 중에서 의장대를 영어로 Honor Guard로 해석해 사용하는 군이 없었다. 나는 미 해군 고문단을 찾아가서 의장대를 영어로 어떻게 칭하느냐고 물었다. HONOR GUARD라고 알려 주어서 훈련소 내 의장대 대기실 앞에 해군의장대 HONOR GUARD COMPANY라고 간판을 만들어 걸어 두었다.

<보급품 부족 마후라 착용>

의장대에 필요한 것은 다리미와 구두약이었다. 흰색 셔츠가 보급이 안 되어서 임시방편으로 사용한 것이 수병들의 앞가슴을 가리는 흰색 마후라(머플러)를 만들었다. 해군복제 규정에 위반되는 것이다. 진해 해양극장 옆에 부래(富來)마크사가 있었다. 이 마크사 사장이 나의 동기생으로 전기사(電氣士) 출신이었다. 의장대가 필요한 마크는 부래마크사를 통해 구매했다. 흰 천의 테두리에 파란색 천을 덧대어 50매를 주문했다. 이 친구가 이것을 나에게 선물했다. 복장 점검 시에 이것이 지적 사항이었다.

"규정된 셔츠를 받지 못했습니다. 이것도 개인이 지출해서 만든 것입니다. 다리미, 구두약, 총대 닦는 Wax 등 신병훈련소에서 지급해 준 게 무엇이 있습니까?" 했다. 그때 만든 마후라는 그 후로 계속 지금까지도 해군의장대의 복장에 착용하고 있다.

<의장대의 지휘권>

진해비행장에서 의전행사를 할 때 해병대 대위가 지휘했다. 우리 해군의장대 오른쪽에 해병대가 정렬했다. 왼쪽이 해군의장대가 정렬했다. 어느 때인가 참모총장 이용운 중장이 진해를 방문했을 때 수행한 참모장 대령과 부관(9기생 이종수 소령)에게 건의할 것이 있다고 했다. 의장대가 정렬하는 위치와 의장대 지휘를 왜 해병대에서 지휘해야 하는가? 이것을 고쳐 달라고 했다. 참모장이 알았다고 했다. 얼마의 시간이 흐른 후 공문이 왔는데 진해의 의전행사 지휘는 해군의장대장이 하라는 것이었다. 해병대 진해기지 사령관에게 참조하라고 되어있었다.

신병훈련소 훈련대장이 해병 대대장 중위 한 사람을 지명해서 의장대를 지휘하라고 했다. 그 중위가 나를 불러서 "이제부터는 의장대장은 내가 책임자이며 지시한다." 라고 했다. 나는 그의 말을 듣고 공문을 보여주면서 의전행사의 지휘는 해군에서 한다는 것이니까 당신은 의전행사의 지휘만 하면 된다고 이야기하면서 해병대가 지휘하던 지휘권을 해군으로 가져오기 위해 내가 참모총장에게 건의해서 성사된 것이고, 국군의 날 행사 등은 해군본부 의장대장이 통합책임자라고 알고 있으라 했다. 돌아 나오면서 나하고 다투어 보아야 좋을 것 없으니 잠자코 있으라고 했다.

<해군의장대와 나>

나는 70기생이 해군의장대의 틀을 만든 주역이라고 생각한다. 내가 의장대에 부임하기 전에는 시범 중대란 부서가 해군 신병훈련소에서 신병들의 집총훈련의 보조 요원으로 임무를 수행하고 있었다. 나의 동기생 윤홍섭이 지휘하고 있었다. 휴전이 성립되어 국내의 정치가 안정되고 다시 전쟁이 발생할 염려가 있다는 그 시점에서 많은 외국의 손님이 한국을 방문하게 되었다. 그 영접의 의전행사에 의장대가 처음으로 동원되었다. 위의 글에 기록한 바와 같이 처음은 신병훈련소 신병 중에서 차출해서 의전병 행사를 했지만, 그 후에는 시범 중대가 의장대의 대행을 하고, 받들어 총 정도의 의전행사만 하면 되었다. 관병훈련이라는 것은 그때는 없었다.

영국해군 함대가 진해를 방문했을 때 의장대란 것을 처음 접했고 그것을 모방해서 해 본 것이 관병훈련의 시초였다. **나의 동기생 윤홍섭 중대장이 실질적인 의장대를 창설한 것이다. 시범 중대란 명칭만 다르지 의장대의 임무를 수행한 것은 사실이다.** 내가 의장대의 업무를 본격적으로 시작하기 전에는 시범중대장이라고 호칭했다. 실제 관병훈련 시초는 영국해군을 본받아 우리의 훈련방식으로 연구하게 되었다. 내가 윤홍섭의 후임으로 부임했을 때는 39기 박형갑 선임수병이 교반 조수였고, 48기생이 주류였다. 제주도 출신으로 김석우, 강치백, 오창재 등이 주력 대원으로 훈련을 잘 했다.

실제 관병훈련 동작은 시범 중대 개개인의 아이디어로 훈련을 만들어서 종합한 것이다. 시범 중대에서 집총 동작을 만들 때 집총 동작 하나를 완성하지 못하면 식사를 못 하게 하는 가혹 행위도 있었다고 한다. 훈련 종목의 내용을 보면 관병훈련의 기본 모체는 소총 16개 동작이 집총의 기본이다. 그중에서 9개 동작, 32개 동작, 4인 조 등의 정지간 동작이 있다. 4인조는 특이하게 대원들에 의해서 개발되었다. 총을 돌리는 것도 대원들이 장난삼아 돌려 본 것이 총 돌리기의 시작이었다. 각 동작의 배치와 시범순서를 정해서 연결하여서 한 동작 한 동작이 끝날 때마다 적당한 타이밍에 일일이 구령에 따라 관병훈련을 했다.

윤홍섭 중대장이 만들어 놓은 훈련을 내가 편집한 것으로 생각하면 정확하다. 내가 훈련을 세련되고 부드럽게 발전시킨 것은 자부하는 바이다. 원형으로 바꿔 메어 총과 태극기형과 중간에 폴카 춤 한 테마를 넣은 것도 나의 아이디어였다. 군악 연주에 의한 관병훈련을 시행한 것도 윤홍섭 중대장의 시범 중대를 매개체로 출발했으므로 의장대의 기초를 다진 윤홍섭 중대장의 공로를 인정해야 한다. 시범 중대원들이 만들어 놓은 훈련을 내가 편집해서 군악에 조화가 잘되도록 했다고 생각한다.

<70기 의장대>

70기생의 의장대원은 나보다도 학력이 높았다. 내가 의장대원을 선발할 때는 고등학교 졸업자를 선발했다. 70기 생들은 훈련 습득능력이 아주 빨랐다. 중대장의 심정을 아주 잘 이해해 주었다.

새로운 Formation을 설명하면 그것은 이것이 좋은 것 같다고 해서 해 보면 내 생각과 일치하는 일이 많았다. 그리고 내가 하고자 하는 것이 무엇인지를 저희끼리 연구하는 것이다. 참으로 훌륭한 대원들이었다. 내가 생각하는 방향을 잘 이해해 주어서 내가 의도하는 훈련계획을 설명하면 빠른 이해와 성의가 있었다. 의장대 마크를 달고 다니는 것은 해군의장대가 최고라는 자부심의 표현이라고 했다.

70기생과 같은 방법으로 80기생들도 같은 방법으로 의장대원의 전통을 계승했으며 나를 잘 이해해 주고 따라 주었기에 진해 해군의장대의 명성이 해군을 대표한 최고란 찬사를 받았다. 새로 보충된 신병들에게는 반드시 1기 선배의 지도로 세심하게 후배를 양성하는 방침을 고수했다. 중대장이라고 해서 어떠한 간섭도 하지 않았다. 군악에 맞추어서 훈련하게 되니 행사 중에 실수하는 대원이 전혀 없었다.

나의 여생을 캐나다 밴쿠버 B.C에서 보내고 있어 해군의장대 초창기에 같이 고생한 70기, 80기 의장대원들의 안부를 알 길이 없다. 이제는 70대가 되었을 그 예비역들에게 항상 감사하는 마음 간직하면서 그저 마음속에 간직하고 감사를 표하는 바이다.

<준위 진급시험 낙방 거사>

나는 지금도 술, 담배를 전혀 하지 않는다. 술은 아주 조금 한다. 술친구도 없었고, 담배 친구도 없었다. 의장대 중대장을 하면서 합동 내무대에서 대원들과 침식을 같이 했다. 오직 의장대에 관한 집념으로 일관된 생활을 했다. 때로는 신병연대 중대장도 겸했고, 훈련소의 갑판장도 겸해서 근무했다. 훈련소장도 그러했고, 나를 아는 사람들은 임관하라는 권유를 많이 했다. 어느덧 30대의 나이가 되어있었다. 이 나이에 소위로 임관해서 무엇하겠는가 하던 차에 때마침 준위 진급시험이 있었다. 응시했지만, 보기 좋게 낙방했다. 시험은 자신이 있었다. 나는 해군본부 교육과에서 매년 기공사 (그 당시는 2조, 1조, 병조장) 진급시험문제를 내는 위원으로 위촉되어 출제했기에 필기시험만큼은 자신했다. 시험내용도 별 것 아닌 것 같았다.

H소령이 시험감독 겸 구두 시험관이었다. 필기시험이 끝나고 3명이 1조가 되어 구두 질문을 했다.
내 앞의 두 사람은 구두 시험감독관의
"싱크가 무엇인가? Mascom이 무엇인가?"
하는 질문에 묵묵부답이었다.
나에게도 똑같은 질문을 하며 답 해보라고 했다.
"싱크의 spelling 이 무엇입니까? 생각한다는 Think도 있고, 침몰한다는 Sink도 있습니다. "
감독관은 나를 힐끔 쳐다보면서 이것 보라 하는 식으로
"C.I.N.C" 라고 뚝뚝 끊어서 이야기했다.
그래서
"Commander in chief C.I.N.C 함대장관의 약자입니다." 했다.
나를 빤히 쳐다보았다. 재차
"Massocm 은 무엇인가?" 물었다.
"Mass Communication의 줄인 말이며 대량 보도라는 뜻입니다." 답을 했다.
감독관은 아무 말도 못 하고
"좋아!" 하는 말과 함께 퇴장했다.

내가 이렇게 답을 할 수 있었던 것은 진해에 귀빈이 방문하게 되어 의장대를 동원하게 되면 행사계획표가 하달되어 내려온다. 그

공문은 영문 일정표도 함께 배분된다. 일정표상에는 도착 일시와 함께 행사 내용인 '함대장관 방문'이 적혀 있고, 영문으로 00:00 Vist CINC라고 되어있는 것이었다. Masscom은 내가 육군 정훈학교에서 4주간 위탁 교육받을 때 신문학에 대한 교육을 받았다. 그때 흔히 쓰는 말이 Mass Com이란 말이었다. 우연의 일치라고 할까? 나에게 그런 질문을 할 줄 꿈에나 생각했을까? 몇 명이나 정답을 말했을까? 면접시험관의 구두 질문에 대답을 잘해서 100점을 받았지만 낙방 거사가 되었으니 할 말이 없었다. 욕심이 과했던 것일까? 준위가 되어 교육대를 수료하면 중위로 임관이 되는 것이기에 욕심을 부려 보았던 것인데 말이다.

<신병훈련소의 부조리>

그 후부터 나에게는 의장대에 관련된 일보다 신병훈련소 고유의 업무적인 일이 많았다. 지금부터는 60년대 초의 훈련소 시절을 이야기 잠깐 언급해 보겠다. 60년대 초는 우리나라나, 해군이나 훈련소, 다들 어려운 시기라, 말도 많고 탈도 많은 시절이었다. 젊은 혈기에 의분을 참지 못하고 간부 회의에서 이리 치이고 저리 부딪치면서 헤쳐온 시절로 그때가 회상된다.

<신병훈련소 면회>

그때 훈련소 간부 회의에서 1주일에 한 번씩 주일마다 하는 신병들의 가족 면회를 중지시키자는 사항을 가지고 토론했다. 간부 회의에서 거론된 면회중지 첫째 이유가 5.16혁명 후 논산훈련소에서 면회중지를 결정했으므로 우리도 하자는 것이다.

나는

여기는 진해에 있는 해군 신병훈련소이지 논산에 있는 육군 신병 훈련소가 아니라고 반박을 했다.

13기생이 신병 교육 중일 때, 3분대 교반장을 지낸 5기생 K란 선배가 우리 중대장 중에서 제일 고참이라는 것을 앞세워 주도권을 행사하고 있었다. 선배란 것을 앞세워 부당한 주장을 하는 것이었다. 그리고 신병 면회를 중지해야 한다는 이유를 열거하는 것이었다.

1. 면회의 질서유지가 곤란하다.
2. 엉터리 면회자가 많다.
3. 면회 오는 사람만 항상 면회를 온다. 면회하지 못하는 신병들에 대해서 사기문제다.
4. 신병 부형에게 경제적인 부담을 준다.

당시 신병면회소는 동문 앞 군인교회 옆에 콘셋 1동이 사용되었고, 일요일마다 갑판사관실 요원과 훈련대 직원이 업무 수행했다.

나는 하나하나 반박을 했다.
1. 우리는 중대장으로서 직접 교육과 훈련을 책임진 최일선에 있다.
2. 질서유지는 우리 간부들이 책임을 다해야 한다. 여태껏 아무 문제 없이 잘해왔다. 어떤 문제가 있었는가?
3. 엉터리 면회는 알면서도 허가를 해 왔다.

신병들에게 520g의 한계 식량인데 배고픔은 신병 교육 기간 내 누구나 알고 있다. 끼니마다 부족한 식사 급식이란 것은 누구나 잘 알고 있는 형편이다. 그런데 면회 오는 부형들은 많은 음식을 준비해서 가지고 온다. 자신이 먹고 남은 음식을 동료 신병들에게 나누어 먹이기 위해서 면회신청을 해준다. 즉 간접면회를 하게 되는 것이 엉터리 면회이다.

3, 4번에 대해서 경제문제 즉, 신병 부형들의 가정에 면회로 인해서 경제적인 부담을 주게 된다. 여기에 대한 염려이다. 언제부터 신병들의 가정의 경제문제까지 생각했는지? 신병 교육 기간 13주를 통해서 681중대의 신병 개개인의 신상기록을 만들어서 작성해 보았다. 13주간 매주 한 번도 빠지지 않고 온 사람이 상당히 있었다. 그리고 한 번도 면회하지 못하는 신병도 많았다. 가정형편을 확인해 보았더니 경제적으로 윤택한 부모들은 대부분이 매 주일 왔다. 심지어는 자가용에 불고기를 구울 숯불 판까지 가져와서 영양공급을 해주는 것이었다.

이렇게 종목종목 반박을 했더니 K 선배가
"다수결로 결정합시다." 해서 다수가 면회중지로 결정되었다. 다수결로 결정되었으니 할 수 없이 승인되었다. 다음에 면회를 부활하자고 말이 나오면 그때는 그 입에 오줌을 싸겠다고 극언을 했다. 그리고 신병들이 면회를 오면 부형들은 담배 보루는 물론 양주병까지 가지고 오는 사람이 있었다. 당일 면회소에 나가 있는 당직 중대장은 그런 물품 반입을 묵인해 주고 있었다.
나는 선배 중대장들을 보고
"선배님들은 퇴근하면 농민식당에서 매일 막걸리 파티를 합니다. 그 술값이 어디서 나옵니까? 당신들이나 나나 1개월 급료가 얼마입니까?" 물어보았다.

<신병훈련소 옷 수선>

또 어느 날인가 간부 회의를 하는 석상에서 훈련소 옷 수선하는 과부 아주머니에 대한 의견이 있었다. 아주머니의 군복 수선하는 솜씨가 별로 좋지 않으니 시내 양복점 영업을 하는 사람으로 수리도 잘하고 양복도 잘 만드는 곳이 있으니 운영권을 바꾸자고 제안을 하는 것이다. 이 말을 듣자 언뜻 생각나는 것이 있었다.

그날 간부 회의를 하기 얼마 전 나에게 면회를 요청하는 사람이
있었다.
양복 수리점을 넘겨주면 양복을 한 벌 지어 주겠다고 나에게 제
안했다.
나는 하도 어이가 없어서
"다른 중대장들과도 상의했습니까?" 라고 물어보았다.
"그렇습니다." 라는 답을 들었다.
"나는 그런 운영에 관한 결정권이 없으며 나에게는 그런 부탁
하지 말라"고 딱 잘라 말한 적이 있었다. 그 문제가 제의된 것
이었다.
갑판사관 L 준위도 회의에 참석하고 있었다. 양복수리소가 갑판
사관실 건물에 들어 있었기에 사전조율이 있었을 것이다. 그때
그 아주머니는 50대의 과부로 두 딸을 양육하고 있었다. 전임 훈
련소장 신영철 대령의 친척이었다. 신 대령이 모든 절차를 밟아
동문 출입증을 만들어서 편의를 제공해 주었다. 소소한 이익에
혹해서 어려운 사람의 생계수단을 뺏으려고 술책을 부리는 것이
었다.
"아주머니 솜씨가 없다고 합니다만, 당신네는 아주머니한테 몇
번이나 옷을 수선해서 입어 보았습니까? 의장대원들은 행사복도
아주머니한테 수선해서 입으며 대통령을 비롯한 귀빈을 모시는
행사에도 아주머니가 수선한 옷으로 행사에 임합니다." 라고 울
분에 차서 의견을 말했다.
그리고
"이 문제는 소장님이 결정할 문제이며 신병의 훈련과 교육에 전
념해야 할 중대장이 소소한 이익에 개입함은 군인의 본분이 아니
라고 생각합니다." 라고 했다.

<신병훈련소 매점>

훈련소 매점에 문제가 발생하여 내용을 알아보았다. 매점 주인 L 씨는 매점 운용을 하면서 많은 재산을 축적했다고 한다. 그런데 매점 주인 L 씨는 그 당시 국산 영화제작에 투자해서 많은 채무를 지고 있는 상태였다. 매점에 납품하는 물건값을 제대로 지급하지 못하고 있었다. 훈련소에서 그 채무를 부담해야 할 형편이었다. 결과적으로 훈련소 소장 지시로 매점 운용을 내가 책임을 맡아서 하라는 것이었다.

금전 관계에 관한 일은 절대 할 수 없다는 나의 신념을 말했지만, 당분간 해서 적자에 대한 문제를 해결해 보라는 것이었다.

울며 겨자 먹기로 적자가 해결되면 다른 사람에게 인계하기로 하고 어마어마한 적자가 발생한 매점 업무를 인계받았다.

의장대원 중에서 상고 출신인 이충복 대원을 매점의 책임자로 정했다. 실무분대원 중에서 2명을 차출해 운영을 시작했다. 모든 영업 사항 즉, 물건구매부터 철저히 확인하고 납품업자가 납입되는 물건의 질과 양을 철저히 조사하게 했다. 나는 현금 출납관계는 하지 않고 일일 매상에 대한 장부를 일기식으로 작성하여 담당자로 하여금 소장님에게 직접 보고하게 하였다.

식당은 우리가 운영할 수 없으므로 민간인을 섭외해서 별도로 운영케 했다. 영외 거주자에 대한 점심식사를 저렴한 가격으로 제공하도록 하였다. 당시 짜장면 값이 30원 할 때 부대 내 식당의 점심값을 15원으로 책정해서 받았던 걸로 기억한다. 1년간 매점과 식당을 운영한 후 정훈관에게 인계했다. 매점 운영기간 동안 나는 빵 하나도 거저 먹어 본 일이 없다. 이렇게 행동을 조심했던 이유는 입방아를 찧기 좋아하는 사람들이

훈련소는 김재수 천하(天下)다라는 말을 뒤에서 하고 다녔기 때문이다.

<신병훈련소 이발소>

의장대는 이발소와 밀접한 관계가 있다. 행사하기 전에 주로 면도를 많이 했다. 자연히 이발소에 가면 의장대원들이 면도칼을 쓰는 것도 시비를 했다. 물론 면도칼을 갈아야 하고, 면도기구를 쓰는 것도 사실이다.

그렇다면, 당신네들은 점심식사도 훈련소에서 제공해 주는 것을 취소하고, 앞으로 점심을 싸 가지고 오라고 했다.

이발소 주인이 훈련대장에게 가서 이발요금을 전반적으로 올릴 것을 제안했다. 이발요금은 신병이 10원, 실무요원이 20원, 영외거주자가 30원이었을 것이다.

나는 이발요금 올리는 것을 반대했다. 훈련대장도 반대를 했다. 그날로 이발요원은 전부 철수해 버렸다. 일이 난감하게 되었다. 일단은 이발소 내를 청소시키고 내부수리를 목공소에 부탁해서 정리해 놓고 미 해군 고문관실로 갔다. 미 해군 친구에게 부탁해서 백색 페인트 5통을 얻어왔다. 의장대원 대기실과 이발소 내를 깨끗하게 페인팅했다.

훈련대장과 의논해서 훈련대 이발소를 훈련소 자체운용하자는 제의를 하고 허락받았다. 의장대원 중에서 부산출신 정충구 수병이 입대 전에 이발소에 종사한 경력이 있다고 했다. 이발을 아주 잘한다고 했다. 그때 금액으로 3만원을 주어 부산으로 보냈다. 이발용 회전의자 3대와 수건 등 모든 기구를 구해오라고 했다. 3만원을 선금으로 지불했고, 잔금 7만 원은 매월 갚아 가기로 했다. 그래서 1주일 만에 새로운 이발소를 개업하게 되었다. 이발료는 신병 5원, 실무요원은 10원, 영외거주자는 15원으로 정했다. 신병이 이발을 할 때는 신병 중에서 이발사 경험이 있는 사람을 차출해서 인력을 보충했다. 얼마 후에 전 이발소 주인이 와 보고는

나를 가만히 보면서

당신이란 사람은 도대체 어떤 사람이요 물었다.

나 김재수요! 해군에서 나를 모르는 사람은 간첩이라고 답해 주었다.

주말 건물 점검 시에 훈련소 소장이

무에서 유를 창출했군 수행하는 간부에게 말했다.

이것도 또 입방아 꽤나 찧겠구나하고 생각되었다.

K 선배는 언제나 나에 대한 좋지 않은 감정을 가지고 있다는 것을 나는 주지하고 있었다. 매주 금요일이면 군사 훈련의 경쟁훈련 채점에 대해 불공평하다는 트집 잡으면서 나를 모략하며 다니고 있다는 내용을 나를 아끼는 사람이 알려왔다. 훈련소 보좌관에게 앞으로 경쟁훈련 채점에 참가하지 않겠다고 통보했다. 요청이 와도 거부했다. 매점 운용도 정훈관에게 인계했고, 이발소 비품구입도 매월 수입금으로 정산했다. 운용 건은 훈련소에서 하기로 정하고 하나하나 정리해 나갔다. 의장대에 관한 건만해도 바쁘고 고달픈 세월이었기에 홀가분한 마음이었다.

<공로훈장 번복 사건>

1965년경이라고 생각된다. 근무성적이 우수한 자를 선발하여 16급에 해당한 공로훈장 수여자를 선발하는 심사가 있었다. 당시 진해 해군의 교육기관은 해군사관학교, 해군대학, 해군 교육단(종합학교, 신병훈련소)이었다. 이 교육기관에서 1명을 선발하게 되었다. 신병훈련소에서는 해사 6기생 L 소령이 참가했고 심사위원은 16명이었다. 심사위원 16명 전원이 나에게 찬성표를 던져서 압도적으로 선발되었다. 심사결과는 나를 선발했지만, 신병훈련소에서 내신서를 작성해 해군본부 상훈과에 제출할 때는 이름을 살짝 바꾸어 내신을 해서 나를 탈락시켰다. 이 모든 정보는 나에게 교육받고 나간 후배들이 알려주어 알게 되었다.

L소령이 훈련소 부장으로 있는 직위를 이용해서 비밀리에 진행한 것이었다. 이것도 나에 대한 질투로 추잡한 모략에 의해 나를 매장시키려는 폭력으로 생각했다. L 소령은 해사 6기생 동기생들 중에서 1차 중령진급에서 탈락한 사람이었다. 신병훈련소 부장자리는 원래 T.O가 중령이었다. 어떻게 해서 소령이 중령자리로 부임했을까? 당시 소령에서 중령 진급 심사위원의 1명은 훈련소장이었기에 소령이 훈련소 부장자리로 부임하면 중령으로 진급해서 부임하는 것이 상례였다. 그해 9월에 중령으로 진급되어 사관학교 생도부장으로 전속되었다.

이것도 한참 후의 일이지만, 내가 MSTS(미 해군 수송선단) LST-1072에 승선 근무 시에 L소령은 1항사로 월남전 군수 물자 수송, 상륙군 수송에 종사하면서 같이 근무하게 되었다. 상륙군 1개 중대를 수송하던 어느 날 L 1항사의 아침당직시간(04:00~08:00)인 아침 07:00경 월남의 17도선[28]을 월경했다. 미 해군 구축함의 경고를 받고 구축함의 호위를 받으며 17도선 남쪽으로 강제 인도된 일도 있었다.

이 사실은 요코하마에 있는 수송사령부에 보고되었다. 본국에 신상조사를 의뢰해서 확인될 때까지 우리는 억류되어 있었다. 1973년 4월 월남전이 끝나고 MSTS가 해산되었다. L 1항사도 MSTS를 떠나 국적선사인 대한유조 상선 선장으로 재직 중 선박 좌초사고로 시련을 겪었다. 또한 부인과도 이혼했다는 이야기를 어느 후배가 나에게 전해주었다. 나도 MSTS 해산 후 상선에서 선상생활을 했다. 뒤에 선장으로서의 직무수행 중에는 선원들에게 말한

---

28) 제네바 협정에 따라 베트남은 17도 선에서 남북이 분단되어 있었다. 북위 17도선 (군사분계선 DMZ)을 경계로 호찌민의 북베트남, 남베트남으로 구분되었다.

것은 양심적으로 열심히 자기의 직분에 충실하면 자식들이 복을 받고 잘 된다고 했다.

공로 훈장 번복 사건 후에 어느 심사위원이 나에게 어떻게 되어서 번복되어 훈장을 못 받았느냐고 위로했다. 수훈자 명부에 나의 이름이 빠져 있어 나에게 물어본 것이다. '인간답지 못한 사람들의 농간이지요.' 라고 씁쓸히 답해 주었다.

자네는 해군의 보배라고 모두가 칭찬을 아끼지 않는다. 어떻게 그런 추잡한 짓을 할 수가 있는가? '자네가 아니었다면 군악연주에 의한 관병훈련은 결코 탄생하지 않았을 것이다. 그리고 3군 중에서 해군의장대가 제1위란 위치에 있게 한 공로자를 그렇게 할 수 있는가.' (성명미상이나 중령 출신의 심사위원 K 중령)

"중령님 생각해 주셔서 감사합니다. 그래서 해군을 떠나고 싶습니다. 이제는 해군에 미련이 없습니다. 1949년 3월 31 해군에 입대해서 6.25 참전을 했고, 의장대를 맡아서 성심성의것 열심히 한 결과로 의장대 하면 해군의장대란 명성도 얻었습니다. 미련 없이 해군을 떠날 것입니다."

<의장대 야구단>

의장대가 짜임새 있는 관병훈련을 하게 되고, 시간적인 여유가 있었다. 훈련소 체육관에 있는 야구 장비를 가져와서 야구를 하게 되었다. 특별히 행사도 없고 의장대 보충인원은 새로 선발해서 선임자들에 의해서 양성되어 갔다. 여가시간이 있으면 2조로 나누어서 빵 내기 시합도 했다. 그렇게 야구를 하다 보니 고등학교시절 야구를 해 본 대원도 있고 해서 야구 선수가 한 사람, 두 사람 늘게 되었다. 과업이 끝나고 미 해군 고문관실 팀과 시합도 하게 되었다. 진해에서의 유일한 야구팀 하나가 의장대원으로 인해서 탄생하게 되었다.

미국 독립기념일인 7월 4일에 미 해군 고문관실 팀과 친선게임도
했고, 독립기념 축하파티에도 참석해서 친선을 도모했으며 친선
게임도 자주했다. 1949년 11월 11일에 해군이 창설되었다. 매년
11월 11일이면 기념행사와 더불어 체육대회를 개최했다. 1966년
11월에도 예외 없이 행사는 개최되었다.

훈련소 야구팀도 교육단 대표팀으로 참가하여 공창야구팀과 결승
에서 대전하게 되었다. 2:2 동점 상황이었다. 9회 말 2:2 동점에
서 내가 배트 박스에 들어섰다. 공창의 투수 이원조가 첫 구를
틀림없이 직구로 투구할 것이다 생각했다. 의외로 높은 공을 투
구했다. 주자는 3루에 있었다. 아마 희생번트를 피하기 위한 것
같았다. 2구째 번트 모션을 했더니 또 높은 공이 들어왔다. 3ball.
다음은 틀림없이 직구의 스트라이커 투구가 될 것이란 생각이 들
어서 기다렸다. 예상대로 직구가 보기 좋게 들어왔다. 가볍게 배
트를 휘두른 것이 shot stop을 살짝 넘는 안타였다. 공은 쳤지만

어떻게 되었는지 모르고 무조건 뛰어서 1루에 서 있었다.

의장대원들이 뒤에 와서 헹가래를 쳤다. **해군을 떠나면서 마지막 울분을 야구시합에서 안타로 2:3으로 역전 승리하여 의장대 야구팀의 우승을 선물한 것이다.** 나에게 주어진 운명을 추억으로 간직하자고 이를 악물고 눈물 흘리는 나를 보는 대원들의 말없는 침울함을 뒤로하고 떠났다. 이것으로 해군과의 인연, 의장대와의 인연은 끝나게 된다.

<해군제대>

그전부터 해군을 떠날 기회가 많았다. 당시 치안국의 경찰의장대가 창설될 때에 경위 계급을 주겠다고 해서 교섭이 있었다. 해군에서 반대해 못 가게 되었다. 또 새로운 소방서가 많이 생기면서 소방요원 교관으로 제의해 왔다. 소방 경위를 주겠다고 했다. 그렇지만 뜻을 이루지 못했다. 보수학교의 졸업생 후배들이 제대 후에 소방서에 취직하게 되었다. 그 후배들이 보수관계 제 1인자는 김재수다라고 소방서 고위 간부진에게 말을 해서 교섭이 온 것이다.

내가 제대할 때의 훈련소 소장은 해사 3기생 신상대 대령이었다. (후에 제독으로 진급하였음) 경상도 출신으로 키도 크고 아주 멋들어진 미남 소장 님이었다. 이 분이 진해 통제부 참모장으로 재직할 때 행사관계로 자주 만나서 소장으로 취임해 오실 때에 각별한 나를 친절하게 대해 주셨다. 진해로 오는 귀빈들의 의전행사는 통제부 소관이므로 군악대와 의장대에 관해서는 통제부 참모장으로 밀접한 관계가 있어 친밀감으로 대해주신 분이었다. 신 대령의 지시로 11월 말 나의 제대식을 성대하게 거행해 주었다.

<화려한 전역식, 쓸쓸한 제대>

교육단 산하의 전 간부는 물론이고 신병연대와 군악대 의장대가 도열하였다. 군악대 연주 하에 의장대의 관병훈련을 사열대에 앉아서 관병하는 영광으로 해군 생활의 최후를 장식하였다. 이별의 제대사를 피력할 때에는 나도 모르게 목이 메어 한동안 말을 중단했을 때 옆에 있는 중사, 상사 후배들의 흐느낌은 나로 하여금 더욱 감정을 북받치게 하여 한동안 아무 말 없이 연단에서 가만히 서 있었다.

이 글을 쓰고 있는 중에도 그때 생각을 하면 눈시울이 젖는다. 신병연대 간부들이 마련한 회식장에도 나는 참석하지 않고 집으로 돌아왔다. 훈련소에 근무하는 동기생 5명이 찾아와서 간단한 식사에 응한 것이 전부였다. 내가 제대 후에 훈련소 근무하는 중사, 상사들이 거의 제대 내신을 했다. 후에 MSTS에서 승선하면서 내 뒤를 이어 제대한 중사, 상사 후배들을 MSTS에서 다시 만났다. 그들이 전하는 말에 의하면 **열과 성을 다해서 해군에 이바지했지만, 결과는 모략과 중상으로 인해서 떠나는 것이 가장 한스러웠다고 했다.** 모략과 중상 시기로 인한 추잡한 이런 곳에 더 있을 필요가 없다 하여 제대신청을 했다고 했다. 나의 제대에 관해서 해군 내의 중사, 상사들의 화제가 되었다고 한다.

1966년 12월 31일부로 18년간 근무한 해군을 떠나게 되었다. 나의 새로운 삶의 시작인 것이었다. 무에서 유를 향하게 된 새로운 인생역전의 시작이었다. 내 나이 36세. 19세에 해군에 입대해서 36세까지 나의 청춘을 바친 대가가 그때 화폐로 26만 원이 전부였다. 6.25 참전 기간을 합산하면 21년이다. 임무 연한 3년을 공제하면 18년, 연금 수혜자에서 제외되었고 26만 원을 손에 쥐고 기대에 찬 새 희망으로 향하게 되었다. 26만 원 중 20만 원을 처

남에게 주었다. 내 수중에 남은 6만 원으로 내가 가장 사랑하는
아내. 나를 가장 사랑해준 아내와 70 노모, 아들 하나, 딸 하나를
데리고 부산 초장동의 단칸 셋방으로 이사했다. 진해에서는 방
두 개의 신흥동 관사에서 생활했었다. 부산 초장동 단칸방에서
아무런 가구 없이 초라한 새 삶의 시작을 하게 되었다. 연로하신
어머니를 모시고.

개인적인 이야기

<나의 유년시절>

내가 출생한 본적지는 경남 진주시 남성동 68번지이다. 현재는 진주성 서장대 밑, 골동품상이 자리잡고 있는 곳이다. 내가 태어나 젖먹이일 때 신안리와 평거리 경계에 인접한 평거의 농가로 이사를 했다고 어머님이 과거사로 이야기해 주셨다.

해군에 입대하기 위해서 호적등본을 받아 보고 본적지가 남성동 68번지라는 것을 알게 되었다. 평거동 집은 농가였다. 소와 돼지를 키우는 집으로 별채가 있었고 동네에서는 우리집이 제일 큰 집이었다고 기억된다. 진주에서 하동으로 신작로가 생겼다. 신작로 공사에 우리 논 100평이 강제로 편입되었다. 논 한 마지기를 매립해서 신축한 집이라고 했다. 논 다섯 마지기(1,000평)와 연결된 집이었다. 가을 추수가 끝나면 논에 있는 논고동을 파서 대빗자루 끝으로 삶아 놓은 논고동 속살을 뽑아 먹곤 했다. 내 나이 4~5세 때부터는 논이나 밭에 나가서 어머님이 농사일하는 근처에서 놀았다. 내가 태어나고 자란 주위가 전부 농토이니 자연적으로 농촌생활을 하게 된 것이다. 물논에서 방게도 잡고 기어 다니는 고동도 잡고 노는 것이 내 유년시절의 일과였다.

<평거심상소학교29)>

내가 평거심상소학교(平居尋常小學校. 지금의 초등학교)에 입학한 것은 내 나이 9세 때이다. 당시 심상소학교에 입학하는 연령은

---

29) 1926년 7월 1일 소학교령에 의해 소학교, 보통학교 구분없이 심상소학교로 명칭이 바뀌었다.

거의 15~16세였다. 심지어는 결혼한 선배학생도 있었다. 내가 입학할 때에는 9세가 입학적령 나이로 정해졌다. 나는 평거심상소학교 14회로 입학할 때 제일 어린 나이였다. 몇 명의 동기생들은 나이가 같았지만 대부분이 우리보다 두세 살 많았다. 우리 선배 중에는 점심 도시락을 그의 아내가 학교로 가져다 주기도 했다. 14회 입학생은 28명이었다. 여학생 3명 중 2명은 나와 나이가 같았지만 고순덕이란 여학생은 나보다 세 살이나 많았고 키가 커서 별명을 전주(電柱 : 전봇대)라고 했다. 고순덕은 평거심상소학교를 졸업하던 해에 바로 하동으로 시집갔다.

나는 학교 입학 전에는 사전교육을 받아 본 적이 없었다. 아라비아 숫자 1, 2, 3, 4와 일본어 아 이 우 에 오(あいうえお)도 학교 입학하는 그날 처음 접했다.

4월에 학기가 시작되어 등교하는 첫날. 아무 동행 없이 혼자서 약 5리 길을 걸어 평거심상소학교 입학식에 참가했다. 학교는 평거 주재소 뒤편에 있었고 그 옆 오동골 즉, 판문리 부락이 보였다. 주로 양씨 성을 가진 일족의 주거지였다. 아마 마을 내에 오동나무가 많이 심어져 있어 오동골이라고 했는지 모르겠다. 평거심상소학교의 우리 동기생 중에는 진주 시내에서 입학한 학생이 6명이나 있었다. 우리보다 연상이었다. 당시 진주 시내에는 제일국민학교를 요시노쇼각교(吉野小學校)라고 했는데 학교 옆에 벚꽃나무가 많이 심어져 있었다. 일본의 요시노야마(吉野山)의 벚꽃이 제일 유명했기에 그런 연고로 학교명이 된 것이 아닌가 생각해 본다. 제일국민학교 옆에 붉은 벽돌로 지어진 학교로 주로 일본인 학생과 공무원이나 일본인과 관련이 있는 자제들이 주로 입학했다. 시내에 있는 학교에 정원이 차서 입학을 하지 못하는 학생들은 평거심상소학교에 입학하게 되었고 진주시내에서 평거리 외곽까지, 5~10리를 걸어서 통학하는 것이다. 봉래동에 학교가 하나 있었다. 평거심상소학교의 학생들은 신안, 평거, 내동면 부근의 변두리 촌 학생들이 주를 이루었다.

입학한 첫날 우리 담임 선생님은 이행진 선생님이었다. 선생님들 중에서는 제일 연로하신 분이었다. 선생 경력도 제일 많으신 분이었다. 제일 연로하신 분과 경력이 많으신 분이 주로 1학년을 담임하셨다. 첫 시간은 출석을 부르고 일본어 あいうえお와 1, 2, 3, 4, 5 괘도를 펼쳐 놓고 선생님이 발음하는 대로 따라 했다. 새로운 친구들이 생기고 참 재미있었다. 첫 날 수업은 오전에 끝났다. 집에 돌아와서 어머니에게 학교 다녀왔다고 인사드렸다.

"오늘 학교에서 무엇을 배웠냐?" 고 물어보셨다.

"あいうえお와 1, 2, 3, 4, 5를 배웠습니다." 말씀드리니 신기한 듯 보고 계셨다.

학교는 열심히 다녔다. 월사금은 매월 50전이었다. 1학년 1학기 6개월을 끝마쳤을 때는 일본어를 완벽하게 구사하게 되었다. 작문도 잘 할 수 있게 되었다. 교과서는 일본어 독본, 조선어 독본, 산술(算術), 도화(圖畵), 습자(習字), 수신(修身), 역사(歷史)였다. 조선어 독본은 1주일에 1시간뿐이었다. 3학년 때는 조선어 말살정책으로 그나마 1주일에 1시간 있던 조선어 시간도 없어지고 조선말을 하면 벌금을 내야 했다. 심지어는 조선말을 쓴다고 매를 맞기도 했다.

<망경봉 등정과 바다구경>

망경봉 주봉에서 평거들을 내려다보면 바로 아래에 우리 밭 600평이 있었다. 모래밭이라 주로 땅콩을 재배해서 수확했다. 평거심상소학교 2학년 때 나 혼자 망경봉에 올라간 일이 있었다. 당시에는 진주에서 치수라는 마을을 왕래할 때 망경봉 아래 길을 따라 진주 시내에 있는 학교로 통학했다. 남강을 건너면 골짜기가 하나 있었다. 그 골짜기를 따라 능선까지 올라가면 주봉을 등정하는 능선이 있었다. 주봉 가까이 가면 작은 암자가 하나 있는데 그 암자에서 물을 얻어 마시고 망경봉으로 올라갔다. 2~3시간쯤 소요되었을 것이다. 항상 바라만 보고 있었던 망경봉을 처음 올라가 보았다. 우리 밭을 내려다보니 우리 가족들의 움직임이 조그만 점으로 보였다.

내가 바다를 처음 구경한 것은 12세 때 친구 셋이 모여 점심을 싸가지고 사천까지 도보로 바다구경하기 위한 여행한 것이 처음이다. 오후에 사천 바닷가에 도착해서 조개도 잡아보고 게도 잡으면서 시간가는 줄 모르고 놀았다.

<나의 뿌리>

내가 12세 때 처음으로 씨족들의 거주지를 찾아갔다. 점심을 싸들고 아침에 출발해서 60리를 걸어 해가 질 때 쯤 도착한 곳이 산청군 생비량면 대동촌이란 곳이었다. 지리산 줄기를 따라 뻗어 있는 칠평산 밑에 자리잡고 있는 약 70호의 씨족들 거주지였다. 산 위에서 내려다보면 벼논이고 아래서 올려다보면 콩밭이라고 했다. 농사라는 것은 계단식으로 개간한 사드레이 논30)이 전부였다. 부락 주위에 약간의 밭이 있고 제법 넓은 논이 마을 앞에 자리하고 있었다. 김해 김씨 산민파가 주족(主族)이었다. 조씨, 박씨가 타성바지였다. 이분들도 사돈 관계로 타성바지긴 하지만 친척 관계가 있는 것이다.

우리 선조는 연산군 시절에 사초의 기록을 바꾸어 쓰라고 하는 것을 반대해서 유배를 당한 김일손(金馹孫) 장군이라고 했다. 유배지에서도 신변의 위협을 느끼고 최후로 피난한 곳이 칠평산 줄

---

30) 산 등성을 따라 조성한 계단식 논. 산등성을 따라 흐르는 개울 물을 논에 댄다. 비료, 거름도 없이 오로지 개울물로 경작. '사드레이'는 방언이다.

기에 산수가 풍부한 곳에 자리를 정하고 산 중턱부터 계단식으로 개간한 전답이 그대로 유지하고 있다고 했다. 김일손 선조는 후손들에게 절대로 정치에 관여하지 말 것과 교육에 전념하라고 했다. 그래서 그런지 모르겠으나 국회의원이나 정치에 관여한 사람은 없고 초, 중, 고 선생과 대학교수가 약 52명 정도 된다고 했다. 김동길 교수도 우리와 같은 씨족이라고 했다.

내 동생이 매년 10월 마지막 일요일에 있는 시제에 참석하는데 지금은 초가집은 볼 수 없고 일반 도시 생활환경과 거의 다름없는 환경이라고 했다. 자손들이 번성하고 도시로 진출해서 생활터전을 잡고 매년 성금을 보내 마을이 현대식 환경으로 변했다고 한다. 생비량의 국도에서 대동촌으로 들어가려고 하면 징검다리를 건너야 하는데 지금은 자동차가 다니는 다리가 놓여 있다고 동생이 말했다.

나는 무오사화에 연루되어서 유배를 당한 김일손 할아버지에 대해서는 어느 기록도 읽은 적이 없다. 할아버지께서 왜 진주로 일가를 이동했는지 어떻게 해서 평거에 토지를 마련했는지 아는 것이 없다.

봄, 가을 농번기에 우리 집은 이웃의 도움으로 많은 사람이 와서 모심기와 가을 추수로 대성황이었다. 이웃의 친구들도 많았고, 여름이면 망경덤(우리 때는 그렇게 불렀다) 바로 밑의 남강에서 피라미도 잡고 놀다가 우리 밭의 참외 수박을 맘껏 따 먹었다. 가계 수입도 좋았다. 여름 방학 때는 오두막에서 잠을 자기도 했다. 모기를 쫓기 위해서 피워놓은 잿더미에 감자도 구워 먹고 천진난만하게 지냈다.

<집 안에 붙은 붉은 딱지>

내가 3학년 때 우리 집에 대이변이 발생했다. 학교에서 돌아오니 어머님이 울고 계셨다. 온 집안에 붉은 딱지가 붙어 있었다. 소, 돼지 심지어는 놋그릇에까지. 아버지가 재정보증을 잘못 서준 것이 문제였다고 했다. 일종의 사기를 당한 것이다. 그 사건으로 재산을 처분하고 나니 집 부근의 논 다섯 마지기와 밭 600평이 남았다.

그 후에는 10여 명이던 식솔들이 다 떠나고 나와 동생, 누이 이렇게 해서 다섯 식구만 남았다. 그리고 4학년 때는 태평양 전쟁과 함께 전시체제로 바뀌었다. 모든 면에서 통제를 받았다. 작은 밭에서 수확되는 식량을 공출로 착취당해 식량난이 시작되었다. 누구 하나 찾아오는 사람도 친구도 없었다. 아버지는 매일 약주에 취해서 밤늦게 집에 돌아오시면 자연히 부부싸움이 시작되고 부부싸움이 다반사가 되었다.

6학년 때는 식량난이 더욱 심해져서 아침, 저녁으로는 죽을 먹어야 했다. 학교에 도시락 지참도 못 하는 형편이었다. 어느 날 아침에는 보지도 못한 색깔의 술 냄새가 나는 죽을 어머니가 한 그릇 주시기에 무작정 마시고 학교에 가기 위해서 나서는데 어지럽고 머리가 핑 돌아 그대로 잠을 자고 말았다. 어머니가 시내에 있는 일본인이 경영하는 술 공장 앞에서 기다리고 있다가 술지게미를 얻어와서 우리에게 먹이셨던 거다. 그때 술맛을 처음 보았다. 자연히 학교 성적도 형편없었고 공부할 의욕도 없었다. 식량난으로 제대로 먹을 수가 없으니 체력도 떨어지고 얼굴에는 마른 버짐이 허옇게 피어서 병자 같은 몰골이었다.

<평거심상소학교 졸업>

그러한 환경 속에 세월은 변함없이 흘러 1943년, 14세의 3월 27일. 6학년을 종료하는 졸업식을 하게 되었다. 우리 선배들의 졸업식에는 학부형들이 많이 참석해서 성대했지만, 우리 14회 졸업식은 쓸쓸했다. 평거심상소학교 14회 졸업생은 동창회를 한 일이 없다고 했다.

총동창회에 참석한 14회 졸업생은 한 명뿐이었다고 했다. 이것도 4·19 혁명 후에 국토건설대란 것이 발족해서 선무공작의 행사로 군악대와 의장대가 진주를 방문했을 때 동문에게서 들은 소식이다. 이오원(李五元)이란 동기생을 그때 만났다. 지금의 진주 중안동에 시미스(淸水)라는 일본인이 경영하던 서점이 있었다. 이 서점에서 점원으로 있다가 해방으로 일본인이 철수할 때 인수했으며 후에 서부 경남 일대 학교 검인정 교과서를 독점 공급했다고 했다. 처음으로 생존한 동기생 하나를 만난 것이다. 그 친구 이야기로 1930년대 전후에 태어난 우리 시대의 연배들은 6.25 전쟁으로 인해서 대부분이 희생되었다고 했다.

<조윤제 선생님>

5, 6학년 담임 선생님인 조윤제(趙允濟) 선생님을 평거심상소학교 졸업한 지 20년 만에 만났다. 민주당 정권 시절이었던 4월이었다. 충무공 탄신 기념일에 의장대를 인솔하고 통영에 갔을 때 만나 뵈었다. 봄비가 내려 극장에서 행사했다. 행사를 마치고 나오다가 극장 통로에서 조윤제 선생님을 만났다. 거수경례를 드렸더니 '누구지?' 하는 얼굴로 나를 보셨다.

"14회 졸업생 김재수입니다."
"어.? 오오자꾸(大惡 : 말썽꾸러기) 김재수?!"
학교 다닐 때 말썽꾸러기가 해군의장대 중대장 복장으로 인사를 드렸더니 많이 놀란 눈치셨다. 통영여자고등학교 교장 선생님으로 계신다고 했다.
점심 대접을 해 드리려고 했는데 시간을 못 맞추었다.

사회에 자리 잡고 평거심상소학교 동문을 졸업 후 만난 것은 다섯 손가락 안이다.

<흥남 질소비료 공장 취업>

졸업장과 개근상 하나 받아 쥐고 집에 와서 내 방에 내던지고 마루에 앉아 앞으로 나의 장래가 어떻게 되는 것일까 궁리를 했다. 무엇보다도 전쟁으로 인한 식량난이 모든 것을 허공 속의 뜬구름 같이 부옇게 만들어 버렸다. 평거심상소학교 14회 졸업생 중에는 상급학교로 진학한 학생이 한 사람도 없었다. 전시동원령이 우리에게 적용된 것이었다. 진해에 있는 해군 공창과 부산에 있는 육군 병기창에 미래의 공원으로 삼기 위해 졸업생을 각 학교에 지시해서 배당했다. 졸업 1개월 전에는 우리에게도 가야 할 곳이 할당되어 있었다.

나의 6학년 담임인 조윤제(趙允濟) 선생님이
"너는 흥남에 있는 일본 질소비료공업주식회사[31]에 가게 되어 있으니 그렇게 하라" 하셨다.

사전에 한 마디 의논도 없었다.
"왜 그 먼 곳 흥남으로 가게 되었냐?" 했더니
"간부양성학교라 가면 대우도 좋다." 했다.

이미 결정해 놓고 통보하는 것이다. 명칭은 개인회사인 것처럼 되어 있으나 사실상 군수공장이었다. 내가 떠나면 어머니와 12살 남동생과 11살 누이는 어떻게 되는가 하는 생각으로 마음의 갈피를 잡을 수가 없었다. 전시동원령에 의해 무엇을 어떻게 내 맘대로 할 수가 없는 형편이었다.

여하간 1943년 4월 초. 진주역에 집합하라고 했다. 우리 동기생 6

---

31) 日本窒素肥料工業株式會社
http://kindai.ndl.go.jp/info:ndljp/pid/1090260

명이 진주역에서 만났다. 부산행 열차를 탔다. 삼량진에서 서울행 열차로 갈아타고 다음 날 아침 서울(京城)역에 도착했다. 흥남에서 왔다는 일본인 직원이 우리를 마중 나와 있었다. 신의주행 열차 편으로 목적지인 흥남으로 열차여행이 시작되었다. 얼마나 왔는지 아침에 창밖으로 보이는 것이 말로만 듣던 명사십리(明沙十里) 해변의 원산항이라 했다. 내 눈에는 명사십리가 십 리가 아니라 백 리같이 보였다.

4월인데 산에는 온통 백설(白雪)로 뒤덮여 있었다. 바다의 모래사장과 산의 백설을 옆으로 보면서 한반도 같은 땅이지만 어린 마음에 낯설어 희망도 욕망도 없는 막연한 여행이었다. 우리 일행은 흥남에서 20리 정도 떨어져 있는 용흥(龍興)역에서 하차했다. 용흥에서 흥남 시내까지 20리는 평야이고 전부 공장지대였다. 처음으로 광야에 전개되어 있는 공장지대를 보았다. 흥남 공업지대는 정유와 비료를 생산했다.

기숙사에 도착하니까 저녁식사를 주는데 2:7의 수수밥이었다. 제공되는 부식은 일류였다. 감자 볶음에 어떤 종류의 생선인지는 모르겠으나 건조된 생선을 조리한 것이 한 마리씩 나왔다. 반찬만 먹어도 배가 부를 것 같았다.

기숙사 이름은 대붕료(大鵬僚 : 오도리료)였다.

우리 기숙사 앞에 미군 포로 수용소가 있었다. 미군 포로들은 철
조망 속에 있었지만 자유스러워 보였다. 우리는 가까이 갈 수 없
었으나 멀리 보기에는 미군 포로에게 좋은 대접을 하여 주었다.
붉은 벽돌로 건축된 2층집의 2층에 기거하게 되었다.
일본 및 각처에서 동원된 우리들은 약 60명쯤 되었다. 우리보다
먼저 와서 교육받고 있던 일본사람인 선배가 우리를 안내해 주었
다. 그들의 나이는 대충 20대쯤으로 보였다. 그날 밤 회사에서 작
업복 및 모자, 신발까지 일습을 지급해 주었다. 그 외 생활 필수
품인 치약, 칫솔, 비누, 수건 등을 각자에게 지급해 주었다. 이
모든 것이 공장에서 만든 제품이라고 했다.
모자를 비롯해서 지급받은 작업복은 녹색이었으며 모자에 붙은
모표(帽表)는 아래 변이 짧은 이등변 사각형에 가운데는 붉은색
원이 하나 들어 있었다. 일본 국기를 표시한 것이라 했다. 이 모
자를 쓰고 다니면 아무도 건드리지 않았다.
다음 날 식사가 끝나고 우리가 교육받을 학교(일종의 훈련소)에
가서 간단한 입교식과 기념촬영을 했다. 우리를 지도할 교관을
소개받았으며 교실 내 벽에는 99식 일본 총이 총가(銃架)에 정렬
되어 있었다.
기숙사에서는 일본인과 한방을 같이 사용하게 되었다. 예쁘장하
게 생긴 일본사람으로 이름은 오까하라가쓰마였다. 나중에 외항
선을 타게 되었을 때 일본에서 이 사람을 찾아보려고 하였으나
찾지 못하였다. 일본 중부 출신이라는 정도만 알고 있다.
과업은 중학교 1학년 수준의 과목과 교양이었고 오후에는 주로
공장을 운영하는데 필요한 교육이었다. 즉, 재료학을 비롯해서 기
술교육을 배우는 교과 과정이었다. 오전에는 교양과목, 오후에는
공원을 양성하는 실무교육이었다. 점심식사는 함석으로 만들어진

도시락이 일률적으로 지급되었다. 직원들 도시락은 상하를 막론하고 2:7의 옥수수밥이었다.

우리들을 대량으로 모집해서 양성하는 근본 목적은 병역보충에 있었다. 징병 연령에 해당하는 공장요원은 병력소집 연령이 되면 현지입대라고 해서 군에 입대하기 때문에 우리들은 일종의 보충, 예비인원인 것이고 현지입대로 소집하기가 쉬웠기 때문인 것이다. 오후 5시에 일과가 끝나면 2개 중대로 편성된 군대식으로 행진하면서 그때 유행된 군가(豫科鍊)을 부르며 기숙사로 향했다. 기숙사에 도착하는 시간은 5시 30분 정도이고 6시에 저녁식사를 했다. 그 이후에는 별 제재와 간섭 없이 완전 자유시간이었다. 토요일 오후와 일요일은 완전한 자유이고 일요일은 기숙사 뒷산에 올라가 도라지도 캐며 망중한의 자유시간을 가졌다.

흥남은 교통편이 잘 구비되어 있었다. Diesel Engine Motor 로 움직이는 기동차가 24시간 운행되었고 각 공장 입구에 역을 설치해서 출퇴근이 아주 편리했다. 우리 기숙사 옆에 천인목욕탕(千人沐浴湯)이 남탕, 여탕 구분되어 있었다. 한 번에 천 인(千人)이 입욕할 수 있다고 해서 천인목욕탕(千人沐浴湯)이라고 했다.

다만, 극장구경은 개인 부담이었다. 단체로 관람할 때에는 무료였

다. 일본 영화를 자주 관람했으며 연극 「노예선」을 관람하기도
했다. 공장 어디에나 증산(增産)이란 표어가 눈에 쉽게 띄는 곳에
붙어 있었다.

일반 국민들의 생활은 비참한데 그래도 우리들은 물론 전 공장
직원과 그 가족들의 생활은 안정적이었다. 1개월이 지난 월말에
월급 16엔(円)을 받았다. 5엔은 집으로 송금하고 5엔은 나의 용돈
이었으며 6엔은 사감에게 예치했다. 비상용이라고 했다. 당시 쌀
한 가마니가 5엔했으니 우리 가족들에게는 생활에 보탬이 되었을
것이라고 생각되었다. 흥남에서 생산되는 모든 것은 만주에 있는
일본군의 보급물자였다.
6개월이 지난 후에는 오후에 실무를 주로 하는 실습을 했다. 선
배 공원들 옆에서 직접 보고 배우는 것이다. 계기를 점검해서 기
계작동이 정상인지 확인하는 기초적인 것이었다. 겨울철 기온은
체감온도 영하 50도 정도였다. 우리는 의식주에 관해서 특별한
대우를 받았다.
그렇게 1년의 전반기 교육이 끝나고 사감에게 예치한 100엔을 받
아서 휴가를 받아 고향으로 귀향했다. 일본인이 인솔하여 1주일
쯤 우리 고향에 체류하며 가정방문을 하고
"1개월 후에 공장으로 복귀하라"는 당부와 함께 흥남으로 떠났다.
1개월 후에 나는 공장으로 돌아가지 않았다. 가정형편상 휴가를
연장한다고 했다. 일본의 공업도시, 특히 오사카(大阪)는 미군 공
습으로 많은 피해를 당했다. 흥남도 폭격을 당할 우려가 많았지
만 폭격을 면했다. 미군 포로가 수용되어 있는 도시 부근에는 폭
격을 하지 않았다. 그래서 흥남이 무사했다. 공장으로 복귀한 나
의 친구가 편지를 보내왔는데 '가급적이면 회사로 돌아오지 않
는 것이 좋겠다.' 했다. 그렇게 망설이던 중에 종전을 맞이하게
되었다.

<철저한 친일 함봉조(咸鳳祚)>

내가 살고 있는 바로 이웃담을 두고 함봉조라는 아주 철저한 친일파 인간이 살고 있었다. 일본인이 목욕할 때 입는 하오리를 입고 동네를 활보하는 것이 예사요, 양력 1월 1일이 되면 일본식으로 대문 입구 위에 시메나와(注連繩)32)로 장식을 하고 대문 오른쪽은 솔나무를 왼쪽은 대나무로 장식하는 일본 풍습 그대로 일본인 행세를 했다. 일본 전쟁수행에 앞장서 평거 주재소에서 동네 청년과 처녀들을 징발하여 보국대와 정신대의 차출에 앞장서는 것이 함봉조의 일과였다.

우리들은 식량난에 허덕이고 있을 때 함봉조 집은 쌀밥에 고기반찬이 푸짐했다. 큰아들 함상태(咸相台)는 우리 평거학교의 2년 선배였고 동생 상근(相根)은 나보다 한 살 아래였다. 함추자(咸秋子, 아키꼬)는 나보다 한 살 위였다. 1학년으로 나보다 먼저 입학했는데 내가 입학했을 때는 학교를 그만두었다. 함상태는 진주 사범학교에 입학해서 장차 선생이 될 것이라고 했다. 사람 팔자 알 수 없다고 했던가, 그렇게 세도를 부리고 떵떵거리고 살아가던 함봉조 일가에게 마른하늘에 날벼락이 떨어지고 한민족에게 8월 15일 해방이 왔다.

8월 16일 밤 중이었다. 상당히 소란스러운 소리에 나가 보았더니 함봉조 집에 돌멩이가 쏟아지면서 집안의 옹기, 장독이 박살 나고 지붕 위의 기와가 무너져 내리며 대단히 소란스러웠다. 일주일 정도는 소란스러움이 계속되었다. 최후에는 사람의 인명이 염려스러울 정도였다. 우리 집과 이웃하고 있었고 밭도 이웃하고 있던 박재실(朴在實)이란 동네유지가 나타나 진정시켰다. 며칠이 지난 후 함봉조 일가족이 야반도주했다. 거처도 알 수 없이 종적

---

32) 짚으로 꼬아서 만든 두꺼운 줄. 국경일 등 경사스런 날에 대문을 치장한다.

을 감추었다.

함상태는 누구도 쳐다보지 않았다. 사범학교 졸업반이었으나 선생을 하기 위해 노력했지만 결국 선생으로 취직을 못 했다. 마지막에는 월북했다고 한다.

내가 선장이 되어 아프리카 가나 Accra항에 기항했을 때 가나 대사로 있던 평거심상소학교 2년 선배였던 박창남(朴昌南) 선배와 같이 평거심상소학교 강기영 선배와 함상태 선배 이야기를 나누었다. 같은 민족으로서 굶주리고 있을 때 쌀밥에 고기반찬이 그렇게 맛이 좋았을까. 인생무상이다.

<해방 후>

해방 정국은 새로운 혼란이 시작되어 좌익이다, 우익이다 해서 소란의 연속이었다. 시내에 살포되는 광고나 벽보에는 한글과 한문으로 된 벽보가 게시되는데 한글을 배우지 못한 나에게는 큰 문제였다. 문맹자나 다름없는 신세가 된 것이다. 나와 같은 연령층은 비슷한 형편이었다. 신문조차 읽을 수 없었다.

해방된 다음 해 4월에 시작되는 학기에 중학생을 모집하는 편입시험을 실시했다. 일본어로 편입시험을 실시해서 학력을 검증했으며 6개월간 한글을 집중적으로 교육한다. 그래서 막연하게 아무런 예정도 없이 시내를 배회하고 다녔는데 진주 경찰서 왼쪽에 있던 교회[33] 건물에 '第一한글강습소'란 간판을 발견하고 무조건 안으로 들어갔다. 수강생은 약 30명 정도였다. 일제히 새로 들어오는 방문자를 쳐다보는 것이었다. 마룻바닥에 앉아서 한글 공부를 하고 있었다.

선생님 얼굴이 눈에 익었다. 갑자기 나도 모르게

---

33) 2016년 현재는 진주 중앙제일교회. 제7일 안식일교회가 자리하고 있다.

"아라이 쎈쎄이!(新井 선생님!)" 하는 일본말이 튀어나왔다.

우리 6학년 때 3학년 담임 선생님이셨고 우리 졸업식 때는 풍금 반주를 해 주신 박 선생님이었다. 일본 이름으로 창씨개명을 강제했는데 학교 선생님은 창씨개명을 하지 않으면 학교에서 쫓겨났다. 그래서 박 선생님은 아라이(新井)로 개명했다. '第一한글강습소'에서 3개월간 한글을 배워 신문이나 잡지 등을 읽는 데는 지장이 없었다. 그 후 박 선생님은 진주 제일문화중학이란 학교를 설립했다고 했다.

한편 우리 집안 형편은 말이 아니었다. 600평의 밭과 논 200평은 다른 사람의 손에 넘어갔고 남은 땅은 논 세 마지기와 집이 전부였다. 동생을 시내에 있는 과자 공장에 먹고 자는 조건으로 취직을 시켰다. 나는 무엇을 해야 할지 갈피를 잡을 수 없는 방황의 시절이었다.

어느 날인가 집에 들어가니 내일 이사 간다고 하면서 어머니가 울고 계셨다. 참으로 불쌍하고 기구한 운명이었다. 남아있는 집과 논 세 마지기도 타인 손에 넘어간 것이다.

이사 간 곳은 평거국민학교 왼쪽에 있는 오동골 즉, 판문동 204번지이며 양씨들의 터전이었다. 학교동문들이 많았다.

집은 방 두 개의 초가였다. 밭 600평이 우리 집 재산이었다. 어떻게 해서 그곳에 땅이 있는지 나도 몰랐다. 아버님과는 거의 대화가 없었다. 하동으로 가는 도로 옆이었다. 나보다 2년 선배인 강귀영(姜貴永) 선배의 밭이 접해 있었다.

강귀영 선배는 진주농림학교를 졸업하고 해군사관학교 2기생 복장으로 그때 처음 만났다. 내가 해군에 입대해서 신병 교육기간에 302정 월북 기도사건의 주모자로 총살형이 집행되어 저 세상 가는 것을 직접 보았다.

<강귀영 선배>

해군 신병교육 중이던 1949년 4월 13일쯤으로 생각된다. 진해의 벚꽃이 만발한 화창한 날씨였다. 우리 13기생 훈련병 1,200명은 통제부(현 진해기지) 사격장에서 시행하는 302정 사건의 남로당원 총살 집행을 보게 되었다. 진해에 있는 전 해군 장병이 집합한 면전에서 사형을 집행하는 현장에 우리 신병들은 명령에 따라 사격장에 집합했다.

남로당원들이 해군 함정 302정을 탈취하여 월북을 시도하다가 미수에 그친 주범 5명의 남로당원 사형 집행이었다. 집행관이 사형 집행 언도서를 읽으며 하나하나 성명을 열거하는데 강귀영이란 이름을 들었다. 무심결에 들었지만 어디에서인가 들은 기억이 나는 것이다.

혹시나 '진주 평거심상소학교의 선배 강귀영이라고?' 하지만 신병생활의 견습수병에게는 어떠한 생각도 없었다.

당시 302정 사건이란, 강귀영 선배가 302정의 부정장(副艇長)으로 근무할 때 302정을 북한으로 가져가기 위한 남로당 사건이었다. 내가 하사관(3등병조)이 되어 신병훈련소 교반장으로 근무 당시에 분대사로 부임한 해양경비대 4기생 이승우 병조장을 만났다. 302정의 기관 부원이었고 302정의 월북을 저지한 1등 공로자였다. 그때 비로소 강귀영 선배가 진주 출신이며 해사 2기생으로 302정의 부정장이란 사실을 확인했다.

이승우 병조장은 그때 일을 상세히 설명해 주었다. 당시 302정은 일본제 소해정으로 부산 경비부에 소속되어 있었다. 4부두는 석탄을 저장하는 부두였다. 4부두에는 급수시설이 없었다. 함정이 급수하기 위해 1부두로 이동하여 급수하는 것이 상례였다. 일본 치하의 1부두는 일본과 한국을 왕래한 유일한 여객부두였다. 강귀영 부장은 대원 중에서 남로당원을 포섭하여 자기 수하 조직원으로 삼았다.

이승우 이등병조는 그러한 사실을 알 수 없었다. 이승우 이등병조는 변변한 학력도 없었고 어선 등의 소형 선박에서 기관작동을 잘했으며 해양경비대에서는 기관작동에 관해 조금이라도 경험이 있는 사람이면 해양경비대 입대를 무조건 받아 주었다. 이승우 이등병조는 그저 직무에 충실했고 남로당원의 조직이 무엇인지 전혀 알 수 없는 숙맥이었다.

어느 일요일. 강귀영 부장은 남로당원을 제외한 대원을 외출이니 외박을 나가게 하여 월북할 준비를 했던 것이다. 당일 오후 4부두에서 1부두로 급수차 출항하여 4부두를 떠날 때에는 기관부원은 이승우 이등병조만 남아서 단독으로 기관을 작동해야 할 상황이었다. 302정이 4부두를 떠나는 것과 동시에 남로당원들은 무장하고 함내에서는 남로당원들의 행동이 시작되었다.

이승우 이등병조만 기관실에서 기관 작동에 분주했다. 그런데 4부두에서 1부두로 이동한다고 했으니까 이쯤이면 후진하던 기관을 전진신호가 와야 하는데 아무런 소식이 없었다. 기관실에서 천창(갑판 기관실 위의 견고한 유리창)을 통해서 기관단총으로 무장한 대원이 왔다갔다하는 것이 보였다. 기관실 내부를 감시하는 것이라고 생각되었다. 기관후진 상태에서 전진을 하는데 항내에서는 Slow speed를 유지하는 것이고 또한 기관실에서는 기관사들이 이쯤이면 부두에 접근할 시간이란 것을 예측하는 것이 기관을 작동하는 자의 예감이다.

그런데 Engine Full speed의 Tell Graph인 것이다. 순간적으로 무장한 대원들의 행동, 기관실 입구도 폐쇄되어 있고 어떻게 해서 천창을 통해 살펴보니까 302정은 오륙도(五六島)를 향해서 항진하고 있었다. 이승우 이등병조는 급히 기관을 정지함과 동시에 전속 후진 Gear 위치에 놓으니까 기관의 요란한 소음과 함께 Slow Speed로 속력이 감속되었다. 그리고는 기관실 바닥의 철판을 열고 Bilge[34)가 고여있는 밑바닥에 숨었다. 전속 전진하던 기관이 급속히 전속 후진을 하니까 Reduction Gera가 요란한 소리와 함께 망가지면서 엔진이 작동불능 상태에 빠졌다.

302정이 4부두를 출발해서 1부두를 도착할 예정 시간임에도 불구하고 302정이 보이지 않으니 1부두에 대기하고 있던 Line Handle[35) 수병들이 이상하게 생각했다. Line Handle을 받아서 육상에 있는 Pit[36)에 걸어주는 사람이 반드시 있어야 한다. 그런데 오륙도(五六島)를 나가기 전 부산 내항에서 해군함정 302정이 표류하고 있다는 것을 부근 선박에 의해 통보가 되어 예인되었다. 예인된 후에야 이승우 이등병조는 기관실에서 기름 투성이의 몰골로 갑판상에 나와 자초지종을 설명했다.

이승우 이등병조는 302정의 월북을 저지한 유일한 공로자였다. 2계급 특진으로 일약 병조장이 되었다. 당시의 병조장은 사관 대우였다. 사관 식당에서 식사했으며 당직 사관 근무로 사관 대우를 받는 시절이었다. 이것이 강귀영 선배와 302정 사건에 대해서 내가 아는 전부다.

내가 평거심상소학교에 등교하기 위해서는 하동으로 가는 국도를 5리 정도 걸어가야 하는데 강귀영 선배의 집을 오른쪽으로 끼고 걸어가야 했다. 그 집 앞의 넓은 토지는 강귀영 선배의 땅이었고 강귀영 선배의 누님은 강귀달(姜貴達)이라고 우리보다 대선배이며 대단히 활달한 여학생이었다고 한다. 강귀영 선배의 가정은 그야말로 부자였다. 우리들은 배를 굶주리며 살아왔지만, 그 집안

---

34) 기관실내의 바닥 기름과 오수(汚水)
35) 배가 부두에 접안하면 배를 고박하기 위한 로프. Mooling Line . 우리 해군에서는 홋줄이라고 한다.
36) 부두에 있는 쇠말뚝. 배를 정박할 때 홋줄을 여기에 묶는다.

은 그런 걱정이 없었다. 그런 풍부한 부잣집 아들이 왜 남로당원이 되어 월북하려고 했는지 지금도 이해할 수가 없다. 이후 강귀영 선배의 집도 풍비박산이 났을 것이다.

<농사 짓기>

나는 600평의 밭에 우선 고구마와 잡곡을 심기로 했다. 고구마 순을 고구마 밭에서 잘라, 한 마디씩 논두렁에 심는 것이다. 생전 처음 해본 것이다. 어떠한 희망도 목적도 없이 막연하게 진주 시내로 나가 배회했다. 진주시청에 가니 색소폰 연주를 잘하는 김희석 대선배님이 반갑게 맞아 주었다. 일본인 치하 때부터 진주 시청에서 근무했기에 잘 아는 사이였다.

나의 형편을 이야기했더니

"부친 때문에 자식들이 고생이 많구나" 했다.

"교원 강습회라는 것이 진주사범학교에 하던데 어떻게 된 겁니까?" 물어보았다.

국민학교37) 교사가 부족해서 6개월 강습회를 운용해서 배출된 선생은 변두리 학교에 배속했다.

그런데

"징병 제도가 실시되어 있고 의무 연한은 2년간이니 차라리 군대를 갔다 오라" 했다. 그 선배님 말씀에 따라 우리 동기들 거의 국방경비대에 입대해서 여순반란사건 진압전투에 참가했다는 것이다.

"알겠다." 하고 나왔다.

입대를 하려면 어떻게 누구에게 문의해야 할지 알 수가 없었다. 그러면서도 밭 600평은 경작해야 했다. 풀도 메고 해보지 못한 농사일을 해서 가을맞이를 했다. 고구마를 캐서 지게에 지고 운

---

37) 해방될 무렵에 심상소학교가 국민학교로 명칭 변경되었다.

반했다. 처음 져보는 지게로 며칠 농부가 되어 가을 추수를 끝내고 보리심기를 마치니 가을이 되었다.

쌀쌀한 가을바람이 불기 시작한 어느 날 진주시내를 막연하게 왔다 갔다 하다가 시청에 갈 생각으로 시청을 걸어가는데 시청 게시판에 해군 모병 포스터가 보였다. 군함과 수병복장(세일러복)이 보기 좋았다. 지원희망자는 제일국민학교에 집합하라고 적혀 있었다. 1948년 11월이었다. 입대원서와 신체검사를 하라고 하였다. 진주 도립병원으로 갔다. 키를 재고 그림책 같은 것을 읽으라고 했다. 생전 처음 해 본 색맹 테스트였다. 가슴에 무엇을 대어 놓고 사진을 찍는다고 했다. 이것 역시 난생 처음으로 X-ray 가슴 사진을 찍은 것이다. 신체검사 합격증을 받았다. 모병관이 제일국민학교로 다시 집합하라고 했다. 그해 11월 말일에 입대자를 발표했다. '왜 해군에 입대하려고 하는지?' 주제로 작문을 하라고 했다. 나는 '바다를 잘 모르고 세일러 복이 참 보기 좋아 입대하려고 하는데 열심히 하겠습니다.' 하고 간단하게 쓴 것을 모병관에게 주었다. 내가 제일 먼저 쓰고 제출했다. 그 자리에서 모병관이 읽어 보고 "합격!"이라고 했다.

이 합격의 한마디 말과 함께 해군 견습수병 최말단으로 18년간 나의 해군 생활이 시작되었다. 1949년 3월 31일 해군 13기 1,200명이 입대선서를 했다.

<나의 아내 이창섭>

1966년 11월말. 해군에서 제대한 선원 40명은 USNS[38] Short Splice 호를 2부두에서 인수하여 시멘트를 적재하고 월남으로 향했다.

---

38) USS : United State Ship은 현역에서 종사하는 함정이고, USNS : United State Naval Ship : 미해군 수송사령부에서 운용하는 예비역에 편입된 함정으로 주로 보급품을 수송한다.

부산을 출항해 약 2주간 항해하여 우리 맹호부대가 주둔하고 있는 월남의 Qui Nhon 항에 입항했다. 하역을 완료하고 약 4개월 후에 부산으로 돌아왔다. Short Splice에서의 나의 직책은 Carpenter였다. 갑판장하고 한 침실을 사용했다. 하는 일은 주로 안전관계에 관한 일에 종사하는 것이다. 소화기 관리 점검과 안전수칙 부착 등이었다. 해군에서 보수사가 하는 일과 같았다. 부산에 돌아와서 하선했다.

새로 인수하는 LST에 승선하기 위해서 인사 조치된 것이었다. 1개월마다 105불씩 송금하고도 4개월 후에 귀국해서 가지고 있던 약 30만 원을 아내에게 주었다.

"매월 받은 돈도 군대생활 때 봉급보다 많은 돈인데 어디서 생긴 돈이에요?" 물었다.

Over Time 해서 받은 것과 위험수당 등을 받은 것이라고 설명했다. 아내는

"절대 밀수같은 것은 하지 마세요. 보내준 돈으로 생활하고 돈을 모을 수 있다." 했다.

약 2개월 후에 사무실에서 호출이 왔다. 현역에서 새로 인수하는 LST에 승선하라고 했다. 마침 그때 집을 이사 해야했다. 아내는 '이사를 알아서 할 터이니 당신은 LST에 승선하라' 고 했다.

부산 3부두에서 LST-1072를 인수했다.

그 길로 MSTS 사령부가 있는 요코하마로 향했다. 그렇게 월남에서 종사하고 1968년 휴가를 받아 하선해서 집으로 찾아 간 곳이 부산대학 정문 옆에 2층으로 된 신축 건물에 방 4개와 목욕탕, 수세식 변소 등 필요한 것은 다 있는 붉은 벽돌 신축 집이었다. 내가 1966년 11월에 MSTS 취업한 지 2년만인 1968년 1월 당시 화폐로 230만 원을 주고 산 집이라고 했다.

나는 도대체 어떻게 된 것인지 알 수가 없었다. 내가 매월 보낸

월급을 은행에 적금 넣었다고 한다. 주택 구입자금 200만 원은 적금으로 해결하고 모자라는 30만 원은 친구에게 이자 돈을 얻어 보충했다고 한다. 결혼생활 6년간을 군대생활 중에도 월급을 한 푼도 내가 손을 대지 않고 모두 봉투째 주었는데 그 박봉 중에서 저축을 한 아내였으니 경상도 촌놈이 아내를 참 잘 만났다.

여담으로 내가 이발소에 가면 처음 만난 이발사도 머리를 손질하면서 당신은 처복(妻福)이 있을 것이라 했다. 이발사들은 처음 만나는 손님의 머리를 만져보면 그 사람 성격, 가정생활 등을 대략 알 수 있다고 했다.

아내는 30만 원의 빚을 갚기 위해서 하숙을 시작했다는 편지와 함께 부산대학 정문 앞이니 학생들이 자주 찾아온다고 해서 하숙을 시작했고 여름방학 때는 방이 비는데 각 고등학교 선생들이 연수차 부산대학으로 와 방학동안 단기로 하숙을 계속했다고 한다. 하숙집 아줌마로 일하는 동안에 동네 반장도 하고 통장도 해서 이웃 사람에게 인기도 있었다고 했다.

아내의 절약과 검소한 생활의 결과였음은 두말하면 잔소리이다. 남편도 없는 단칸방에서 80 노모를 모시고 하는 생활이 어떠하였겠는가?

어머님을 독방으로 모시니 너무나도 좋아하시는 어머님의 모습을 보고 아내에게 정말 감사하다는 말 이외 할 말이 없었다.

이제 내 평생을 두고 사랑한 아내 이창섭을 이야기해야겠다.

<나와 아내를 맺어준 처남 이창기>

나는 1960년 5월 18일에 진해 통제부 군인교회에서 결혼식을 했다. 내 나이 30세. 7년간을 사귄 사이였다. 아내는 서울 출신이고 나는 경상도 사나이. 우리 부부의 인연도 해군을 인연으로 만나게 되었으니 이것도 하나의 운명이라고 할까? 1953년 1월 PF-61함에서 신병훈련소로 전속 명령 받고 부임했을 때였다. 신병 24기는 중반기 훈련 중이었다. 나는 2등병조의 계급장을 앞가슴에 달고 훈련소에 부임했다. 총무과에서 부임신고를 하는데 7기생 박상철 선배가 파안대소하면서 반갑게 맞이해 주었다. 신병 21기 훈련 때 같은 분대에서 교반장으로 근무하며 박상철 선배의 조언과 많은 가르침을 받았다. 그때 박상철 선배는 서무2조였고, 나는 보수 3조였다. 다시 박상철 선배를 만나니 서무1조로 진급하여 훈련소 총무과의 서무장이었다.

"김재수! 당분간 내 방에서 기거하라"고 했다.
총무과 옆에 있는 작은 독방이었다.
서무장방에서 여장을 풀고 있는데 수병 한 사람이 들어오며
"제가 서무장님 당번입니다. 필요한 것 있으면 말씀해 주십시오" 했다.
"자네 몇 기생인가?" 물어 보았다.
"22기생 이창기입니다." 답을 했다.
키가 자그마한 미소년으로 첫인상이 좋은 수병이었다.
"몇 살인가?"
"22세입니다."
"허허 나와 동갑이네" 하고 나도 모르게 나이를 말하게 되었다.
이것이 처남과의 운명적인 만남이었다.

내가 신병훈련소로 부임하기 전까지 PF-61함의 연합함대에 예속되었기에 기관수리 등의 정비는 미해군이 2차 대전 종료와 동시에 접수하여 사용한 일본 요꼬스카(橫須賀)의 해군 공창에서 함정수리를 했다. PF-61함도 기관수리를 위해서 약 2개월간 체류했다. 그때 일본 요꼬스카 PX에서 구입한 미 해군 정복, 청바지 미

제 단화, 모자, 세면도구 등 내가 소지한 일용품과 풍모가 이창기 수병이 보기에 화려하게 보였던 것 같다. 훈련소 행정요원으로 서무장을 제외하고는 나의 동기생 김봉철이 유일하게 서무 3조였고 2조의 하사관은 나 하나뿐이었다.

훈련소에서 첫 밤을 보내고 06:00시에 기상하여 침구 정돈을 하고 실내 콘크리트 바닥에 물을 뿌리며 청소했다. 청소해 놓고 식당으로 갔더니 취사병이 경례하며
"누구십니까?"
"어제 새로 전속온 거야?" 했더니, 식사 당번이 오기 전에 식사를 준비해 주었다.
콩나물국에 보리밥 한 그릇. 국에 말아서 아침 식사를 하고 나오니 이창기 수병이 한참 찾았다고 했다. 2등병조를 가슴에 부착한 하사관이 침구를 개고 물을 뿌려서 청소하고 식사도 손수 찾아서 먹고, 나를 다른 사람보다 달리 본 것 같았다. 계속해서 같이 훈련소에 근무하던 어느 날 자기 누이동생을 소개하는 것이었다.

<인연의 고리>

신병 교육은 13주간이며 24시간을 같이 근무해야 하므로 개인적인 시간 여유가 없었다. 6·25동란의 발발로 300톤급 소형함에서 3,000톤급으로 대형함의 전력이 향상됨에 따라 나는 개인적으로도 영어 실력 향상이 요구되었다. 나는 신병훈련소 교수부로 근무처를 바꾸어 줄 것을 신청하여 보수 교관으로 발령을 받았다. 얼마 있지 않아 이창기 수병도 나와 같은 교수부에서 근무하게 되었다.
교수부에서는 내 강의시간만 강의한 후에는 시간적인 여유가 많아 영어공부를 할 수 있었다. 시내에 있는 영어 강습소에 등록하

여 자유로이 개인적인 시간을 갖게 되었다. 그리고 **월 30,000원의 1등병조(군공무원)가 되어 금전적인 문제에서 자유로워졌다. 또한 영외 거주증도 주어졌다.** 이전에는 병조장으로 진급 되어야만 영외 거주가 자동으로 주어졌지만 1등병조도 영내거주를 해야 했다.

어느 날 이수병이 나에게 '같이 휴가를 가지 않겠는가?' 제안했다. 나는 업무상 휴가를 갈 수 없고 3개월간의 수업시간을 대리할 사람이 없어 교관의 공백을 가져올 수 없다고 했다. 이수병은 휴가를 떠났고 나는 실무분대 분대사의 직책을 맡아 실무분대와 같이 생활하게 되었다. 휴가를 갔다 온 이 수병이 사진 한 장을 내밀며 누이동생이라고 했다. 누이동생은 18세 내 나이 23세였다.

내가 웃으며 "동생 이쁘구만." 했다.

이 수병은 1등수병으로 진급이 되어 종합학교의 회계학교에 입학했다. 나는 보수고등과에 입학해 이 수병과 나와 서로 소식이 단절되었다. 교수부에서 이 수병이 담당한 신병들의 성적사정에 문의할 사항이 있었다. 이 수병의 근무지를 알기 위해 이 수병의 집으로 편지를 했다. 그 답장을 이 수병의 누이동생이 보내왔다. 그것을 계기로 답장을 잘 받았다는 회답을 하면서 서로 편지로 연락을 주고받게 되었다. 이후 7년을 주고받았다.

<섭섭했던 첫만남>

신병훈련소에서 근무 중인 1954년 11월. PCE-51함정 인수요원으로 한국을 떠나면서 이창섭에게 편지했다. 미국에서 나의 생활사항 및 미국이란 나라에서 보고 느낀 점을 편지로 전하면서 자주 편지를 주고받게 되었다. 그렇게 바쁜 중에도 매주 금요일에는 답장이 오건 안 오건 빠짐없이 서울에 편지를 보냈다.

우리가 편지를 주고받은 지 5년이 지난 1958년 8월쯤으로 기억된다. 우리를 맺어준 이창기는 하사관으로 진급하여 청량리 해군병원에서 근무하게 되었다. 제기동에서 가까운 곳에 근무하는 것을 계기로 서울에서 결혼식을 거행한다는 연락을 받고 서울로 올라갔다. 결혼식 전날 서울에 도착한 것이 밤 11시였다. 결혼식장 근처의 여관에서 자고 이발소에서 이발도 하고 난생처음으로 미국에서 사 온 하늘색 양복에 정장해서 멋을 부린다고 했으나 어디인지 모르게 어색해 보였다.

결혼식은 12시라 좀 이른 시간에 식장에 도착했다. 처음으로 미래의 아내와 상봉할 시간이 된 것이다. 접수처에 가서 부조하는 봉투에 나의 월급 1/3인 만 원을 넣은 봉투 뒷면에 김재수라고 썼다. 내 생각은 이창섭 양이 오늘 내가 결혼식에 참석한다는 것은 알고 있을 것이고 옷도 잘 입고 화장하고 잘 꾸미고 있을 것으로 생각하고 주변을 보아도 내가 상상한 여인은 없고 원피스 차림의 평소 입고 있는 평상복 차림의 처녀가 눈에 들어왔다. 사진으로 보던 얼굴과 닮아 있어서 한눈에 알아볼 수 있었다. 내 이름이 쓰여 있는 봉투를 본 처녀가 단번에 나를 보는 것이었다. 실로 5년간이나 편지를 주고받은 이래 첫 대면이었다.
결혼식장의 신랑석에 앉아서 결혼식이 끝날 때까지 앉아 있었다. 처남은 만나지도 못했다. 결혼식이 끝나고 폐백이다, 사진 촬영이다 분주한데 어디서 어떻게 해야할 지를 몰라 아무런 인사도 없이 결혼식장을 나왔다. 여관에서 군복을 갈아 입고 서울역으로 갔다. 1주일 후에 편지가 왔는데 왜 아무런 말도 없이 그냥 갔냐는 편지였다. 처남 내외는 물론 어머니 아버지도 미래의 사윗감을 보기 위해서 많이 찾았는데 그냥 갔냐는 것이다. 나와 첫 대면은 그렇게 섭섭하게 끝났다.
오빠는 볼품없고 꾀죄죄해 보이는 그런 사람을 소개해 주었느냐

했던 게 처음 나를 본 이창섭의 평가였다.

<첫 번째 데이트>

처남의 결혼식이 지나고 얼마 지나지 않아 처남이 진해종합학교의 회계학교의 교관으로 부임되어 왔다. 신혼 기간인데 부부가 떨어져 산다는 것도 그렇고 진해에 방을 구해야겠다는 생각을 했다. 그때는 복덕방이란 것도 없던 시절이었다. 해군 관사도 서로의 안면으로 권리금을 주고 입주하던 시절이었다.

훈련소 매점을 하는 이림(李林)씨에게 사정을 이야기하고
"방을 하나 구해 달라."
"누가 살 것인가?" 이림 씨가 물어보았다.
"여자 친구의 오빠이며 신혼부부"
"내가 살던 집이 독채로 비어 있으니 그것을 쓰라." 했다.
"월세가 얼마냐?"
"그것도 거저 쓰라." 했다.
"아니 거저 들어가 사는 것은 말이 안된다."
"전기, 수도세도 다 내고 있으니 염려 말고 들어가 살라." 했다.

그날 이창기를 만나 그 이야기를 전했다. 처남은 자기의 아내에게 제부될 사람이 방을 구했으니 내려오라는 편지를 했다. 서울의 부모님도 며느리가 신랑을 따라 진해 내려가는 것도 대찬성이고 특히 내가 주선을 했다고 하니 부모님은 물론 처남댁이 그렇게 좋아했다고 했다. 간단한 취사도구와 이부자리만 가지고 오면 된다고 했다. 그렇게 처남 내외가 진해에서 신혼생활을 하게 되었다. 얼마 지나지 않아 부모님이 나의 아내 될 이창섭에게 너도 진해에 다녀오라는 허락을 받고 진해에 내려온 것이 두 번째 만

남이 이루어졌다.

서울에서 부산으로 내려와 충무동 버스 정류장에서 진해행 신흥
버스를 이용하라는 연락을 사전에 해 두었다. 버스 도착시간도
나의 처남 이창기의 퇴근 시간에 맞추어 도착하도록 해 두었다.
그날 오후 4시, 나와 처남 내외와 함께 버스 정류장에서 내리는
미래의 아내를 두 번째로 만났다. 양장에다가 하이힐을 신고 내
리는 모습은 참으로 예쁘게 보였다. 걸음 걷는 모습도 예뻤다. 의
장대 중대장이라 대원들에게 처음 가르치는 훈련이 걸음걸이인데
만면에 웃음을 띠고 걸어오던 여인을 처음 보았다. 어떤 말을 해
야 할지 몰랐다. 오느라고 수고했다 하고 처남댁으로 갔다.
처남댁이 식사 준비로 분주한 데 그냥 있기도 그렇고 해서 진해
는 서울과 비교하면 촌인데 무엇이 먹고 싶은지 물어보았다. 나
도 모르게 쑥스러웠다. 바로 나오는 대답이 오징어가 먹고 싶다
했다. 식사 준비를 하는 동안 나는 시장에 가서 오징어 한 축을
제일 좋은 것으로 골라서 사 가지고 왔다. 처남이 미래의 내 아
내 이창섭이 오징어를 좋아한다고 하는데 그때만 해도 오징어가
젊은 사람들에게는 최고의 군것질거리였다.

저녁 식사 후에는 처음으로 두 사람만의 시간을 가졌다. 진해 시
내를 나와 한양 사진관에서 사진을 찍었다. 아내의 모습이 아주
예쁘게 나와 대만족이었다. 진해는 촌이라 특별히 관광할 만한
장소도 없고 영화관에 갈 시간도 늦어서 사진관을 나와 내가 자
주 다니는 백장미 양과점으로 갔다. 나는 술, 담배를 안 하니 주
인 마담도 잘 아는 사이였다. 두 사람이 마주 앉아 있는데 주인
마담이 인사를 하면서 뭘 주문할지 물었다.
'후루잇 뽄지'를 두 개 주문했다. 그 집에서는 제일 비싼 것이
었다. 아내는 가격표를 가만히 보더니 너무 비싼 것 주문하지 말

라고 했다. 하기야 당시 커피 한 잔이 10원쯤 할 때였으니 30원 짜리는 너무 비싸다고 생각하고 말렸을 것이다. 첫 데이트에서 비싼 것 주문하지 말라는 것은 평생을 두고 잊을 수가 없다. 그리고 처남댁으로 바래다주고 나는 영내로 돌아왔다. 진해에서 2일간을 보낸 아내는 서울로 떠났다. 미래의 아내가 떠나간 뒤에도 우리 편지는 정기우편물같이 매주 금요일에 오고 갔다. 진해에서 '전쟁과 평화' 라는 영화를 구경했다. 감명 깊게 보아 나는 그 영화를 두 번이나 보았다. 아내는 영화관람을 아주 좋아한다고 했다.

아내의 이웃에 안수길[39] (安壽吉) 이란 작가가 살고 있어 자주 놀러 다녔다고 했다.
그 집에서 나올 때
"선생님, 저 가요." 인사하면
안수길 작가가
"그래, 가요 양 잘 가요." 했다고 한다.
안수길 작가가 신문사나 잡지사에서 영화관람권을 받으면 꼭 한 장씩을 아내에게 주고 해서 영화에 관한 식견이 넓은 편이었다.
영화배우 중에서도 모나코의 왕비가 된 그레이스 켈리를 아주 좋아한다고 했다.
그래서 내가 감명 깊게 본 「전쟁과 평화」를 같이 관람해야겠다는 생각으로 주말을 이용해 서울에서 만나기로 했다. 진해에서 밤 기차를 타고 서울에서 만나 단성사에서 영화를 봤다. 아내는 영화를 보는데 나는 밤 기차를 타고 온 탓으로 피곤해서 영화를 제대로 보지도 못하고 그대로 잠에 빠져 버렸다. 영화 구경이 끝나고 같이 식사할 시간도 없이 나는 서울역으로 아내는 집으로

---

39) (安壽吉, 1911년 ~ 1977년)소설가로, 호는 남석(南石). 제3인간형, 풍차, 장편 화환, 북간도

돌아갔다. 예고 없이 동원되는 의장대 행사를 위해서 길게 자리를 비울 수 없는 생활이었기 때문이다.

<편지로 한 청혼>

1960년 신년을 맞이했다. 내 나이 30세, 아내의 나이 25세였다. 군대 박봉으로 결혼생활을 영위하기 어렵다고 생각되어 차일피일한 세월이 어느덧 7년이 지난 때였다. 연세 70대의 어머니를 생각하고 나만 보고 기다리는 사람을 생각해서 결혼해야겠다는 생각을 굳혔다. 서울에 가서 미래의 아내를 만나기 전에 편지를 보냈다.

"7년의 세월이 길기도 할뿐더러 여러 곳의 혼처를 마다하고 기다려 준 데 대한 감사하다는 말과 함께 사랑합니다. 우리 결혼합시다." 라는 말을 적었다. 그리고 '일간 부모님을 찾아뵙겠다.' 라고 적었다.

결혼 후 아내는

"7년을 편지 주고받으면서 사랑한다는 말 한마디 없더니 마지막 편지에서 사랑한다는 딱 한 마디 썼더라. 그렇게도 기분이 좋더라." 했다.

1960년 1월 초. 서울역에 마중 나온 아내와 함께 장인, 장모님을 처음 뵙고 인사드렸다. 이미 사진을 보고 잘 알고 있으니 두 어르신께서는 아무 말씀이 없으셨다. 인사를 나누다가 장인어른이 자기의 처가(장모님 친정)도 정부에서 높은 벼슬을 했다고 했다. 미래의 내 아내도 외갓집에 놀러 가면 옛날 관복이 즐비했다고 이야기했다. 외갓집에 가면 외할머니가 아내를 귀여워했고 가을이 되면 1년 먹을 양식을 보내주었다고 했다.

그 말을 듣고 계시던 장모님은

"그놈의 양반이 밥 먹여 주나? 자네 열심히 살아야 하네, 아내를 고생시키면 안 되네." 했다.

"저는 모아 놓은 재산도 없고 결혼하는데 어떤 절차도 잘 모릅니다. 결혼식은 진해에서 거행하기로 했으면 좋겠습니다. 예단 같은 것은 필요 없습니다. 받을 분도 없습니다. 노모는 한 분이니 연로해서 그런 것도 모르십니다. 그냥 간소하게 식만 올리고 피로연도 제가 다 하겠습니다." 말씀드렸다.

장모님은

"자네가 알아서 하게. 그럼 그렇게 하지. 그리고 신부가 당일 입을 옷은 자네가 준비해야 하네." 말씀하셨다.

밖에서 가만히 듣고 있던 아내는

"인제 그만 나가요." 했다.

장모님의

"이제 나가 보게."

말씀에 따라 밖에 나와보니 양장을 차려입은 모습이 더욱 예쁘게 보였다.

그날 밤 처음으로 처가에서 잠을 잤다. 눕자마자 잠이 들어 정신 없이 잠을 잔 것이다. 장인어른의 옆 윗목에 잤다.

아침에 일어나 보니 아침 식사가 차려져 있었다. 오랜만에 편안한 밤을 보냈다. 결혼도 하기 전에 처가에서 하룻밤을 보내게 된 것이다. 아침 밥상은 서울식 식사가 준비되어 있었다. 처음으로 받아 보는 미래의 장모님이 차려 주는 밥상이었다. 14세에 집을 나온 후 처음으로 받아 본 정성 어린 집밥이었다. 밥상 위에는 학교 다닐 때 도시락 반찬으로 명태를 쪄서 고추장에 버무린 것이 보여 먼저 먹어 보았다. 그런데 그것은 명태가 아니고 씁쓰름한 맛이 나는 나물 종류였다.

"이것이 무엇입니까?" 장모님께 물어보았더니

"더덕이네." 하셨다.

강원도에서 주로 나는 것이라고 했다. 나는 처음 먹어 본다고 말

쏟드렸다. 그때 처음 맛본 더덕 맛이 계속 내 입맛에 맞아 이곳 캐나다에 이민 올 때도 더덕 씨를 가져와서 우리 집 텃밭에 심어 우리 가족들은 매년 더덕 무침을 먹게 되었다.

아침 식사 후에는 장인 어르신이 나와 마주 앉아 이것저것 물어보셨다. 아내는 나와 나갈 준비가 되어서 밖에서 기다리는데 어르신 앞이라 일어날 수가 없었다.
장모님이
"나가 보게. 밖에서 기다리고 있네." 하셔서 겨우 인사드리고 나올 수 있었다.
아내의 걷는 모습도 자세 하나 흐트러짐 없이 걸음걸이가 산뜻했다. 키도 머리가 나의 목까지 와서 잘 어울렸다. 집 근처의 마을길을 산책하고 고려대학 부근을 돌아보고 서울역으로 향했다. 택시를 타고 가자 했더니 버스를 타고 가자 했다. 서울역에 도착하니 점심때가 다 되었다. 서울역 근처의 중국집에서 아내는 탕수육을 나는 짜장면을 주문해서 둘이 나누어 먹는데 아내의 식성이 참 좋았다. 60년대에는 식당이 거의 중국집이었다. 점심시간에 주로 중국집에서 짜장면을 먹는 것이 보편적인 외식 문화였다. 진해가서 소식 전하겠다는 말을 남기고 나는 진해로 향했다.

<5년 전에 장만한 혼숫감>

진해로 돌아와 1955년에 미국에서 PCE-51함을 인수하고 귀국할 때 준비했던 혼숫감을 챙겨 트렁크에 넣어 편지와 함께 서울로 보냈다.
편지에는 오래전에 미국에서 준비했기 때문에 시대에 뒤떨어질지는 모르겠지만 약소하나마 받아 주었으면 고맙겠다는 글이었다.
아울러 '결혼식은 1960년 4월 15일 진해 벚꽃이 만발할 때이니 그때 진해 군인교회에서 결혼식을 올리면 어떻겠냐.' 나의 뜻을 전했다.

편지와 혼숫감으로 넣어 둔 트렁크는 마침 처가 동네에 사는 처남의 친구가 해군에서 근무하고 있었는데 휴가차 서울로 간다는 편에 보내서 다행이었다. 1주일 후에 답이 왔다. 장모님이 트렁크를 열어보고 깜짝 놀랐다고 한다.

"미국에서 돌아올 때가 언제이었나?"

아내에게 물어보았다고 한다.

아내가

5년 전에 벌써 준비한 것이라고 말씀드리니 놀랐다는 것이다.

<관상가의 덕담>

서울의 결혼 풍속은 모든 것을 신붓집에서 부담하고 신랑은 신부가 입을 당일의 예복만 준비한다고 했다. 경상도는 신랑 집에서 장롱을 비롯한 당일 신붓집에서 치러야 할 잔치용 식량까지 보내는 것이 풍습이었다. 참 인연은 인연인가 보았다. 당시 아내에게 동네에서 청혼하는 총각이 많이 있었지만, 아내는 무조건 거절했다는 것이다. 네 사람의 후보자 중 세 사람은 재력이 있고 권력도 있는 사람이었는데 관상가에게 사주를 보이고 점을 보니

"김재수라는 총각에게 보내세요. 아들, 딸 하나씩 낳고 잘 살 겁니다."

하더란 것이다.

천생연분이라고 했다는 것은 이렇다. 그때는 처녀 나이 25세면 노처녀라 했다. 아내의 친구들도 결혼해서 아이가 서넛은 기본이었다. 내 동기생 중에서는 국민학교 다니는 아이를 둔 집도 있었다.

관상가가 장모님에게

"따님이 이 총각을 알게 된 지가 얼마나 되었습니까?"

장모님이

"7년을 알고 지냈다."

"따님이 7년을 기다린 이유를 알겠습니다. 성질이 불같고 고지식하니 잘만 처신하면 딸의 일생을 걱정 안 해도 되겠고, 따님이 자신의 갈 길을 정해 놓고 시기를 기다린 것인데 그 시기가 올해인 것 같군요." 했다는 것이다.

그런데 일면식도 없는 나에 관해서 어떻게 생년월일만 가지고 그런 판단 했을까? 그 후 그 관상가를 한 번 만나 봤으면 하는 뜻이 있었는데 만나 보지 못했다.

장모님은 한편으로 기쁘면서도 또 점쟁이에게 궁합을 보니 천생연분이라는 말을 또 하더라는 것이다. 처남은 자기가 매부를 잘 골라 놓았다고 즐거워했다고 한다. 장모님은 이제 딸이 시집을 가게 되었다고 이웃에도 이야기하고 총각에게서 온 선물을 보여주며 자랑했다고 한다.

그해 1월 들어 편지가 왔다.

4월에는 좋은 날짜가 없고 그 관상가가 5월 18일이 아주 좋은 날이니 이날로 정하라고 해서 5월 18일로 날짜가 정해졌다.

결혼식장은 내 제안대로 진해 군인교회에서 거행하기로 결정되었다. 이 모든 것은 1960년 1월 말경에 다 이루어졌다.

<뭇 여자들의 구애>

그동안 나에게 여자를 소개해 주는 경우가 제법 있었다.

이완덕이란 보수하사관 후보생 출신도 그의 누이동생을 소개해 주었다. 대학을 졸업하고 외국계 무역회사에서 근무하고 있었다. 내가 서울에 출장 갈 때 그의 누이 동생에게 편지를 전해 주라고 해서 편지를 전해 주며 만나 보았다. 나는 단순히 편지 심부름이라고 생각했는데 후일 알고 보니 그게 아니었다. 그 동생이 나에게 호감을 느낀다고 했다. 나는 거절했다. 학력 차이도 있고 돈도 없고 아무것도 없는 빈 공간 위의 인생이라고 했다.

하숙집 딸도 노골적으로 방 청소 빨래 등의 자질구레한 일을 도와주는 행위가 이상해서 하숙집을 옮겼다. PF-61함에서 Sonar사로 근무한 동기생 장두성이란 친구와 같이 하숙방을 쓰기로 해서 생활했다. 그의 조카가 진해에 와서 미장원을 운영하고 있었는데 우리 방에 자주 와서 놀다 가곤 했다. 어느 날 나에게 그의 조카가 어떤지 물어보았다. 나는 지금 형편으로 결혼을 해서 살림을 차릴 수 있는 형편이 되지 못한다고 말했다. 그 조카가 하는 말이 자기가 미장원을 해서 생활을 할 터이니 그런 점에는 걱정하지 말라는 것이다.
내가 그녀에게 사내자식이 오죽 못났으면 아내는 일하고 남편은 아내만 바라보고 사는가? 방 한 칸도 마련할 재정적인 형편도 안 되는데 아내의 경제적 도움만 바라면서 살아가는 것이 나로서는 자존심이 허락하지 않은 것이라고 해 주었다.
너무나 끈질기게 달라붙기에 장두성과 같이 서울로 휴가를 갔다. 그리고 아내가 될 이창섭을 동대문에 있는 순정다방에서 만났다. 내가 장두성에게 설명해 주었다. 장두성은 나와 같이 PCE- 51함 인수 요원으로 선발된 유능한 친구였고, 그는 이미 결혼해서 딸이 하나 있었다.

장두성에게 후에 처남이 되는 이창기 수병의 소개로 알게 되어 3년이란 시간이 흘렀다고 설명했다. 그날따라 눈치가 빠른 미래의 나의 아내는 생글생글 웃으면서 서울 말씨에 말도 잘하고 예쁜 미소를 짓는 인상이 그 친구에게 혼이 나간 것 같은 인상이었다. 이 친구가 진해로 돌아와서 조카에게 일찌감치 그만둬라. 서울에 아주 예쁜 처녀가 벌써 3년 전부터 알고 지내는 것을 설명했다.

그 소문이 하숙집 인근에 퍼져서 다른 여자관계는 청산이 되었다.

한동안 조용해서 평안했는데 유독 훈련소 타이피스트로 있는 이화자라는 진해고녀 출신은 적극적으로 나오는 것이다. 점심시간에 의장대 대기실에 꼭 찾아오는 것이다. 국군의 날 행사가 끝나고 영등포역에서 진해로 향하는 열차 앞에서 나의 아내가 될 이창섭은 나를 환송하기 위해서 영등포역으로 나왔다. 그때 의장대원들이 내 아내가 될 이창섭을 알게 되었다. 점심시간마다 의장대 대기실로 찾아오는 이화자가 들으라고
"서울에 예쁜 여자가 있는데에~, 있는데에~" 하고 의장대원들은 노골적으로 야유를 해도 여전히 적극적이었다. 이화자의 나이는 나와 동갑이었다. 어느 날 훈련소 소장실에서 나를 호출했다. 소장실에는 공창 부창장을 하는 부산 구포 출신 이기상 중령이 와 있었다. 이 중령은 나를 보고
"이 애 이구만." 이라고 했다.
아마 이화자의 나이도 있고 혼담 이야기가 있으니 나를 지목해서 가족들에게 이야기했던 모양이다.
하지만, 이 중령의 말이 사람을 무시하는 언사였다.
"아 이 애구만" 이란 말 한 마디에
"네가 중령이면 중령이지!" 하고 나왔다.
후에 그가 이화자의 형부라는 것을 알게 되었다.

<군사 작전 같은 결혼식>

공교롭게도 결혼식 날인 1960년 5월 18일은 미군의 날이었다. 결혼식은 군인교회에서 12시에 거행하고 피로연은 1시부터 동순루 중국집으로 예약해 두었다. 내가 자주 가는 단골집이고 어떤 모임도 그 집에서 했으므로 주인하고도 아주 친한 사이였다. 결혼

당일 약간의 축의금과 해군 병조장 월급 1개월분을 가불해서 총비용 6만 원으로 간단한 피로연을 했다.

나는 결혼식 때문에 미군의 날 행사에 참여할 수 없으므로 교반 조수가 지휘할 수 있도록 훈련과 절차를 설명해 주며 준비를 했다. 하지만

1960. 5. 18.

군악대장이 훈련대장 이용준 소령에게 연락했다.

"미군의 날 행사는 중요한 행사입니다. 부산의 각 기관장 등 한국 장성들도 참석하는데 중대장이 가서 전반적인 지휘를 해야 합니다." 라는 의견을 상신한 것이다.

훈련대장이 부산의 행사는 오후 2시에 있으니까 결혼식 시간 12시를 10시로 앞당기고 주례를 봐주실 차몽구 목사님의 설교를 짧고 간단하게 끝내고, 축사해 줄 훈련대장님도 축사를 간단하게 하기로 작전 짜듯이 일사천리로 계획이 잡혔다.

이런 계획은 결혼식 전날인 5월 17일에 결정되었다. 서울에서 17일에 부산 오고 다시 버스 편으로 진해로 오기로 되어있었다. 부산에 가서 장모님을 비롯하여 처남 내외와 처남 아들과 같이 진

해에 도착했다. 아내는 한양여관으로 안내해서 쉬게 했다.

나는 부대로 들어가 내일 행사에 관한 준비사항을 점검한 후 기수단에게는 미해군기를 준비시켰다. 내일 의장대 행사 계획은 10:00 진해를 출발해서 12:00에 하야리야[40] 부대에 도착, 점심 식사 후에 행사 준비하라는 계획을 교반 조수와 선임자들에게 지시하고 집으로 갔다.

처남댁은 진해에서 생활한 적이 있으니 진해 사정을 잘 아는 형편이라 결혼식 시간의 변경을 설명하고 아침 8시에 신부 화장을 할 수 있도록 미장원에 미리 가서 준비해 달라고 했다. 다음 날 9시 하객들이 오고 훈련대장도 차용구 목사님 방에서 차 대접을 받고 있었다. 결혼식 시간 10:00가 다 되어 신부가 도착함과 동시에 "신랑 입장!" 소리가 들려 입장했다.

곧 신부가 처남댁의 안내로 입장을 했다. 훈련대장님의 각본대로 일사천리로 초고속 결혼식은 소장님의 축사로 끝났다.

"신랑·신부 퇴장!"

사회자의 말과 함께 퇴장하는데 아내는 팔을 잡아당기면서 천천히 가자는 신호를 했다. 내 보폭이 아내 보폭보다 컸던 모양이다. 아내는 매사에 침착했다. 나는 빨리 부산으로 가 미군의 날 행사에 참여할 생각만 한 것이다.

사진 촬영이 다 끝나고 피로연 자리로 이동할 때 하객들은 미리 가 있었다. 우리는 택시로 갔다. 상석에 앉아 계신 소장님께 인사와 함께 잔을 올리고 장모님에게 큰절을 올렸다. 그리고 간단한 식사와 함께 바로 일어섰다. 소장님을 배웅하러 나온 김에 처남에게 기별하여 아내를 내려오게 했다. 바로 택시에 올라탔다. 처남이 신부가 화장하느라 아침 식사를 못 했으니 가는 길에 케이

---

40) 하야리야는 미국 뉴욕에 있는 경마장 이름이다. 미군이 부산에 주둔한 곳이 경마장 자리였으므로 하야리야라고 했다.

크나 하나 사서 가라고 했다. 동생을 염려해 준 마음을 보고 역시 피붙이는 생각하는 것이 다르다고 생각했다. 백장미 양과점에 들러 주인 마담에게 무조건 케이크 한 상자 달라고 했다. 돈은 신혼여행 돌아와서 갚겠다고 하고 나왔다.

진해에서 한 대밖에 없는 택시를 전날 차비를 치러 두었다. 부산을 향해서 출발했다. 아내는 아침도 못 먹고 시장할 것 같아 케이크를 잘라 주었더니 한 조각을 먹었다. 어느덧 부산 구포다리 입구에 도착했다. 구포다리 입구에는 해군 헌병 백차가 한 대 대기하고 있다가 우리 차를 보더니 따라오라는 신호를 했다. 헌병 백차에는 훈련대장 이용준 소령이 타고 있었다. 나는 이미 군복으로 갈아입은 상태라 헌병 백차에 갈아타면서 진해에서 같이 온 운전사에게 팁을 건네며 온천장 철도호텔에 가라고 일렀다.

나는 헌병 백차에 올라 부산 서면에 있는 하야리야 부대로 갔다. 혹시나 해서 이 소령이 헌병차까지 동원했다. 하야리야 부대에 도착하니 12:30이었다. 의장대원과 군악대원들은 부대 식당에서 식사하고 있었다. 군악대장에게 인사를 하고 식사가 끝난 대원들은 군악대와 같이 행사 순서에 따라 예행연습을 했다. 오후 2시에 기념식이 시작되었다. 많은 손님이 운집한 가운데 사열부터 시작해서 의장대원의 관병훈련 그리고 분열 행진을 마지막으로 그날의 행사는 끝났다.
하야리야 부대장의 인사말에 해군의장대장의 결혼식 날인데 참석해서 결혼을 축하한다는 인사말도 있었다. 군악대장에게 부탁하고 의장대와 군악대는 진해로 향해서 출발했다. 나는 하야리야 부대에서 준비해 준 미군 차편으로 온천장으로 갔다. 정확히 오후 5시였다. 아침 8시부터 시작해서 오후 5시에 끝났으니 군대의 일과와 같은 나의 결혼식 하루였다.

<신혼 첫날. 부산 온천장>

온천장 접수 테이블에 있는 품위 있는 직원에게
'오늘 온 신부는 어느 방에 있느냐'고 물었다.
아내가 있는 방을 안내해 주면서 이때까지 많은 신혼 신부가 왔
는데 저렇게 예쁜 신부는 처음이라고 했다. 아내는 얌전하게 앉
아 있다가 나를 보더니 무척 반가워했다. 내가 이제 행사를 끝내
고 바로 오는 길이라고 말하고 점심을 어떻게 했는지 물어보았
다. 호텔에서 잘 차려 주어 잘 먹었다고 했다. 간단한 세수를 마
치고 옷을 갈아입고 저녁 식사를 하기로 했다. 호텔 식당에서 제
공할 수 있는 최대한의 저녁상을 부탁했다.
"포도주는 무엇으로 할까요?" 물어보길래 술은 필요 없다고 했
다. 아내는 물론 나는 술, 담배를 안 하니 포도주가 필요 없었다.
아내는 식욕이 좋은 편으로 차려진 요리를 거의 다 먹었다. 즐거
운 저녁 식사였으며 우리 삶의 첫 출발을 알리는 식사였다.
식후에는 온천장과 시장 등을 산책했다. 내가 12살 겨울방학 때
친구들과 함께 동래 온천장에 왔던 이야기도 했다. 친구의 친척
집에 친구 몇 명이 함께 어울려 갔었다. 그때는 비포장도로였고,
온천장은 한 군데밖에 없더란 이야기도 해 주었다.
이런 인연인지 제대 후 선원 생활하면서 20년간 온천장이 우리들
의 생활터전이었다. 객실로 돌아와 둘이 마주 앉았다.
아내는
이제야 김재수의 아내가 되었다면서 웃었다.
2박 3일의 신혼여행을 끝내고 진해 신흥동 관사에 도착해서 어머
님과 장모님에게 인사드리고 처남댁이 준비한 저녁 식사를 맛있
게 먹었다. 아내도 참 잘 먹었다. 다음 날은 장모님, 처남댁 내외
가 서울로 떠나는 날이라 부산으로 가는 버스 정류장까지 우리
내외는 전송했다.

아내는 장모님에게

엄마, 우리 잘 살게 걱정하지 마라며 생긋 웃었다.

장모님에게 작별인사를 드렸다.

"나는 애를 키우면서 식은 밥 안 먹이고 키웠네. 저 애 말대로 잘 살아야 하네."

하시고는 떠났다. '식은 밥 안 먹이고 키웠네.' 이 말씀을 내 평생 잊지 않고 지켰다.

<신흥동 72호. 신혼살림>

그날 저녁 식사를 하고 쉬는데 아내는 산책도 할 겸 시장으로 가보자고 했다. 해양극장을 지나면 바로 시장이라 한 바퀴 돌고 집으로 돌아왔다. 방에는 작은 이불장과 장모님이 장만한 요 이부자리가 잘 정돈되어 있었다. 옷장에는 아내의 옷이 잘 정리되어 있었다.

우리가 신혼살림을 차린 신흥동 72호 관사는 일본해군 하사관 숙소로 나가야(長屋)라고 부르는 일본 서민층이 집단으로 입주해서 생활하는 건물이며, 수돗물도 제대로 나오지 않는 관사이다. 석유 곤로와 연탄이 난방과 취사용이다.

나는 아내에게 여기는 환경이 이러하니 형편이 좋아지면 조금 좋은 주택으로 이사 가자고 했다. 이런 내 말에 아내의 대답이 걸작이었다. 나를 보면서 하는 말이 예쁘다 하는 말을 많이 들었는데 결혼식 날 신부 화장을 끝내고 거울을 보니까 내가 보아도 참으로 예쁘더라는 의외의 대답이었다.

다음날 출근해서 소장님을 비롯한 각 부서장에게 인사하고 의장대 대기실에서 기다리는 대원들에게 미군의 날 행사를 잘 해주어 고맙다는 인사와 함께 오늘 일과는 쉬라 했다. 출근해 있는 동안 경상도 사람인 어머니와 서울 며느리가 의사소통이 잘 안 되어 어떻게 하고 있는지 아내 걱정이 머리에서 떠나지 않았다. 퇴근 시간이 다 되어 식당에서 식사하는 대원들의 상황을 보고 퇴근했다.

나의 아내의
모습.

61년도
통제부 벗꽃 광경

일제 28인치 자전거가 나의 퇴근용 교통수단이었다. 미 해군 고문관실의 친구에게 부탁해 부산 미군 PX에서 32불을 주고 산 것이다. 문 열고 집 안으로 들어가니 아내는 새댁이라고 모양을 내는지 분홍색 양단 저고리와 호장치마 신부 모습으로 앞치마를 두르고 저녁 식사 준비를 하다가 나를 보고 무척 반갑게 웃으면서 곧 저녁 식사를 하자고 했다. 어머님을 위한 조기 한 마리와 잡채를 만들었다. 그런데 밥을 보니까 쌀과 보리 5:5의 보리밥이었다. 아내를 가만히 쳐다보았다.

"왜요? 보리밥이라고요? 보리밥이 소화도 잘 되고 건강에도 좋으며 한 푼이라도 절약해야 우리의 살 집을 장만할 수 있으니 절약을 해야 한다." 는 것이다.

경상도에서는 잡채를 잘 하지 않아 먹을 기회가 별로 없었다. 아주 맛있게 잘 먹었다. 아내의 요리 솜씨에 감탄했다. 서울에서 나고 자란 아내는 얼마 안 있으면 친정으로 가겠지 하는 생각이 나의 머리에서 떠나지 않았다. 출근하면 아내는 어떻게 무엇을 하고 있을까 하는 생각으로 아내가 있는 집으로 얼른 가야겠다는 생각뿐이었다. 퇴근해서 오늘은 무엇을 했는지 물어보았다. 예의 보리밥 몇 가지로 요리를 해서 이웃 분들에게 점심 식사를 대접했다는 것이다. 내가 생각하지 못한 이웃을 챙기는 것이다. 월급날에는 월급봉투를 그대로 아내에게 주면서 이것이 나의 수입이니 당신이 알아서 쓰라고 주었다. 서울에는 자주 편지하는 것 같다. 남편은 퇴근도 제때하고 월급을 받으면 손 하나 안 대고 준다는 것 등의 소식을 전하는 것 같았다.

해군에서 나온 월급은 한 푼도 손을 대지 않았다. 월급에서 쓰는 용돈이라고 해 봐야 매월 구독하던 Current English의 책값이 전부였다.

거기에 조금 더 멋을 부려 본 것이라고는 일제 28인치 자전거를 산 것이 전부다. 의장대 행사를 위해 출장 가는 횟수가 잦아져서 출근도 다른 사람보다 일찍 아침 6~7시 사이에 출근했다. 자전거가 아주 멋이 있고 보통 자전거보다 2인치가 높아 속력이 상당했다. 공창 문관들이 자전거를 이용해서 출퇴근하지만 현역 군인들도 나와 같이 불규칙한 출퇴근 자들은 자전거를 이용하는 사람들이 많았다.

진해에서 나와 같은 일제 자전거를 소지한 소유자는 보급창에서 근무하는 내 동기생 현무섭 중위였다. 영어를 아주 유창하게 구사했다. 또 한 사람의 일제 자전거를 보유한 사람은 해군사관학교 식사관 서진화였다.

퇴근 시간에 남들보다 높은 일제 28인치 자전거를 타고 집으로 들어오는 모습이 제일 반갑더라고 아내가 말해주었다.

<아내의 화장대>

내 생활 태도를 장모님은 아주 만족하신 것 같다. 가끔 처남이 편지해서 처가 어르신들의 안부도 전해왔다. 내가 생각한 아내에 대한 것은 기우에 지나지 않았다. 모든 점에서 철저히 검소한 생활과 절약 정신이 대단한 아내였다. 아내 화장대가 없어서 의장대대원 중에 통영 출신에게 자개로 만든 화장대를 부탁했는데 제법 값이 나갔다.

아내에게 '

"당신 화장대를 사야겠는데 다음 달에는 월급을 좀 떼 달라."

고 했더니

"아니, 화장대가 무엇에 필요한가?" 라는 대답을 들었다.

그러고 보니 아내는 화장대가 없고 작은 핸드백에 입술연지와 로션 두 개뿐이었다. 내가 보낸 화장품도 친구에게 주었고, 아내는 화장품이 필요 없다는 것이다. 아내가 화장하는 것을 보지 못했다. 주로 입술연지와 로션이 화장품 전부였다.

<이화자가 보내온 자개상>

결혼 후 1주일쯤 지난 후에 퇴근하니 방 안에 자개 밥상이 하나 포장된 것이 보였다.

"당신을 꽤 사랑했던가 봅니다." 하면서 아내가 들려준 이야기가 재미있었다. 나를 연모한 훈련소 타이피스트 이화자가 점심시간에 우리 집을 방문해 결혼 선물로 자개상을 가져왔다. 밥상 밑에 이화자란 이름이 쓰여 있었다.

이화자가 아내에게 하는 말이

"나와 같이 영화를 같이 자주 보러 다녔고, 재미있게 지냈다. 신부가 예쁘다는 말을 듣고 얼마나 예쁜가 해서 찾아 왔다." 라는 것이다.

그때 진해에는 해양극장, 중앙극장, 진해극장 세 개의 극장이 있었다. 나는 이 세 극장을 무료관람 할 수 있었다. 아내도 영화를 좋아하니까 영화 프로가 바뀌면 어김없이 아내와 영화 구경했다. 결혼하기 전에도 영화 구경을 했으니 이화자는 공짜 영화 구경을 하기 위해서라도 나에게 접근했던 것으로 생각한다.

다음 날 출근해서 이화자에게

"무슨 어떤 뜻으로 우리 집을 방문했는지? 밥상값이 제법 했을 것인데….'' 하고 물어보았다.

"신부가 예쁘다고 결혼식에 참석한 사람들이 말하길래 얼마나 예쁜가 해서 가 보았는데 예쁘기는 예쁘데요.'' 하는 것이었다.

그해 가을에 이화자도 밀양으로 시집갔다.

<의장대 깍쟁이 아줌마>

서울 토박이 내 아내를 신흥동 해군 관사 아주머니들이 '의장대 아줌마는 깍쟁이' 라 불렀다. 나쁜 뜻에서 한 말이 아니고 으레 '서울 사람은 깍쟁이' 란 통속적인 표현이었다. 시장에서 보리쌀을 사와 보리 3, 쌀 7의 비율로 밥을 지었다. 신혼 초에 어머님과 세 식구의 생활에 불편함은 없었다. 난방은 연탄으로 하고 취사는 석유 곤로로 밥을 지었다. 오랜 세월이 지나 지나가는 말로 그 석유 냄새가 아주 싫더라 했다. 결혼 후 가끔 알지 못하는 쌀 가마니가 배달됐다. 누구인지 모르겠고 사복을 입은 젊은 사람이 갖다 주고 갔다고 했다. 어느 때는 경유 한 드럼이 집에 배달되어 있었다. 누가 왜 가져왔는지 몰랐다. 또 어느 때는 소고기 몇 근을 들고 오는 후배들도 있었다. 중대장이 결혼해서 군인 월급만으로 먹고살기 힘들 것으로 생각한 후배들의 성의라고 보았다.

<아내의 태기>

60년 5월 18일 결혼식 이후 우리 부부는 평범하고 아무런 문제

없이 신혼생활을 하던 중 어느 날 퇴근하고 저녁 식사 후에 둘이 마주 앉았지만, 딱히 할 이야기가 별로 없었다. 아내는 무슨 이야기를 할 것 같은 눈치였다.

조금 시일이 지나고 나서

"여보, 나 친정에 다녀오면 안 되겠어요?" 하는 것이다.

"아, 그래요? 갑시다. 특히 장모님이 많이 보고 싶겠지요?" 내일 당장 준비하라고 하고

어머님에게는

저 사람이 친정에 가고 싶어 하니 보내야 하겠다고 말씀드렸다. 어머님도 두말없이 허락하셨다. 아내에게는 처음 친정 나들이이니 어르신께 선물도 준비해야 하고 하니 내일 당장 준비하라고 했다. 이런 나를 아내는 가만히 쳐다보았다.

성질이 급하더니 그렇게 쉽게 동의할 줄은 몰랐다고 했다.

나는 그동안 생각을 못 해서 미안하다고 하고 돈이 얼마나 필요한지 물었다.

그동안 모아 놓은 월급도 있고 해서 돈 걱정은 안 해도 된다고 했다.

아내는 절약 정신이 투철해서 아침 식사 때는 두 사람분(어머니 점심)을 준비했고 저녁에는 딱 세 사람분의 보리밥으로 절대로 밥을 남기지 않았다. 친정 나들이 날짜는 내 일정을 보아서 내일 결정할 것이지만 되도록 이번 주말에 떠나자고 했다. 무척이나 기뻐하는 아내 모습에 내 마음도 한결 가벼워졌다. 9월과 10월은 의장대의 대외 행사가 많은 계절이라 그때가 9월 중순쯤인 것 같다. 금, 토, 일 3일간을 이용해서 아내와 같이 가기로 정했다. 아내는 나와 같이 간다는 것에 아주 좋아했다. 떡도 하고 오징어 등 해산물을 준비했다. 소고기는 서울 가서 준비하는 것이라고 했다. 5개월 만에 처가로 출발했다.

출발한 그 날 오후 11시에 처가에 도착했는데 장모님과 처남댁이 문을 열면서 우리를 보고 깜짝 놀라는 것이다. 두 사람이 장인어른에게 인사를 하는데 장모님은 닭을 잡고 사위 대접한다고 야단이었다. 처남은 의외의 우리 방문에 아주 많이 반가워했다. 아내는 장모님과 같이 아랫목에서 나는 장인어른과 함께 윗목에서 잠을 자고 아침에 식구가 다 모여서 아침 식사를 했다.

아내가 식사하다가 '웩~' 하고 밖으로 뛰어나갔다.

식구들을 모두 나를 보고 웃었다.

장모님은

"애가 태기가 있는 모양이야." 하셨다.

조금 지나 아내가 들어와 태연하게 식사를 마쳤다. 장모님은 아내와 같이 산부인과에 다녀와서 임신이라고 했다. 아내는 자신이 임신하였는지 모르고 있었다. 태기로 인해 몸과 마음이 자연히 친정 생각이 난 것 같았다.

나는 서울을 떠나며 행사로 인해 바쁜 계절이니 내 걱정하지 말고 휴식을 충분히 취하고 당신이 오고 싶을 때 오라고 했다. 아내가 그래도 좋으냐고 물었다. 몸조심해야 하니 걱정하지 말고 잘 있다가 오라고 당부했다. 월급날에는 우편으로 송금하고 몸 편히 있으라는 당부를 했다.

그해 11월 말. 퇴근하니 아내가 문을 열어 주면서 무척 반가운 웃음을 띠고 나를 맞이했다. 얼굴을 보니 매우 건강해 보였다. 오랜만에 만나니 참으로 반가웠다. 저녁 식사도 잘 차려져 있었다. 오랜만에 맛있는 저녁 식사였다. 역시 아내라는 동반자는 인간 삶의 근본이요 자식을 얻는 것은 국가의 재산이라고 생각된다.

무엇이 먹고 싶은지 먹고 싶은 것 있으면 말하고, 편안한 마음으로 몸 관리를 잘하라고 했다.

먹고 싶은 것도 별로 없으며 서울에서 잘 먹고 잘 쉬다가 와서 이제는 아무 걱정 없다는 산부인과의 진단을 받고 왔다는 것이다. 매사에 철저한 아내였다.

1961년 1월쯤, 해산달을 2월로 보고 아내와 같이 서울로 갔다. 장모님의 보살핌이 필요했다. 필요한 비용도 충분히 준비했다. 아주 많이 반가워하는 분은 장모님이셨다. 진해로 가겠다는 딸을 보내놓고 노심초사하신 장모님은 아내를 보더니 건강한 모습에 안심하시는 것 같았다. 장모님은 혹시나 하고 진해로 갈까 하던 차에 우리가 도착했으니 반가운 마음은 한없으셨을 것이다.
다음날 나는 진해로 돌아와서 편지를 보냈다. '내 걱정은 하지 말고 산부인과도 자주 가라' 고 했다. 진해에서는 해군병원 분원에서 군인 가족에 대해서는 무료 검진도 해 주어서 이상 없다는 확인도 받았다.

<아들 출생>

1961년 2월 15일 '전보요!' 문을 두드리는 소리에 전보를 받아보니 처남이 보낸 전보였다. 2월 14일 밤에 득남했다는 소식이었다. 아이와 산모 모두 건강하며 내일 퇴원한다는 소식이었다. 무엇보다도 아내가 건강하다는 소식이 반가웠다. 2월 14일은 음력으로 섣달그믐이요, 양력으로는 밸런타인데이였다.
장모님은
"이놈이 복도 많다." 쥐띠이니 섣달그믐 음식도 많이 준비하는데 먹을 복이 있는 아이라고 하셨다.
에미를 닮아서 피부도 곱고 아주 예쁜 외손자라고 무척 기뻐했다는 것이다. 시집간 딸이 남의 집 대를 이어줄 외손자를 보고는 내가 복도 많구나 하면서 기뻐하셨다는 것이다.

1개월 후에 2월분의 급여를 가불해서 서울로 향했다. 아내가 좋아하는 오징어, 미역을 최고품으로 준비하고 서울에 도착해서 소고기도 사서 처가에 들어가니 얼굴이 푸석푸석한 아내가 반가이 맞이했다. 장인어른께 인사를 하고 아이를 보니 아내를 닮은 아이는 새록새록 자고 있었다. 부자의 첫 대면이었다. 아내는 첫 해산의 고통으로 피로한지 아이 옆에 누워 있었다. 손을 잡아 주며 "수고 많이 했소 누워서 편히 쉬시오" 했다. 아내와 아들을 번갈아 보면서 참으로 신기하다는 생각이 들었다.

장모님은 내가 사 들고 간 것들을 보시고

"무엇을 이렇게 사 왔는가? 여기서도 준비를 다 해서 충분한데…."

"이것은 2달 저의 월급입니다. 생활비로 쓰십시오." 말씀드렸다. 나를 쳐다보시며 아무런 말씀이 없으셨다.

나는 처남과 처남댁에게 수고 많이 했다고 인사했다. 처남댁도 1년 전에 득남해서 집안의 경사라고 했는데 시집간 딸도 아들을 해산했으니 겹경사로 집안 분위기가 아주 좋았다.

장인어른은 1963년, 장모님은 1967년에 작고하셨다.

<우리 집 네 식구>

영어문장에 Love In a Cottage란 말이 있다. '가난하지만 즐거운 결혼생활' 이란 문장이 우리들의 결혼생활에 잘 어울리는 문장이라고 생각했다. 아들 이름은 종순(鍾舜)이라고 지었다. 아무런 잔병 없이 무엇이든지 잘 먹고 잘 자랐다. 그리고 1962년 10월 24일에는 딸이 태어나 우리 식구 두 사람이 더 늘었다. 딸 이름은 소연(素妍)이라고 지었다. 1966년 4월에 아들 종순이는 진해 남산국민학교에 입학해서 우리는 학부모가 되었다. 세월이 참 빨리도 간 것이다.

<아들의 남산국민학교 선생님>

훈련소에 출근한 어느 날.
계획과장인 하 대위가 나를 보더니
"중대장 아들이 이번에 남산국민학교에 입학했지요?" 했다.
"그렇다. 어떻게 알고 있는지?" 물어보았다.
"우리 집사람이 중대장 아들의 담임 선생이네." 했다.
"아이의 인적 사항을 보고서 알게 되었나요?" 물어보았다.
"아니네." 하면서
자기 아내가 담당한 1학년 학생은 62명인데 자리에 앉히고 선생님 소개를 하는데 학생 중에 한가운데 앉아 있는 학생 하나가 유난히 눈에 띄어 유심히 보았다는 것이다.

학부모가 누구일까 이상하게 신경이 쓰이더라는 것이다. 수업이 끝나고 어머니가 와서 아이들을 데리고 돌아갈 때 인사하는 어머니가 또 눈에 띄더라는 것이다. 아들이 엄마를 닮아 피부도 하얗고 참 잘 어울리는 모자지간이라 생각하며 보았다는 것이다.
서로 대화하는데 내 아내 말이 서울 말씨였기에
친정이 서울이냐고 물어보았단다.
친정이 서울이라고 해서
그럼 학생의 아버지는 해군인지 물어보았더니
그렇다고 했다는 것이다. 해군 근무처가 어디인지 물어봤을 테고 훈련소에 근무한다고 내 아내가 답을 했더니 자기 남편도 훈련소에 근무한다는 것을 알려주고 서로 인사하고 나니 친밀감이 가더라는 이야기를 하 대위의 아내가 집에서 전해 주더라는 것이다.
그날 사관 식당에서 점심을 먹은 후 하 대위가 내 아내와 아들에 관한 이야기와 자기 아내 학생 아빠가 같이 근무한다는 여담을 해서 훈련소에서 여러 사람이 알게 되었다.

<제대 결심>

1966년 9월에 접어들었다. 9월과 10월이면 행사가 많은 달이다. 봄과 가을은 의장대도 지방 행사에 동원되는 것이 많은 계절이라 상시 대기를 해야 한다. 퇴근해서 아이 둘과 어머님. 벌써 식구가 다섯이나 되었다.

식후에

"종순아 오늘 학교에서 무얼 배웠니?" 하니까 노래를 배웠다며 노래 부르고 이름도 쓰고 책을 보고 읽기도 했다. 아내는 어떤 문제가 있는 것 같이 무슨 생각을 골똘히 하는 눈치였다. 아이들을 재워 놓고 무슨 걱정되는 것이라도 있는지 물어보니 애들이 지금 5~6세인데 저것들이 대학을 가자면 돈이 많이 들 것인데 지금 형편으로는 어떤 대책이 없다는 것이다. 군대 생활의 박봉으로는 아이들 뒷바라지와 노모 봉양문제 등이 아내가 염려하는 고민이었다. 앞으로 어떻게 해야 하냐는 생각으로 희망적인 미래를 걱정하고 있었다.

내가 알아서 할 터이니 당신은 아이들과 어머님을 잘 보살피라고 하고

나도 생각이 있으니 당신의 건강에 유의해서 식사 등에 신경을 쓰고 잘 먹도록 노력하라 당부했다.

그러던 중 훈련소 부장(중령 이장식)의 농간으로 나에게 주어진 훈장 번복 사건까지 일어나 제대를 해야 하겠다는 생각을 더욱 굳히게 되었다.

<해군 제대를 위한 사전 준비>

나는 비밀리에 해군을 떠날 준비를 진행하기로 했다. 미 해군 고문관실의 Thomas D. Betts란 친구와 의논했다. 군의관 Dr. Geery

대위를 소개해 주면서,

우선 고문관실의 Recreation Center에 와서 일하는 것이 어떠냐며 나의 의향을 물어보았다. 그 제안을 거부하고 MSTS에 가고 싶다고 했다.

며칠 후, 미 해군 고문관실 군의관 Dr. Geery 대위를 찾아갔다.

게리 대위에게 요코하마에 있는 COMSFE (Commander Military Service Far East)에 Letter of Recommendation(추천서)를 부탁했다.

당시 월남전이 한창이었다. 7차에 걸쳐 해군 제대자 약 350명이 미군의 월남전 보급품 수송선 LST에 군속으로 취업하고 있었다. 곧 8차에 48명을 모집한다는 소식이 있어서 MSTS 취업을 위한 취지를 설명하고 일본 요코하마에 있는 사령부에 추천서를 부탁했다.

인적 사항을 적어 달라고 해서 적어주었다. 그 자리에서 타자해서 추천서를 작성하고 설명을 하더니 통신사를 호출하는 것이다.

통신사에게

"이것을 요코하마 MSTSFE 사령부에 송신하라!" 고 했다.

조금 지난 후에 통신사가 Copy를 보내와서 보냈다고 했다. 참으로 빠르기도 했다. 2차 세계대전 후 Teletype가 발전되어서 전문을 보내면 평문으로 작성되는 시대였다. 너무 쉽게 일이 처리되어 긴가민가했다.

당시 이 수송선 취업에 관한 업무를 부산경비부 사령관이 집행하고 있었다. 사령관은 훈련소장을 역임한 나영선 대령이었다. 다음날 부산으로 가서 경비부 나영선 사령관에게 자초지종을 설명하고 부탁했다.

참모장 제재근 소령(해사 10기생)을 부르더니 중대장을 다음 8차에 선발되도록 하라고 지시하면서 아이들이 잘 있는지 안부를 묻고 걱정하지 말고 진해로 돌아가라고 했다. 제 소령의 방에 따라

갔다. 중앙 부두에 있는 MSTS 사무실에 이미 연락을 했고 해군본부에도 통보하겠다. 걱정하지 마라 했다. 당일로 진해로 돌아왔다. 그로부터 1주일 후 진해지구 해군종합체육대회 준비를 위해서 의장대대원들의 야구연습을 하고 있는데 총무과에 근무하고 있는 동기생이 김재수 MSTS에 선발 발령이 났다는 소식을 전해 주었다. 순식간에 훈련소 내에서 모두가 알게 되었다. 교관실에 근무하는 중사, 상사들 대부분이 놀랍다는 반응이었다. 훈련소 내에서는 나 혼자만 유일하게 MSTS로 발령받은 것이다. 2일 후에 함대사령부에 집합하라는 지시가 있었다.

내 해군생활 18년을 마감하는 순간이 온 것이다.

퇴근해서 저녁 식사 후에 아내에게 조용하게 내가 이제 제대를 하게 되었어요라고 말해 주었다. 아내는 깜짝 놀라는 것이다. 나는 제대를 하더라도 직장을 구해 놓고 하든지 그렇지 않으면 정년 때까지 군대생활을 할 각오를 하고 있었다. 그렇게 되면 아들은 해군사관학교에 입학하게 될 것이란 것이 내 계획이고 생각이었다.

월남에 가는 해군 수 송선에 승선하게 되어 선원생활을 하게 되었고 벌써 약 350명의 해군 출신이 근무하고 있으며 월급도 좋고 훈련소에서는 나 하나  만 발령이 되었다고 그간의 자초지종을 말해 주었다.

아이들 학비 문제 때문에 고민하는 것을 알고 그렇게 결정했느냐고 물었다. 아이들 문제는 당신 생각 이전에 생각한 것이라고 했다. 아내는 나를 가만히 보더니 어쩌면 자신의 생각과 일치하느냐고 하면서 우리는 천생연분의 부부라면서 웃었다.

제2부. 사회인

<Short Splice호 승선. 월남으로>

2일 후. 함대 사령부에 약 100명의 인원이 모였다. 부산 MSTS 사무실에서 온 김홍식[41]이란 담당자가 김재수씨란 분이 누구입니까 호명을 했다. 내가 일어서며 내가 김재수요, 말했다. 김홍식씨는 Dorrys란 책임자에게 인사를 시키면서 MSTS 사령관이 지시한 사람이라고 소개해 주고 악수를 나누었다.

옆에서 이런 광경과 대화 내용을 듣고 있던 인원들이 나를 바라보며 선출된 이유를 알겠다는 표정이었다.

인원점검을 하고 내일 08:00까지 부산 하야리야 부대에서 신체검사를 하라는 지시를 받고 돌아왔다. 훈련소로 돌아와 소장님을 비롯하여 각 부서장들에게 인사하고 그 길로 퇴근했다. 다음 날 부산으로 가기 위해서였다. 새벽 4시에 떠나는 첫 버스를 타고 부산에 도착해 08:00시부터 부산 하야리야 부대에서 신체검사를 했고 합격증을 받았다.

중앙 부두에 있는 MSTS 부산 사무실을 방문해서 김홍식을 만났다. Dorrys도 다시 만났다. 나의 방문은 의외였다. 김홍식 씨는 반갑다고 인사하고 사무실 직원들에게 농담반 진담반으로 이 사람이 해군 진해 해군의장대장이며 사령관의 빽이라고 했다. 직원들이 쳐다보면서 의외라는 표정이었다.

후일담인데 MSTS 부산 사무실 여직원들이 내가 승선하고 있는 선명과 나의 이름을 물어보는 아내를 보고 사무실에 찾아오는 다른 부인들에 비해서 옷차림은 평범한데 서울 말씨를 하니까 모두

---

41) 부산 하야리야 부대에서 근무했다. 영어를 아주 잘했다. 그래서 MSTS에 특채 되었다.

가 친밀감을 가졌다고 했다. 경리과장과 여직원은 급료가 나오면 전화연락을 미리 해 주어서 기다리지 않고 급료를 받아오게 되었다는 것이다. 그 경리과장과 여직원은 나와 상당한 친밀한 사이가 되었다. 월남에서 돌아오면 화장품 하나라도 선물하곤 했다.

<Oiler[42])를 마다하고 Carpenter[43])로>

김홍식 씨에게 선상에서 내 직책이 무엇이냐고 물었다. Oiler인데 수당도 좋고 급료도 좋다는 것이다. 나는 Oiler의 경험도 없고 기관에 관해서는 아는 것이 없어 Oiler를 안 하겠다고 사무실을 나왔다. 부산 경비부의 나영선 사령관을 찾아가 발령을 나게 해 주어서 고맙다는 인사를 했다.

금방 김홍식으로부터 전화가 왔는데 안 가겠다고 했다며 하는 것이었다.

"네!"

"왜? Oiler 좋은 직책인데?"

"저는 Oiler 기관 운용에 관해서는 아는 것이 아무것도 없습니다."

"그러면 어떻게 할 것인가?"

당직근무가 없는 보급업무 등에 가는 게 좋겠다고 했다.

사령관은 참모장 제재근 소령을 부르더니 김홍식 씨에게 연락해서 당직 안 서는 직책이 있으면 급료에 상관없이 부탁하라고 지시했다.

참모장도 앞서 설명한 바와 같이 나를 잘 아는 사람이라 자기 방으로 가자고 해서 김홍식에게 전화하더니 알았다고 고맙다 하면

---

42) 기관부 직책의 하나로 기관 운전, 조작을 하는 직책이다. Oiler로 적혀 있지만 유류와는 관련 없다.

43) 상선의 직책. 해군에서는 보수직과 거의 같다. 상선에서 당직을 안 서는 직책으로 유일하다.

서 수화기를 내려 놓고는 Capenter란 갑판부 근무이며 갑판장과 같이 한 방에 거주하고 미해군의 CPO(병조장) 직위와 동등하니 그렇게 결정했다고 했다.

이 순간이 미래의 내가 선장까지 가게 되는 출발점이 될 줄 상상도 하지 못한 순간이었다. 다시 MSTS 사무실에 가서 김홍식을 만나 인사했다.
"김재수씨! 도대체 당신은 어떤 사람이요? 사령관과 참모장과는 어떤 관계입니까?" 했다.
경비부 사령관은 훈련소 소장으로 재직시 상관이고 내가 그 분의 부관44) 역할도 했오. 제재근 참모장은 해사 10기로 내가 의장대 중대장으로 사관학교 행사 시에 군악대, 의장대가 참석해서 행사를 수행했으니 자연히 알게 되는 것이라고 설명을 하고 내가 의장대장으로 8년간을 근무했기에 나를 알아보는 사람이 많은 편이라고 했다.

<선원 생활의 서막>

이로써 MSTS의 Carpenter라는 직위로 취업이 결정되어 1966년 11월 초 부산 초장동 단간 월셋방에 70세 노모를 아내에게 맡기고 나는 월남으로 떠났다. 부산 중앙부두에서 월남으로 떠나는 날, 아내와 아들딸이 환송하기 위해서 중앙부두로 나왔다. 아들놈이 어떻게나 우는지 참담한 심정을 가눌 길 없었다.
인생이란 살아가기에 참으로 굴곡 많은 것이구나 하는 생각과 상념이 교차하는 현실을 어떻게 될지 내 앞 길을 전망할 수가 없었다. 그래도 나에게는 착한 아내와 아들딸이 있다. 그것이 나의 희

---

44) 해군 대령에게는 전속 부관이 없다. 나영선 대령은 의장대 중대장 복장을 한 나를 자기의 부관처럼 대외 행사에 대동하는 일이 많았다.

망이다. 내가 성취하지 못한 것을 아들딸에게 성취할 수 있도록 열심히 현실에 충실하자는 각오를 하고 혼들림 없이 월남으로 향했다. 25년 선원생활 서막이 전개되었다.

<맹호부대 QUINON 항>

미해군 화물선 Short Splice[45]호에 승선하여 맹호부대가 주둔하는 QUINON 항에 입항한 것이 월남 땅을 밟은 첫 걸음이었다. 시멘트 수송이었다.

월남은 6.25때 우리나라를 생각케 했다. 월남에서 약 3개월 동안 수송(군수품) 임무를 수행하고 다시 부산으로 돌아왔다. 제대하고 생활전선에서 미래를 향한 첫 발걸음을 한 우리 가족들의 만남이었다. 70세 노모가 아내의 헌신적인 보살핌으로 건강하셨던 것이 매우 기뻤고 아이들도 많이 컸다.

다음날 사무실로 갔다. 진해에서 부산으로 이사해야 할 것 같아서 하선을 부탁했다. 쾌히 승낙해 주었다. 경리 담당자에게 급료 정산을 부탁했더니 30분 후에 오라고 했다. 사무실에서 김홍식 인사 담당관하고 이런저런 이야기를 하고 있으니 경리담당자가 30만 원 정도의 돈을 계산서와 같이 주는 것이었다. 인사담당관은 내가 MSTS 사령관의 지시로 선출되었기에 특별히 잘 대해 주었고 사무실에 있는 직원들도 내가 해군 의장대의장대 출신이란 걸 이미 알고 있었다. 집에 와서 급여 봉투를 주니 아내는 깜짝 놀라는 것이었다. 급여는 매월 자동적으로 105불(US $)이 집으로 이체되었다. 그것만 해도 군대생활 월급보다 많은 돈인데 의외의 돈이 생겼으니 아내는 당연히 이상하게 생각했을 것이다.

아내에게

---

45) Cargo Ship

"월남에 도착하면 전쟁지역 위험수당과 overtime 근무수당 등을 합쳐서 그것이 전부요." 했다.

"배 타는 사람들은 밀수를 한다는데 당신은 그런 짓 하지 마시오 나는 당신의 월급만 가져도 충분히 살아갈 수 있고 절약해서 쓰면 집을 사기 위한 저축도 할 수 있으며 지금도 저축을 하고 있습니다." 그러나 저축을 얼마나 했는지 말하지 않았다.

<LST -1072 승선>

행복한 시간도 잠시. 승선하라는 통보를 받고 사무실에 출두했다. 현역으로 취역했던 LST -1072함을 인수하게 되었다. 내가 인수요원으로 선발되었지만 신병 16기생 출신 갑판장 윤주옥이 제동을 걸었다. 의장대 생활만 했고, 해군에서 승함 경력도 없으며, LST 승선경력도 없다는 것이 그 이유였다. 사실은 갑판장의 동기생을 승선시키기 위한 정실이 있다는 것을 알게 되었다. 인사관을 만나서 김재수는 불가능하다는 것을 제의했지만, 오히려 그 말을 들은 인사관은

갑판장! 당신 김재수에 대해서 잘 알고 있을 것이다. 호락호락할 김재수가 아니라는 것은 더 잘 알고 있을 터인 즉 조용히 있으라고 말했다 한다.

아예, 정히 곤란하면 당신이 그만두어야 하겠오 딱 잘라 말했다고 한다.

나는 좋지 않은 기분으로 부산 경비부사령관 나 대령을 방문하고 인사하는 자리에 마침 LST-1072에 승선할 해사 3기생 출신인 정원섭 선장을 만나게 되었다. 인사하는 자리에서 승선 문제에 관해 말씀을 드렸다.

그 자리에서 전화로 김재수를 승선(인수)요원으로 넣으라는 부탁

을 인사관에게 통보해 일단락이 되었다. 의장대에 근무한 것이 어떠했단 말인가? 사무실에 가니까 인사관이 파안대소를 하면서 "김재수 당신 보통이 아니군요." 했다.

"별 말씀을." 하고 웃고 말았다.

현역 미해군으로부터 LST -1072함을 인수하여 일본의 요코하마 (橫濱)로 선박운항에 필요한 보급품을 수령하게 되어 기항했다. 6.25때 요코스카에는 연합함대에 편입된 PF61함에 승조원으로 근무했을 때 기항해 보았으나 요코하마는 처음이었다. 미해군의 수송사령부는 승조원 안전에 최대 역점을 두고 있었다. 매년 안전점검을 하여 결과를 발표하는 것이다. 나는 그 안전관계 일을 하게 되었다. 규정에 의한 모든 사항을 Instruction에 의해서 수행해야 하는 것이다. 선내 전반에 비치된 소화기구의 점검과 기록, 상륙군 수송 시에 상륙군에 대한 안전한 지침서 게시. 외부에 보이는 모든 기구에 대한 설명서 부착 및 사용 목적 및 용도 Lift-Boat의 승선 안내, 인명구조 훈련, 새로운 환경에 지장 없게 해놓는 것이 나에게 주어진 업무였다.

요코하마에서 모든 보급품을 수령하고 월남으로 향발했다. 해군에서 제대하고 다시 밑바닥 인생의 시작이었다. 선원에게 필요한 안전수칙을 한글로 번역해 액자에 넣어 부착했다. '비상 출입구' 같은 것은 영어와 한글을 겸해서 마킹해서 부착했다. 하나하나 착실하게 해 나갔다. 일하는 재미로 시간 가는 줄 모르게 1년이란 세월이 지났다. 요코하마에 기항했을 때 안전점검을 받았다. LST-1072함이 1등을 했다. 갑판장이 나에게 처음에는 할 줄 아는 것이 아무것도 없는 걸로 보았는데, 정말 수고 많이 했다고 했다. 성심성의를 다해서 하면 좋은 결과가 나오는 것이 아니냐 했다.

<항해사 공부>

요코하마에서 필요한 선용품을 청구하고 3일 간 체류했다. 다른 선원들은 입항하면 술집으로 혹은 빠찡꼬 하러 가는 것이 상례였다. 나는 부두에 서서 어디로 갈지 몰라 서성거리고 있는데 마침 택시가 왔다. 무조건 올라탔다.

운전수가 어디로 갈 것인지 물었다. "쇼텐가(商店街)"라고 말했다. 잠시 후 이세사기쬬(伊世崎町)란 상점가 입구에 내려 주었다. 두리번거리다가 해문당(海文堂 : 해양에 관한 서적만 전문적으로 취급하는 서점)에 우연히 가게 되었다.

책방 안을 둘러 보니 을종항해과요체(乙種航海科要諦)란 책이 보여 관심을 가지고 몇 장 훑어 보았다. 처음 보니 생소한 것뿐이고 뭐가 무엇인지 알 수가 없었다. 지문항법(地文航法), 천문항법(天文航法), 운용술(運用術) 등이 요약된 책이었다. 앞으로 선원생활을 하면 참고라도 해야겠다는 생각이었다. 항해 중에 읽어 보기로 하고 '밑져야 본전이다'라는 생각으로 대금을 지급했다.

이 책을 구입하던 시점이 내가 후에 항해사가 되고 선장이 되는 운명의 변환점이었고, 이 책은 내가 뱃사람으로 살아가야 할 길잡이가 되어 주었다.

당시 월남전에 해상 보급수송의 일환으로 LST(Landing Ship Tank) 12척이 투입되어 있었다. 약 840명의 해군 제대자가 취업했다. 급료도 좋았고 식사도 미군에서 공급되는 식료품이었으므로 고급이었다. 대개 선원 생활은 항해 중이나 정박 중이나 당직을 서는 것이 당연한 업무이고 선상 정비 작업이 있다. 저녁 식사 후에는 마작 또는 노름하는 것이 다반사이다. 입항하면 술집에 가고 여자를 찾아다니는 게 선원들의 생활이었다. 나는 소일

거리로 요코하마에서 구입한 을종항해과요체(乙種航海科要諦)를 읽어 보았다. 요코하마에서 월남으로 향항하는 도중에 읽어 보니 모르는 것이 많았다. 조타실에 가서 이것저것 물어보았더니 조타사 출신(Able Seaman) 및 갑판사 출신들이 '항해에 관한 공부를 시작했군.' 하며 실실 웃었다. 기관부 출신이 항해사가 되겠다고 하면서 비꼬는 것이었다.

당시 해군 조타사 출신들이 을2 또는 을1(2종 2등 항해사, 2종 1등 항해사) 면허 소지자였다. 당시 해운계의 면허 제도는 국가고시 제도였다. 을종(乙種)은 주로 소형선박, 갑종(甲種)은 5,000ton 이상 대형선박에 주로 취업하며, 해양대학 출신에게 주어졌다. 선원법에 의하면 보통선원은 4년 이상의 승선 경력이 있어야만 을종 1등 항해사의 응시자격이 주어졌다. 이런 제도와 법규 및 교과서 등은 전부 일본식 그대로였다. 글자 하나 바뀐 게 없었다. **면허의 종류는 을종 2항사, 을종 1항사, 그리고 을종 선장, 갑2, 갑1 항해사, 그리고 갑종 선장 6종류의 면허 제도였다.** 나는 앞으로 3년 후이면 을종 1등 항해사 시험에 응시할 수 있는 자격이 생기는 것이다. 그 기간 안에 열심히 공부해야겠다는 각오를 다졌다.

해군에서 내 직별은 기관부 보수사였다.
갑판 직별이나 해야 할 직책의 의장대 중대장을 했으니 좀 특출했다고나 할까? 그렇게 하나하나 항해술에 관한 독학을 했다. LST-1072에서 3년간 근무했다. 교대되는 신임 선장의 요청으로 장기 승선하게 되었다. 대개 1년 승선하면 휴가를 가지만, 매년 실시하는 안전점검의 좋은 성적 때문에 장기 승선을 하게 된 것이다.
유급 휴가를 45일간 받았다. 온 가족과 행복한 시간을 갖게 되었다. 아내와 딸을 데리고 부산 동래에 있는 온천장에서 온천도 하고 금강공원 동물원 어린이 놀이터에서 즐겁게 노는 아이들을 행복하게 바라보며 미소 짓는 아내의 즐거운 모습이 아름답게 보였다. 의장대로 인해서 퇴근도 항상 7, 8시에 했고, 아침 출근도 항상 빠른 시간에 집을 떠났던 그 시절에 비하면 이것이 인생의 행복이란 생각을 처음으로 갖게 되었다. 노모를 보필하느라고 외출 한번 제대로 하지 못한 아내를 쳐다보면 쳐다볼수록 감사한 마음 금할 길 없었다.

선상생활에 관한 것, 지난 세월의 이것저것 다 잊어버리고 오직 가족을 생각하면서 휴가를 보내는 어느 날 느닷없이 승선하라는 연락을 받았다. 아직 휴가 중이라 했더니 LST-1069의 선장의 요청으로 승선하게 되었다고 했다.

<LST에서의 생활>

나는 선상생활에서 나 스스로 충실하게 생활하기로 노력했다. 월남에서는 선용품 및 주식과 부식을 주로 미군 보급창에서 공급해 온다. 사주부에서 큰 트럭 2대에 가득 차게 수급해와서 이 보급품을 선내에 수납하는 것도 대단한 일이다. 갑판부나 기관부에서 협조해야 하지만, 나 몰라라하고 외면하는 것이 보통이었다. 물론 과업도 끝났고 외출해야 하는 이유도 있지만 서로가 서로를 도와준다는 협동심이 발휘되지 못한 것이다.

선내는 계단이 많다. 보급품을 운반해서 창고까지 이동하는 것도 5명의 사주부 요원으로는 많은 시간이 걸린다. 창고까지 계단이 몇 개인가 점검해 보았더니 5개소의 계단이 있었다. 계단 밑에 매트를 깔고 계단에는 판자를 계단 길이로 절단해서 움직이지 않게 고정시켰다. 운반해온 물품을 1box씩 판자 위의 미끄럼틀을 통해서 매트에 안전하게 떨어지도록 해 주고, 사주부와 같이 부식 및 선용품을 운반하는 것을 도와주곤 했다.

해군에서 생사고락을 같이 한 선후배들이 비협조적이고 나 몰라라 하는 마음에 쓸쓸함을 느꼈다. 때로는 내가 밤 늦게까지 일하고 야식이 필요할 경우에 사주장에게 야식용 식품을 요구한다. 그러면 사주장은 내게 사주창고 열쇠를 주면서

Carpenter 마음대로 필요한 것이 있으면 가져다 야식해 먹으라고 하는 것이다.

그러나 다른 사람이 부탁하면 야식용으로 개인에게 지급할 수 없다고 단언했다.

Carpenter하고 너하고는 질적으로 다르다. 한마디 덧붙이면서 말이다.

당시 MSTS 사주장들은 미군부대에서 양식을 전문으로 하는 요리사가 대부분이었다. 그래서 주로 양식메뉴가 많았다. 사주장들은 해군 출신이 아니었기에 선후배에 대한 구애를 받지 않았다.

7년간의 MSTS 선원생활 중 선장이나 1항사나 누구도 김재수 너 그러면 안 된다는 주의 한마디 나에게 한 사람이 없었다. 해군의 선배보다 후배가 많았다. 후배들도 좋은 선배로 대해 주었다. 의장대 생활만 한 사람이 목공일, 용접, 선반기계 작동, 그야말로 만능으로 일을 한다는 평을 받았다.

08:00 Ballast tank Sounding을 해서 bridge 상황판에 기입 후 하루 과업 시작.
11:45 오전 과업 끝
12:00 중식
13:00 오후 과업 시작
16:45 일과 끝

하루도 시간을 어기거나 표리가 있는 일을 하지 않았다고 자부한다. LST-1069에서도 안전점검 Excellent를 받았다. 점검관(미 해군 준위)이 LST-1072에서의 성적을 이야기하면서 칭찬해 주었다. LST-1069에서도 3년간 승선하고 휴가차 하선했다. 하선과 동시에 항해사 시험을 보기 위해 항해사 면허 준비를 위한 강습소에 등록하고 교육을 1개월 받았다.

<항해사 시험 합격과 Day Work>

시험은 합격이었다. 일본 책으로 공부했던 것이 많이 도움된 것은 말할 것도 없다. **을종 1등 항해사 면허를 받았다. 항해사 면허로 후에 선장면허까지 취득하게 된 것이었다.**
인사관실에 면허 취득 신고를 하고 3항사 자리를 부탁했다.
3항사 T.O가 꽉 차 있으니 자리가 나면 우선적으로 승선시킨다는 다짐을 받고 왔으나 쉽게 오는 기회가 아니었다. 1개월의 휴가가 끝나고 다음 승선 대기 중이었다.

약 1주일간 Day work를 좀 하겠는지 사무실에서 제의가 왔다. 하겠다 했더니
내일 08:00시까지 사무실로 출근하라 했다. 다음 날 출근했다.
일본인이 승선 운용하는 LST가 부산 대선조선소에서 수리를 하고 있었다.
수리중인 LST 일본인 1항사 지시를 받아서 수리작업을 보조하라." 라는 지시를 받아, 5명의 대기 선원과 함께 책임자로 가서 일하게 되었다.

일본인 1항사에게 신고를 하니까 Tank Deck 내의 청소와 Lashing Gear[46])을 정리하라는 지시였다. Tank Deck내를 청소하

고 청수로 갑판청소를 완료하니 거의 16:00시가 되었다. 다른 5명의 선원은 온다 간다 말없이 퇴근을 해 버렸고 나 혼자뿐이었다. 나는 남은 시간도 있고 해서 Lashing Gear을 Size 별로 정리하고 수량을 적어 작업을 완료하고 일본인 1항사에게 보고했다. 일본 1항사는 다른 선원은 다 가고 없는데 당신 혼자 남아서 수고 많이 했다. 오기를 기다리고 있었다고 했다.

그러면서 식사를 같이 하자며 시내로 동행을 청했다. 성대한 대접을 받았다. Day Work를 하면 점심 식대와 승선의 정기 급료에 해당하는 일당을 받게 되었다.

다음날 사무실에 일본 LST 1항사가 요청을 재차 해왔다.
수리 완료할 때까지 김재수를 보내 달라고 했다.
다음날도 역시 같은 일본인 1항사에게 신고했더니 별로 시키는 일도 없이 안전관계 비품 점검과 해도(海圖) 정리를 부탁하는 것이다. 해도 그만, 안 해도 그만인 작업이었다. 그 LST가 출항할 때까지 편안하게 급료를 받게 되었다.

LST가 출항하는 날 인삼 1상자와 김을 선물했더니 반갑고 고맙다면서 당신같이 일 열심히하는 사람을 나는 좋아한다면서 같이 식사와 이야기도 나누고 한 정(情)으로 특별히 요청했다는 것이다.

<LST-551에 승선>

사무실에서 승선하라는 연락을 받고 나가보니 3항사 자리는 없고 LST-551의 1항사가 나를 지명하며 Carpenter 직책으로 꼭 승선을 부탁했다고 한다.
3항사 자리가 나면 우선 배정하겠다고 다짐을 주어 승선하기로

---

46) 자동차와 Tank를 수송 시 움직이지 않게 고정시키는 것

했다. 안전점검 성적이 좋지 못해 책임자(나의 선배 K)가 하선을 당하고 내가 대리로 지명되었다. 1항사는 해사 5기생 정해강 씨였다. 공사가 뚜렷한 아주 강직한 분이었다.

배에 승선해 보니 기가 차서 말이 나오지 않았다. 비상시 사용하는 기구(Emergency Tools)는 어떻게 되어 있는지 알 수가 없었으며 정리가 하나도 되어 있지 않았다. 모든 것이 엉망진창이었다. '어디로 가나 일복이 많은 놈은 할 수가 없구나.' 생각했다. 우선 Carpenter room부터 정비를 하라는 1항사의 지시로 부산을 출항해서 월남으로 항행 중에 대대적인 작업을 시작했다. Gas 용접 절단기로 내부에 비치된 기구를 절단해서 보기 좋게 정리해 재 배치하고, 내부에 백색 페인트를 두 번 칠했다. 실내 전구를 100W짜리로 바꿔 끼워서 밝게 하고 비상기구를 하나하나 명찰을 부착해서 정리 완료했다. 이 모든 작업을 끝내고 1항사에게 보고한 것이 2개월이 경과한 어느 날이었다. 1항사가 돌아보고 아무 말없이 나가기에 싱거운 사람이군 하고 속으로 말했다. 그런데 잠시 후 1항사가 선장님을 모시고 와서 '어떻습니까? 잘 해 놓았지요?' 하는 것이었다. 약 4개월간 완벽하게 모든 항목을 정돈했다.

월남에서 4개월 간 수송임무를 마치고 부산으로 귀항하기 위해 월남의 DaNang 항에서 오키나와(沖繩)로 가는 화물을 적재하고 있었다. 가족을 위한 선물을 구입하기 위해 외출 청원을 했다. 1항사 정해강 씨는 쾌히 허락해 주었다. 17:00시 출항이니 그 시간까지 귀선 하라는 것이었다. 다른 갑판부 선원이 외출을 신청했으나 불허했다.
김재수는 허락하고 왜 우리는 허락하지 않느냐고 항의했다고 한다. 1항사는 '김재수는 표리없이 열심히 직무를 수행했다. 너희들은 어떻게 하였는가? 자신들을 반성해보라'고 했다고 한다. '나로 인해서 1항사가 곤란한 입장이었구나' 는 생각이 들어 미안한 감이 들었다.

MSTS에서 해산한 몇 년 후 선장이 되어 일본 요코하마(横浜)에서 정해강씨를 만났다. 무척 반가워하면서 어떻게 된 것인가 물었다. 나는 그 때 IMC (International Maritime Co,.) 홍콩회사 소속의 선박이며 선명은 Maritime Harmony GWT 23,000Ton의 선장이라고 했더니 깜짝 놀라는 것이었다. 역시 희한한 사람이군 하면서 웃었다.

LST-551을 일본 사세보(佐世保) 해군 기지에 반납하고 부산으로 귀항했다. 쉴 사이도 없이 승선하라는 연락을 받고 사무실에 출두했더니 6,000Ton급 화물선 USNS PHOENIX에 승선하라는 인사 발령이었다. PHOENIX의 항로는 주로 일본, 한국 등 원양항로의 항해여서 시간 나는대로 실제의 항해술을 배울 수 있는 좋은 기회였다. 야간 항해 시에는 천측(별을 관측하는 것)을 배울 수가 있었고, 좋은 경험을 하게 되어 나에게는 많은 도움이 되었다.

<월남전 종전과 LST 반납>

1972년 2월경 USNS PHOENIX[47]도 일본의 요코스카(横須賀) 미 해군기지에 반납했다. 월남전 종결과 동시에 MSTS요원(선원)들도 전부 해산하게 되었다. MSTS에서 근무하는 동안 집도 장만했고 가족들도 건강한 생활을 하는 형편이었다. 해상생활을 해 보았고 사회생활의 첫발을 잘 적응해 가는 과정에서 실업자가 되었다.

---

47) USNS PHOENIX는 1.4 후퇴 피난민들을 태우고 내려온 그 LST이다. 내가 6.25때 부산 3부두 경비대장 3부두에 정박된 PHOENIX를 봤다. 이 사실은 몇 십년이 지나 TV 다큐멘터리에서 알았다.

사람이 태어나서 죽을 때까지의 즐거움과 슬픔이 교차하는 것인가? 나에게 또 하나의 시련이 왔다고 보았다. 이제부터 내 잔여의 인생은 어떻게 해야 하는가 앞 길을 차분히 생각해야 했다.

어떤 친구들은 장사를 하겠다고 했고 중동 쪽 건설현장으로 방향 전환했다고 했다. 해기사 면허를 소지한 사람들은 일반 상선에 승선한 사람들도 있었다.

2년만에 그리운 집으로 돌아오니 아내는 철두철미하게 가정생활에 충실했고 아이들은 공부를 잘했다. 아내의 정성 어린 시어머님 모시는 효심도 고마웠다.

그러나 800여 명의 해군 제대자들이 졸지에 실업자가 되었다. 월남전에 취업한 지 6년 만에 휴가를 받아서 부산역 옆의 해기사 양성소에서 해기사 면허 취득을 위한 강습을 받았다.

<해기사 면허 취득>

나는 부산역 앞에 있는 사설 해원 양성소를 찾아가서 항해운용, 법규 과목을 수강했다. '항해술 요체' 란 3권의 책을 구입해서 읽었다. 소정의 강좌를 수료하고 우선 가족들과 함께 휴가를 보내기로 했다.

70년대 한국은 직업 구하기가 매우 어려운 시기인 것은 주지의 사실이었다. 800여 명이란 실업 선원 배출도 문제였다. 어떤 사람들은 장사한다, 선원 생활을 그만두겠다 하면서 각기 각양대로 생활전선의 설계를 하는 것이었다.

나는 취득한 면허에 의지하기로 하고, 언제 시작될지 모르는 선원 생활을 생각하면서 초등학교에 재학 중인 아들, 딸을 동반한 가족이란 삶의 원천 속에서 즐겁게 보내기로 했다. 노모에게 아침저녁으로 문안드리고 같은 식탁에서 즐거운 식사시간도 보냈다. 어떻게 세월이 가는지도 생각하지 않았다. 앞으로 어떻게 해야 하겠다는 생각도 없이 즐겁게 지냈다.

<52大榮丸 승선>

어느 날 해기사 양성소 박손근(朴孫根) 강사로부터 만나자는 연락을 받고 '한국상운'에서 만났다. 일본상운이라는 선박회사에 한국 선원을 송출해 주고 수수료를 받아서 운용하는 대리점 즉, 복덕방이었다. 부산에 그러한 선박회사가 많이 설립되어 있었다. 선원을 차출하면 뒤에서 사례비란 핑계로 공공연하게 금품을 요구하는 것이 관례였다.

"이번에 52다이에마루(大榮丸) 선장으로 가는데 같이 가자. 톤수는 1,999톤, 신조선(新造船)이며 냉동선이다. 직위는 2항사를 줄 것이고 일본어는 물론 영어를 할 줄 아는 항해사가 필요하다."라고 했다. 한번 해 보기로 하고 승선 수속을 위해 선원수첩과 면허증을 제시했다. 그런데 사례비란 명목으로 요구하는 금액이 1개월 분의 급료였다. 당시 제시한 월 급료가 1,000불 US이었다. "죄송합니다." 하고 두말하지 않고 선원수첩과 면허를 찾아가지고 사무실을 나와버렸다.
박손근 씨가 나를 불렀지만 뒤도 돌아보지 않고 집으로 돌아왔다. 해원양성소에서 강사를 해서 나에 대한 정보를 잘 알고 있는 형편이라 나를 선출했을 것이리라.

다음날 다시 박손근 씨로부터 연락이 왔다. 나가보았더니 해양대학 출신 사장이란 사람이 만나자고 했다.
"3항사도 없는 배에 3항사까지 해야 하는 형편인 데다가, 당신 같은 회사의 방침과 조건이 맞지 않으니 그만 두겠소"
사장은

"선장의 부탁으로 입사하기로 했으니 우리 회사로 오시오."

"다른 사람을 구하십시오. 3항사 없는 배는 승선하기가 싫습니다."

선박의 운용비를 절약하기 위해서 법정 정원인 3항사가 선박에 없는 것도 불법이다. 3항사 당직시간 근무를 선장이 대행한다는 것이다.

"시간이 촉박해서 그러니 배는 신조 중이며 조선소에 가면 3항사를 보내겠다." 라는 사장의 제안으로 일단 승선하기로 합의를 보고 승선하게 되었다.

집으로 돌아와 아내에게 자초지종을 설명했다. 아내는 당신이 알아서 처신하라고 했다. 1주일 후, 일본의 요카이치(四日市)의 니시이조선소(西井造船所)에서 52다이에마루(大榮丸)를 인수해서 2항사로 1년간, 1항사로 1년간 도합 2년간을 근무한 후 하선하여 을종 선장면허 시험에 합격하였다.

<선박 종사자의 직책과 업무>

이 회고록에서 선박 종사자의 직책이 계속 나올 것이다. 그들의 직책과 하는 일을 이 장에 정리해 본다. 선박이 해양(바다 또는 강, 호수 등)을 안전하게 항해하기 위해서는 다양한 사람들의 역할이 필요하다.

이 중 항해사는 항로설정, 선박위치 측정, 선박 내 인사관리, 질서유지 등 선박 운항에 관해 전반적인 책임을 지는 사람이다.

기관사는 선박의 추진동력인 주기관, 보조기계, 전기 등 각종 기계장치의 운전 및 유지보수에 관한 업무를 담당하는 사람이다.

항해사는 하는 일과 직책에 따라 선박의 최고 책임자인 선장, 1등 항해사, 2등 항해사, 3등 항해사 등 4등급으로 구분된다.

- 선장은 선박의 최고 책임자로 선원법, 선박직원법, 해양오염방지법 등의 규정에 따라 선박과 인명의 안전을 책임지고 선박 내 모든 활동에 대한 지휘 권한을 가지고 있다. 배가 출항하기 전에 항해 목적지, 기후, 거리 등을 확인하고, 태풍 등의 이상 기후가 우려되면 해상교통관제센터에서 출항을 공증받는다. 항해 시에는 해도, 나침의, 레이더, 선박자동식별장치(AIS) 및 기타 항해 기기를 사용하여 선박의 속도와 항로를 결정한다.

- 1등 항해사는 갑판부의 책임자로서 선장을 도와 선내의 규율 확립과 하급 항해사 및 선박부원의 교육훈련, 선박의 안전관리, 갑판부의 보수와 정비 등을 책임진다. 화물을 싣고 내리는 것을 계획하고 감독하며 선박의 입·출항 시에는 선수(배 앞부분)에 위치하여 선원을 지휘한다. 항해 시에는 해도 상에 선박의 위치를 확인하여 항로를 유지하는데, 최근에는 인공위성을 이용한 항해시스템인 위성항법장치(GPS : Global Positioning System)를 많이 사용하고 있다.

- 2등 항해사는 항해에 필요한 선박 내 각종 계기를 관리하고 점검하며, 선박의 입항과 출항 시 선미(배 뒷부분)에 위치하여 선장에게 각종 상황을 보고하고 선장의 지휘에 따라 임무를 수행한다.

- 3등 항해사는 주로 구급, 위생 및 의료 업무를 담당하며, 선박의 소화설비를 점검하거나 관리한다. 선박의 입·출항 시에는 선교(선박의 지휘실)에 위치하여 선장의 지휘에 따라 임무를 수행한다. 엔진 계기에 나타난 수치를 파악하며 선수 및 선미, 기관부 서로 선장의 지시사항을 전달하고, 각 위치의 담당자로부터 들어온 각종 보고사항을 선장에게 전달하는 역할을 한다.

기관사 역시 항해사와 마찬가지로 기관장, 1등 기관사, 2등 기관사, 3등 기관사 등으로 나뉜다. 기관사는 항해 중에는 주 기관(선박을 움직이는 추진 동력장치) 및 보조기계(발전기, 보일러, 각종 펌프, 조수장치, 냉동기 등)를 포함한 모든 기관장치가 최적의 상태를 유지하도록 기관장치를 정비하고 관리하는 일을 한다. 또한, 배가 정박 중일 때는 연료, 비품, 소모품 등을 보충하는 일을 하며, 규모가 큰 수리는 육상의 전문정비 업체에 수리를 의뢰하기도 한다.

- 기관장은 기관부의 책임자로서 선장을 돕고 기관부를 총 관리하는 사람이다. 1등 기관사는 기관장을 도와 주 기관과 이에 관련된 기기를 담당하며 기관부의 인사관리 업무를 담당한다. 2등 기관사와 3등 기관사는 연료유나 윤활유를 관리하고 발전기나 보일러를 포함한 각종 보조기관을 각각 분담하여 담당한다.

도선사(Pilot)는 항만, 운하, 강 등의 일정한 도선구(내항에서 부두 안벽 사이에 특별히 설정된 구역)에서 선박에 탑승해 해당 선박을 안전한 수로로 안내한다. 도선사가 되기 위해서 일정 기간의 선장 경력을 쌓은 후 국토해양부에서 시행하는 시험에 합격해 자격증을 발급받아야 한다.

- 도선사는 암초, 조류 등에 관하여 현장 지식을 갖추고 특정 장소에서 승선하여 강이나 수로를 따라 선박을 인도하거나 선박이 항구를 입항하거나 출항할 때 인도하는 일을 한다. 선박 위에서 항로와 속력을 지시하고, 선박이 항로를 운항할 때 속력을 조절하거나 충돌 등 기타 위험을 피하기 위 한 조치 등을 지시한다. 이 외에도 선박이 예인되고 있는 경우에는 예선의 운항에 관한 권한을 가지고 있다.

- 도선 업무를 위해 도선사는 소형 도선선에 승선하여 선박에 다가가 7~10m에 달하는 도선사용 사다리(Pilot Ladder)를 이용해 선박에 올라탄다. 세계 각국의 선장, 선원들과 도선관련 정보를 교환한 후 선장으로부터 선박 조종의 지휘권을 위임받게 되며, 시시각각으로 변화하는 기상, 해·조류, 선박크기 및 종류, 선박 조종성능 등을 고려해 선박을 항계내 정박지로 안전하게 인도하는 역할을 한다.

항해사, 기관사 등은 일반적으로 1일 3교대제로 근무한다. 과거에는 소음이나 열기 때문에 기관실의 근무환경이 열악하였다.
최근에는 기관장치가 무인화 선박(UMA : Unattended Machinery Area)을 지향하고 있어 근무환경이 많이 개선되었다. 해상에서 근무할 때는 근무시간 외의 개인적인 시간을 배 위에서 보내야 하므로 생활이 자유롭지 않은 편이다. 하지만, 최근 선박의 대형화, 고속화 및 정보통신기기의 발달 덕분에 선박에서 각종 위락시설을 이용할 수 있을 뿐만 아니라 인공위성을 이용한 인터넷 사용 등으로 정보를 활용할 수도 있다.
도선사는 선박의 입·출항 시간에 맞춰 조를 편성하여 근무하며, 도선사용 사다리(Pilot Ladder)를 오를 때 안전사고가 발생하지 않도록 주의해야 한다.

<일본 냉동운반선 승선>

일본의 요카이치(四日市)의 니시이조선소(西井造船所)인수한 52다이에마루(大榮丸)는 조선소에서 약 70% 정도로 신조중인 냉동 운반선이었다. 주로 대서양, 태평양 쪽에서 어선들이 잡아 놓은 참치 등의 생선을 일본 본토 또는 사모아 미국 등의 통조림 공장으로 운반했다. 52大榮丸는 1,999ton이었고 파도가 좀 있으면 흔들

림이 심한 소형 선박이었다. 일본 본사에서 나온 다카하시(高橋)란 일본인이 승선하여 같이 일하게 되었다. 52大榮丸는 신조선[48]이었다. 다카하시는 신조선의 첫 항해를 점검하기 위해 우리와 같이 6개월을 승선했다. 항해사로서 처음으로 상선에서 사관 생활을 시작한 것이다. 입항수속 서류작성, 전보수신의 번역 및 송신. 문장 작성 등 하는 일이 너무 많았다. 갑판부 사관은 1항사, 2항사, 3항사의 3명이다.

위에서 선박 내 종사자의 업무를 적어 두었지만, 항해사의 근무 시간을 좀 더 세분하면 아래와 같다.

1항사
04:00~08:00, 16:00~20:00 1일 8시간의 항해 당직근무를 하며 화물 적재와 하역에 대한 업무를 수행하는 실제적인 갑판부의 책임자이다.

2항사
12:00~16:00, 24:00~04:00까지 항해당직근무를 하고 항해계획, 즉 해도 정리, Course Line 작도 및 항해에 관한 전반적인 책임자이다.

3항사
실습항해사로서 08:00~12:00, 20:00~ 24:00의 항해당직근무를 하면서 선장을 보좌하고 선내의 위생관리 및 의약품을 담당하는 것이다. 야간 당직근무를 하고, 입항하면 하역수속을 도와야 했다.

1항사 K는 해군 출신으로 나의 선배였다. 일본어는 잘하지만 영어를 전혀 못해서 그 대변자가 되다 보니 화주와의 적재관계, 하

---

48) Maiden voyage:처녀항해

역 인부들과의 업무 등, 1항사 몫까지 대신하게 되어 너무나 피곤한 생활이었다. 어떻게 해서 세월이 지나갔는지도 모르는 사이 승선한 지 1년이란 세월이 주마등같이 지나갔다. 많은 업무량에 상륙 한번 제대로 한 적이 없었다. 하와이에 기항하여 전 선원이 교대하게 되어 홀가분한 마음으로 교대준비를 하고 소지품을 육상에 갖다 두고 교대자를 기다렸다.

새로 온 선장은 해사 5기생이고 소령으로 제대한 이종락(李鍾洛) 씨 였다. 내가 요구한 3항사가 보충되었다. 신임 2항사에게 업무 인계를 하고 가벼운 마음으로 떠날 준비를 완료했다. 그런데 대리점(Agent) 직원이 나를 찾아와서 Telex 한 장을 주었다. 1항사로 승격해서 1년간 더 승선해 달라는 일본 사장의 교신이었다. 배는 오후 5시에 출항해야 되고 어디에 하소연할 수 없어 다시 소지품을 1항사 방으로 옮겼다.

업무 인수인계를 해야 하나 말아야 하나 고민했다. 가족을 만난다는 즐거운 희망이 암흑의 나락으로 한없이 떨어지는 기분이었다. 아무런 사고 없이 1년을 무사히 근무하고 이제 사랑하는 아내와 아들딸을 만난다는 즐거운 상상은 깨지고 기다리는 아내 생각을 하니 서글픈 마음을 달랠 수 없었다. 배는 어김없이 17:00시에 솔로몬 군도로 향해서 출항했다. 나의 승선 결정은 같이 승선하고 있던 일본인 직원이 본사에 요청해서 조치가 취해졌다고 한다. 생각하지도 않은 1항사가 되었다.

<이종락 선장의 사연>

교대 선장으로 해사 5기생 출신인 이종락 선장(소령출신)이 부임했다. 나는 이종락 선장에 관해서는 초면이었지만 이종락 선장은 나에 관해서 잘 알고 있었다. 나는 처음하는 1항사 업무에 관해 모르는 것은 선장에게 문의도 하고 모든 면에서 나름대로 열심히 했다. 이종락 선장은 처음에는 곱지 않은 시선으로 나를 관찰했다. 그 이유는 이랬다. 그 당시 송출선원 대리점이 한국상운(韓國商運)이란 회사였다. 우리가 공용계약을 하고 승선 대기하는 동안에는 대기 비용을 일본 회사에서 지급해 준다. 일본회사에서 보내온 대기비용을 한국상운 사장이 중간에서 착복하고 우리에게 지급해 주지 않았다.

이런 사실은 우연히 알게 되었다. 나는 승선 중에 업무 파악도 하고 선박 운용을 알기 위해 일본인 다카하시노리도(高橋紀人)와 친밀하게 지냈다. 선박의 운항에 관한 업무, 전보 기안, 해난보고서 등 내가 수행하는 여러가지 업무를 보고는 나에 대한 믿음을 갖고 아주 친하게 지내고 있었다.

어느 날 다카하시(高橋)에게 왜 일본 본사에서는 선원들의 대기비를 지불해 주지 않느냐고 물어 보았다.

다카하시의 말은 한국상운에 전부 지불했다는 것이다. 내가 전임 선장(박송근 선장)에게 따졌더니 자기는 양복 한 벌 얻어 입었다고 했다. 이 사실을 친하게 지내던 다카하시에게 이야기해서 대기 비용을 지불해 줄 것을 한국상운에 통보한 것이다. 그래서 새로 부임해온 이종락 선장과 통신국장 등이 색안경을 쓰고 나를 보았다.

그러거나 말거나 나는 1항사로서 내 업무를 성심성의껏 처리했다. 그러던 어느 날 선장과 같이 맥주를 한잔하며 서로의 지난날 이야기를 할 기회가 생겼다. 이종락 선장은 일본 글은 물론이고 한글, 한문의 필치가 아주 뛰어난 분이었다. 이런 필치의 글을 쓰는 분을 처음 보았다. 일본인들도 이 분의 일본어 필체를 보고 아주 탄복하였다.

이종락 선장은 일본에서 고등학교를 졸업하고 해방 이후 귀국해

서 해사 5기생으로 입학했다고 했다. 그런데 왜 해군 소령으로서 해군을 제대했는지 물어보았다

아무것도 모르고 있는 것 같은데 2전단 유류부정 사건을 아느냐고 내게 물어보았다.

2전단 유류부정 사건이란 내가 제대할 무렵 대대적인 보도가 있었던 사건으로 유류 Tanker 한 척을 몽땅 팔아먹은 사건이었다. 일개 소령이 유류 Tanker 한 척을 몽땅 팔아먹을 수 있었을까? 해먹기는 위의 높으신 분들이 해먹고 소령 한 사람을 희생양으로 삼아 전도양양한 인생의 앞길을 막았다.

이종락 소령이 2전단 참모장으로 근무할 때 사건이 발생했다. 상관 몇 명이 이종락 소령이 주도한 것으로 몰아 군법회의에 회부하고 결국 불명예 제대했다.

불명예 제대 후 아내에게 이혼을 당했고 전과자로 낙인찍혔다. 그러다 보니 매일매일 술로 지새 폐인이 되다시피 되었다고 했다. 이런 이종락 소령을 부산 남포동 막걸리집 주인이 거두어 주어 겨우 입에 풀칠만 하고 살았다고 한다.

그러던 차에 군 전과자에 대한 대대적인 사면이 단행되어서 갑2종 면허를 회복하고 일본상운의 990톤짜리 소형 냉동운반선의 선장으로 재기했다고 한다. 폐인이 되다시피하여 살 때 자기를 거두어 준 남포동 막걸리집 주인 아주머니와 재혼하여 정식으로 혼인 신고하고 가정을 꾸렸다는 이야기와 함께 눈물을 흘리는 것이었다. 그래서 그런지 이종락 선장은 술이 중독되다시피 했던 것 같다. 이후 나를 IMC에 소개해 주신 고마운 분이기도 했다. 내가 캐나다로 이민 온 후에 들은 소식으로는 병마에 고생하는 쓸쓸한 말년을 보내고 있다고 했다. 술로 인한 간암이었지 않나 싶다.

<선장의 오른팔 갑판장과 끈질긴 악연>

그런데 새로 온 선장 해사 5기생 출신 이종락 선장의 오른 팔 허상호(許相浩)란 갑판원이 있었다. 이 친구가 사사건건 시비하고 나와 대립적인 행위를 내 놓고 하는 것이다. 일본의 기세누마(氣世沼) 항구에서 출항하는데 일본 해상보안청 함정의 닻줄(Anchor Chain)이 본선과 얽혀서 딸려 올라왔다. 갑판장을 보고 내려가서 이렇게 저렇게 하라고 밧줄을 주며 작업지시를 했는데 못하겠다고 했다. 내가 내려가서 밧줄을 Anchor Chain에 걸어 갑판 위로 올리는 것으로 안전하게 처리했다. 선장은 그 장면을 보고 아무런 말도 없었다. 이 갑판장이란 친구 정말 무식하게 아는 것이 없는 사람이었다. 선장의 후광으로 갑판장이 된 사람이었다.

선박을 계류할 때 갑판장이
"야! 모야 가져와!" 하는 것이다.
내가
"갑판장 모야가 뭡니까?" 하고 물어 보았다.
"모야도 모릅니까? 배를 접안할 때 쓰는 로프입니다." 갑판장이 설명했다.

이 친구가 선원들에게 1항사가 해군 기관부 출신이어서 배에 관해 아무 것도 모르는 무식한 사람이고 했다는 것이다. 1타수49)가 나에게 그런 사실을 알려 주었다.
우리 해군 출신들은 모든 선박 용어를 미해군 교범에 따라 배웠다. 내가 상선 생활할 때는 거의 모든 선박 용어는 일본식이고 일본식 용어를 구사해야만 알아주는 실정이었다. 나는 1타수에게 합판 한 장에 검은 페인트를 두 번 칠하고 그 위에 에나멜 페인

---

49) 一舵手 Head Quarter master

트 칠을 해서 흑판을 만들라고 했다. 흑판이 완료되고 나서 갑판 부원들을 식당에 집합시키고 교육을 시작했다. 갑판부 선원은 타수 3명, 세일러 3명, 갑판장 1명 도합 7명이었다. 대개 선원들이 어선 출신이고 이런 외항선이 처음인 선원들이 대다수였다. 내가 강의를 시작한다고 하니 기관부 선원들도 참석했다.

내가 무식하다고 했는데 갑판장 너는 얼마나 유식한지 한번 말해 보라고 했다. 갑판장은 예의 '모야' 로프 이야기를 했다.

나는 그의 말을 바로 받아 이 무식한 놈아! 무식하기는 너가 더 무식하고 자기가 무식한 놈이라고 외친 사람이 바로 너라고 해 주고 강의를 시작했다.

갑판장이 말하는 모야라는 말은 영어로 Mooring 이란 말이며 선박을 계류, 즉 부두에 접안할 때 육상에 있는 Bit에 걸어서 매는 줄을 영어로 Mooring Line이라고 하는데 일본인들이 그냥 모야라고 한다. 해군에서 홋줄이라고 한다. 선수에서 제일 먼저 나가는 줄을 1홋줄, 선미 2홋줄로 호칭하기 때문에 홋줄이라는 명칭을 쓰는 것이 군함과 상선이 다른 것이다.

일본인이 구사하는 영어 몇 가지 예를 들어 보자. Chife Office(1 항사)를 일본인들은 '초사' 라고 한다. Chife engineering(기관장)은 '추인장' 이라고 한다.

그 후로 계속 매일 시간이 나는 대로 선박 용어 등을 강의했다. 결색술(結索術)[50) 용어와 매듭에 관해서 교육했으며 선박 조직,

---

50) 帆船時代 선원들에 의해서 개발된 로프(매듭) 매기. 신속, 확실, 간단하게 결색해야 되는게 기본. 결색에 의해서 생사가 갈릴 수 있으므로

인적 구조와 역할, 구명정에 관한 설명과 안전에 관한 교육 등을 한동안 했고 어떤 때에는 일본어 강의도 했다. 이러한 내용을 선원들이 숙지해 가다 보니 갑판장 허상호의 엉터리 실력이 들통나서 되로 주고 말로 받는 격이 되었다.

나는 갑판장을 불러 이렇게 말했다.

"갑판장 당신도 나이깨나 먹었는데 나잇값대로 처신을 잘하라. 이후로는 나를 건드리지 마라. 여기 선원 24명이 승선이 끝나고 다른 선박에서 이런 경험담이 퍼져 나가면 나에게 한 무례에 대한 평가를 받을 때가 있을 것이다. 내 말 명심하시오." 경고를 했다.

그런데 갑판장은 이종락 선장에게 가서 나를 하선시키라고 요청했다는 것이다. 기관장이나 1기사가 그런 말을 듣고 나에게 전달했다.

" 그냥 두세요. 선장이 나에게 하선하라고는 말 못 할 것입니다." 했다.

선원들이 나를 좋아했기 때문이다.

IMC에 입사 후 승승장구해서 3년이란 세월이 흐른 어느 날 그때가 1978년쯤이었다. 내일모레가 추석이라고 할 때쯤이었다. 회사에 있는 이종락 전무에게 전화해서 부산 동래 온천장에 있는 "소기초밥" 이란 식당에서 만났는데 갑판장 허상호가 따라왔다.

"아니 자네는 며칠 전 승선한다고 해서 출국했지 않았는가?" 물어보았더니

"배를 못 타고 왔습니다." 했다.

그 배는 52다이에마루(大榮丸)였고 이종락 전무가 직접 관리한

범선시대에 만들어진 지혜의 결정판이라고 할 수 있다.

선박이었다. 알고 보니 그 배의 선장이 해군 신병 5기생 현관석이란 나의 선배이고 나도 잘 아는 사이였다. 인천에서 한 번 만난 적이 있었다. 인천 부두에서도 김재수 선장에 관해서 말은 많이 들었고 해군 출신 중에서 화제의 인물이라고 한다고 했다. 그 선장이 허상호가 갑판장으로 온다고 하니 승선하고 있는 선원들이 전부 반대한 것이다. 일본 본사 사장도 부탁하고 한국에서 이종락 전무가 부탁을 해도 선원이 전부 하선하겠다고 했으며 최종적으로 선장이 하선하겠다고 하니 배에 한 발자국도 들이지 못하고 돌아왔다.

내가 52다이에마루(大榮丸) 1항사 시절 나와 갑판장 사이의 이야기가 갑판원, 심지어는 기관부원까지 퍼진 것이다. 그날 그 자리에서 나도 추석이 끝나면 승선하게 되어 있었는데 이종락 전무가 좀 데리고 가라고 부탁했지만, 허상호 갑판장 실력으로는 선원을 통솔을 못할 뿐만 아니라 대형선의 기기 작동은 불가능하다고 이야기하면서 1항사였던 내가 하선하지 않으면 갑판장이 하선하겠다고 했던 말이 기억나느냐고 갑판장에게 물었다. 내가 분명히 이야기했었다. 여기에서 지내 온 너의 행위가 언젠가는 너에게 돌아가서 당할 것이라고

<남태평양 솔로몬 / 사모아 참치잡이어선>

당시 솔로몬 군도는 2차대전 이후 신탁 통치하에 프랑스가 행정적인 지배를 하고 있었고, UN 감시하에 평화적인 일상생활을 누리고 있었다. 일본인의 어업기지로 이용되고 있었다. 참치잡이 어선단을 편성해서 잡아놓은 참치를 사모아 통조림 공장으로 보내면 통조림으로 가공하여 미국 및 유럽 등 세계 각국으로 수출하는 것이다. 남태평양은 물론 북태평양의 도서 곳곳에 일본어선이

산재해서 거의 독점적인 어업을 하고 있었다. 당시 한국어업회사들은 일본에서 사용했던 중고선을 사서 사모아를 기지로 하여 소위 말하는 마구로(참치) 어선을 운영하고 있었다.

사모아(American Samoa)에는 일본, 한국, 대만 어선들이 조업하고 있었다. 한국 어선 선원들의 선상생활이 제일 비참하게 보였다. 어선이라고 해야 300톤급이 보통이다. 급료도 형편없이 빈약했다. 어선은 정해진 급료가 매월 지급되는 것이 아니고, 부합제라고 해서 고기를 잡아오면 톤당 얼마로 계산하여 선용품, 어구 비용, 선원 식량 등 모든 경비를 공제하고 3:7 즉 선원이 3부 선주가 7부의 부합제로 계산하는 것이다. 일본은 선원이 7부, 선주가 3부 대만 선원은 5:5였다. 70년대에 사모아에서 어선 선원으로 조업한 사람은 잘 알고 있을 것이다.

사모아는 2차대전 때 미해군의 보급기지였다. 특히 잠수함 유류수급기지로 사용되었다가 대전 후에는 미국령 사모아(American Samoa)로 되었다. 행정관리는 하와이 관할 하에 있었다. Samoa 원주민은 하와이까지는 여행할 수 있으나, 미 본토에는 정식 Visa를 받아야만 입국할 수 있다. Samoa에서 하역을 완료하고 상어, 까치기 등의 잡어를 적재하고 요코하마(橫浜)에 입항 하역을 했다. 일본 중부에 있는 기세누마(氣世沼)란 어항에서 가공된 생선을 적재했다. 명태를 포 떠서 생선가시를 제거하고 상자에 보관해서 냉동한 것과 게 껍질을 제거하고 바로 먹을 수 있게 상자 속에 포장하여 미국 Boston으로 수송하는 것이다.
냉동물 운반 어선은 New York에 입항할 수 없다는 법률 때문에 Boston에서 하역하고 육로로 냉동차에 의해서 New York으로 운반하는 것이었다. Boston에서 하역을 완료하고 St. Pierre란 프랑스령의 작은 섬으로 적하물을 적재하기 위해서 Boston을 떠났다.

<My name is Santamaria>

1941년 12월 8일 일본은 선전포고도 없이 하와이 진주만을 기습 공격하여 그들이 말하는 소위 태평양전쟁을 시작하였다. 패망을 전제로 하는 전쟁이었다. 일본이 미국과 전쟁을 시작함으로써 제일 좋아한 사람은 영국 수상 처칠이었다고 했다. 미국의 참전으로 독일도 일본도 패망의 길로 들어선 것이다.

일본 연합함대는 진주만 공격의 승전 기분으로 태평양의 전진기지로 Solomon 군도를 장악하기 위해서 Solomon 해전에 진주만을 기습 공격한 기동함대 사령관 나구모(南雲)제독을 다시 Solomon 해역에 임하게 했으나, 미해군의 반격으로 일본해군의 주력항공모함이 전멸하였으며 사실상의 일본해군은 전멸하였다. 제해권을 상실한 일본은 군작전의 제일 원동력인 보급을 수행할 수가 없게 되어 패망의 길로 가고 있었다.

Solomon해전에서 일본해군의 주력 항공모함의 전멸로 전쟁을 위한 보급물자의 수송로를 차단당하고 식량은 물론 탄약도 없어서 미국을 상대로 전투를 할 수가 없었다. Tulaghi에 상륙한 미군은 전쟁을 하는 것이 아니라 Camping 생활을 하는 것이다. 주간에는 맥주를 마시며 수영도 하고 해변에 바비큐 대를 설치하여 Camping 생활을 하는 환경인 반면 일본군은 보급물자의 단절상태에서 야간에는 미군의 식량창고를 습격하는 행위 즉 좀도둑 행위로 변한 대일본군이 되었다. 마신 맥주 캔을 주둔지 주위의 철조망에 매달아 놓고는 기관총을 거치하여 잠복근무를 하고 있었다. 야간에 미군 막사를 습격하는 일본군은 맥주 깡통에 부딪혀서 기관총 세례를 받았다 한다. 일본군은 보급이 단절되었으니 실탄도 없고 식량도 없으니 전쟁을 수행할 수가 없었다. 일본군이 전쟁초기에 대부분의 점령지역이 섬나라들이었다. 따라서 모든 보급물자는 해상으로 이루어지는데 일본의 주력 함대가 Solomon 군도 해전에서 전멸한 이후에는 미국의 잠수함에 의해서 무방비 상태인 수상선단이 태평양상에서 좌절되었다.

1974년 6월쯤 52다이에마루(大榮丸) 2등 항해사로 승선 근무시절 Solomon 군도의 Honiara의 맞은편에 있는 Tulaghi란 작은 섬에 참치 통조림을 수송하기 위해 기항했다. 전쟁이 끝나고 미군이 주둔한 그 자리에 일본의 대양어업(大洋漁業)이란 회사가 참치(카스오) 통조림 공장을 만들어 미국과 유럽에 수출하고 있었다. Solomon 군도 부근 해역은 참치가 많이 서식하는 곳이며 오키나와의 일본인 어부들이 고용되어 어업에 종사하고 있었고 잡아온 참치를 큰 가마솥 해수에 끓여 삶아 백색의 살코기를 손질하여 캔에 넣는데 약간의 소금과 샐러드기름을 혼합하여 완성된 것은 식용으로 판매되는 것이고, 그 이외의 것은 개와 고양이 사료를 만드는데 사람이 먹어도 하등의 이상이 없을 정도로 위생상 완벽한 제품이었다.

현지에 있는 주민들로부터 그 당시의 과거사를 알게 되었다. Honiara는 물론이고 섬의 여기저기에 유럽인들의 별장이 즐비했고 자연적인 생활 환경이 은퇴한 유럽인들의 주거지로 여생을 보내는데 최적지라고 했다. Solomon 군도에는 열대 상하의 환경이기에 바나나를 비롯해서 열대 과일이 풍부했다. 바다에는 성게를 비롯해서 해산물도 다양했다.

나는 주민들의 주거지를 여기저기 산보를 하는데 유일하게도 학교가 아닌 학교를 구경하게 되었다. 학교라기 보다는 유치원 같다고 할까. 학생은 10명 정도의 현지인들이었고 선생은 백인 중년이었다. 영어 ABC를 가르치고 있었다. 학생들은 연필도 없고 그저 선생이 말로써 설명하고 있었다.

작은 흑판이 전부였다. 배에 가서 연필, 공책, 지우개, 타자지 등의 간단한 학용품을 들고 와 나누어 주었다. 선생님은 물론이고 아이들이 너무 좋아했다.

한 학생이

"Thank you." 하면서 "What your name?" 하길래

얼떨떨하게 나온 말이

"My name is Santamaria." 였다.

박장대소를 하면서 박수를 치는 것이었다. 1492년 Columbus가 America를 처음 탐험하기 위해서 첫 항해를 출발 당시 기함의 선명이 Santamaria였다. 다른 두 척은 Nina와 Pinta였다. 나는 한국인으로써 처음으로 Tulaghi를 방문한 사람이 아닌가 생각했다.

<프랑스령의 작은 섬으로>

St. Pierre는 캐나다 북부 New Found Land 주 옆에 있는 아주 작은 프랑스령이었다. 소수의 인구가 살고 있었으며 불어를 하고 어업기지로서 어선으로부터 잡아온 어물을 냉동창고에 보관했다가 냉동운반선에 적재하는 것이 본업이었다. St. Pierre에서 생산되는 것이 없고, 세금도 없으며 프랑스 정부에서 생활보조금을 받는다 했다.

St. Pierre란 섬이 어째서 프랑스령이 되었는가 하면, 옛날 범선 시대 프랑스에서 출항한 상선이 대서양을 횡단하던 중 기상이변으로 항행 방향을 잃고 표류해서 도착한 곳이 St. Pierre였다. 3개월 후에 구조되어 본국으로 귀환하게 되었다.

생존자들에게

"3개월간 어떻게 무엇을 먹고 연명했는가?" 고 물었더니

"죽은 사람의 인육을 먹었다." 는 것이다.

사람 고기를 먹은 야만인이라 하여 St. Pierre 섬으로 다시 추방되었다. 추방된 그들은 물고기와 오리를 잡아서 생계를 이어갔다는 내력이었다.

St. Pierre에서 오징어를 적재하여 경남 마산항으로 출항했다. 대서양을 횡단 항해해서 파나마 운하를 통해 고국으로 가는 항행이었다. 1992년 2월 캐나다에 이민하기 위해 선상생활을 끝내고 회고해 보니 파나마 운하를 28번 통과했었다. Suez 운하는 몇 번인지 기억할 수 없고!

이 지구상에 운하가 3개 있다. Suez Canal, 파나마 Canal. Key Canal(독일)이 있으며 Suez, 파나마 Canal은 잘 알고 있으나 독일에 있는 Key Canal을 통항한 경험을 가진 사람은 흔치 않으리라고 본다.

선박 수리를 위해 독일 조선소에 들어간 적이 있다. Dock에서 독일 노동자들이 근무하는 태도는 철저한 책임 주의였다. 아침 7시면 출근했다. "8시부터 과업이 시작되는데 왜 7시부터 일을 시작하는가?" 물어보았다. 회사를 위해서라고 했다. 회사가 잘 되면 종업원이 자기네들도 좋은 것이라고 했다. 진해 해군 공창의 요원들도 그런 생각을 했을까 싶었다. 함정 수리 기간으로 1주일을 계획하면 제대로 공기를 이행한 적이 내 기억으로는 한 번도 없다. 진해에서 공창 문관이라 하면 진해시 유지로 통했다.

<실망이 태산같은 마산항>

St. Pierre을 출항한지 약 1개월 후 마산항에 입항했다. 08:30시경 검역묘지(檢疫錨地 Quarantine Anchorage)[51]에 도착했다. 검

---

51) 선박이 입항전에 투묘, 가박하여 검역관청에 소정의 서류와

역관 2명이 승선하여 전 선원들의 Yellow Card를 검사하고 선내에 쥐가 있는가 없는가 검사하는 것이다. 검역관 2명에게 양담배 2Carton, 양주 2병을 주었는데도 사주장에게 접대품을 더 요구하는 것이다. 뻔뻔스러운 검역공무원들이었다. 어떻게 달래서 보내고 나니 작업복 차림의 세관원 10여 명이 승선해서 대단한 기세로 야단법석을 떨면서 선내를 휘젓고 다녔다. 내 방을 온통 뒤집어 놓았다.

한국 선원이 승선한 선박은 입항 수속 시에 세관원이 반드시 승선해서 외국에서 사가지고 온 물건을 무조건 밀수로 취급하는 것이었다. 이런 것을 피하기 위해서 선원들로부터 상납금을 갹출하는 것이 통례였다.
나는 1항사로서 적재목록을 제출하면 그만인데 내 방을 쑥대밭으로 만들어 놓는 것이었다. 상납금을 갹출할 때에
"나는 사온 것이 아무것도 없으며 그러한 부정한 돈을 낼 수 없다." 고
거절한 것에 대한 통신장의 감정과 농간이었으리라.

원래 일본 선적 배의 통신장으로 일본인이 승선하는 것이 일본의 법이다. 하지만 한국인 통신장을 태우기 위해 배의 무선국 호출부호를 K8 한국부호로 바꾸어서 한국인 통신장을 승선시키는 편법을 썼다.

12:00시가 다 되어도 세관검사가 다 끝나지 않아서 선장 방으로 가 보니 세관책임자가 선장과 담소하며 커피를 마시고 있었다.
"잠깐 나 좀 봅시다." 하고 내 방으로 데리고 와서

신고서를 제출하고 검역을 받아야 한다. 그 검역을 받기 위해 닻을 내리고 대기하는 곳을 말한다.

"내 이름은 김재수요. 마산 시민들은 나를 보면 잘 아는 사람도 많을 것이고 해군 의장대장 출신이오." 했더니, 뻔히 나를 쳐다보았다.

"당신이 보시다시피 내 방 좀 보시오. 이렇게 무례한 행위가 어디 있소? 이 선박은 일본 국적이요. 외국적 선박은 함부로 뒤집고 무례한 행위를 할 수 없다는 것을 잘 알고 있을 것이오. 그리고 09:00시부터 하역을 시작해야 하는데 3시간이 지나도록 하역을 못하고 있으며 인부는 부두에서 대기하고 있소. 저 사람의 임금을 09:00시부터 선주가 지급하기로 되어있소. 이에 대한 Claim을 청구할 것이며 또한 통신국장을 통해서 상납받아간 것을 알고 있오. 우리 선원들이 증인이요. 중앙정보부에 진정하겠소." 했더니, 나를 노려보며 나갔다.

선장 방으로 전화했다.

"아마 선장 방으로 갈 것이 틀림없고, 선장에게 1항사가 어떤 사람인가 하고 묻게 될 것이다. 대단한 빽이 있는 1항사라고만 말하라." 하고 전화를 끊었다.

잠시 후에 세관원들이 철수하는 것을 보고 선장 방으로 가 보았다. 내가 생각했던대로 물어보더라 했다.

"해군 출신이며 비록 배를 타고 있어도 빽이 대단하다." 고 했더니 아무 말도 없이 나갔다고 했다.

내게 면회를 왔다는 연락을 받았다. 야간에는 하역을 하지 않아 거의 6개월 만에 아내와 아들을 만났다. 아들 놈은 많이 자랐고 의젓해 보였다. 부산 가는 버스편으로 그리운 나의 보금자리에 입성해서 어머님께 인사를 드리고 딸도 품에 안아 보았다. 가족이 있기에 희망이 있고 희망이 있는 곳에 행복이 있는가 보다.

다음날 새벽밥을 지어서 차려 놓은 정성 어린 아내의 아침 밥상을 맛있게 먹고 주무시는 어머님께 인사도 못 하고 마산으로 향했다. 08:00시부터 시작되는 하역을 위해 내 본연의 임무를 다해야 된다는 책임감으로 하룻밤만 집에서 자고 뒷날 새벽 다시 마산항으로 갔다.

<오징어 60Carton Over Load>

3박 4일 간 하역을 완료하고 화물을 계산해 보니 오징어 약 60Carton이 더 적재된 것을 발견했다. 이러한 상자 Carton 화물은 하역회사측에서 Checker를 배치하고 본선에서도 Checker가 배치되어 상호간에 확인하는 것이 상례인 것이다.

하역 회사측과 본선 측 간에 60Carton이 Over Load된 것을 서로 확인하고 서명해야 하는데 하역회사 측의 Checker가

좀 기다리라면서 나가더니 인부책임자를 데리고 오는 것이었다. 이런 경우가 종종 있다.

"30Carton분을 현금으로 시장가로 지불할 터이니 그렇게 해서 마무리 하자." 는 것이다. 즉 뒷거래를 하자는 것이다. 나는 일언지하에 거절했다.

"사람이 일하다 보면 실수도 있는 법이오. 적재항구(St. Pierre)에서 계산이 잘못 될 수도 있으며 오차가 생긴 것을 통보해서 바로 잡아야지 나하고 뒷거래를 하자는 말이군. 이 김재수 양심을 걸고 그렇게는 못 하겠소. Checker 당신 여기 서명하시오. 당신은 공인검정사인데 이런 엉터리 부정에 개입해서 돈 몇 푼 얻어먹고 신세 망치지 말고 여기 서명하시고 하기 싫으면 하지 마시오. 당신이 알고 내가 알고 본선 선원들이 증인들이오" 했다.

두말없이 서명하고 서류를 들고 나가 버렸다. 배가 마산항을 출항하자 마자 Over Load된 60Carton에 대한 전문을 보냈다. 기다렸다는 듯이 반가운 소식이라며 일본에서 만나자고 했다. 일본에 입항하니

St. Pierre에서 적재 후에 재고조사 중 60Carton의 오차를 발견했다고 한다.

적재 시의 Checker도 같이 이상이 없다고 했다지만 어떻게 된 것인가 고민을 하고 있던 중 일단 마산에서 하역하고 난 후 결과를 지켜보기로 했다는 것이다. 나를 1항사로 추천한 다카하시(高橋) 감독이

"1항사가 정확하게 보고할 것이오." 했다는 것이다.

배가 북해도의 왓카나이(稚內) 항구에 입항했다. 기타사와(北澤) 일본인 사장이 직접 본선을 방문했다. 그날 밤 요리집으로 특별 초대를 받았다. 나는 그때도 술은 한 잔도 못 했고 그저 해산물 요리만 잘 먹었다.

화물의 Over load에 관해서 말을 했더니

"당신같은 정직한 사람이 있기에 일을 하다가 생긴 착오를 만회할 수가 있어 고맙다." 고 했다.

"부정하고 거짓말하고 남을 기만하는 것은 그때는 통할지 몰라도 언젠가는 탄로가 나게 되어 있다." 고 대답했다.

"왜냐하면 너가 알고, 내가 알고 하늘이 알고, 땅이 알기 때문에 사람은 정직하게 살아야 합니다."

"정말이오. 그런데 일본말을 어디서 배웠소? 일본에서 대학을 다녔소? 어느 대학이오?" 하고 물었다.

"나는 대학 문턱에만 가 보았고 일본 문학은 문외한이오." 했다.

사장은 고성방소(高聲方笑)를 하는 것이다. 나는 가끔 그런 말을 들었다. 즉 나하고 상대한 일본인은

"당신 일본 어느 대학을 다녔소?" 하는 질문을 종종 받았다.

일본의 역사 이야기를 내가 하면 일본인 젊은 사람보다 내가 더 잘 아니까 말이다.

일본의 역사는 대망(大望 : 德川家康)을 읽어보면 거의 틀림없다고 본다. 일본인 야마오카 소하치(山岡壯八)란 작가가 16년간 신

문에 연재했으며 한국에서는 대망으로 번역되었다. 번역한 내용과 언어 표현에 엉터리가 많았다. 나는 이 도쿠가와 이에야스(德川家康)를 두 번 읽었다.

<선장과 통신장의 알력>

북해도에서 가공된 해산물을 적재하고 미국의 L.A로 향행 했다. L.A에서 하역 후 다시 파나마 운하를 통과하여 대서양에서 조업하는 일본인이 승선한 어선으로부터 하물을 적재하여 만선이 되면 통조림 공장이 있는 곳으로 기항해서 적하를 인도하는 것이 본선의 임무였다. 해군 출신 이종락 선장이 하선하고 수산대학 출신 어선면허 소지자가 교대되어 왔다. 52다이에마루(大榮丸)은 냉동 운반선이며 엄연히 화물선으로 등록되어 있었다. 화물선에 어선면허 소지자가 승선하는 불법이 편법으로 통하는 실정이었다. '그냥 입이 있어도 말 못할 뿐이다.' 마음먹으니 그나마 마음만은 평안했다. 마산을 출항 후 통신장과는 마산 세관에서의 불쾌한 일로 대화를 단절하고 오직 내 할 일만은 철저하게 했다. 전보관계도 선장에게 문의하라 했고, 정오 위치보고도 2항사가 하게하여 자기 직무를 다하게 했다. 한국의 대리점(선원 복덕방)에서 사례를 하지 않았다는 감정이 선장에게 전달되고 통신장이 알게 되어서 색안경을 쓰고 본다는 것도 잘 알고 있었다.

일본 본토에서 본선에 전문이 오면 일본어를 Alphabet로 조립해서 송전한다. 선장이 영어는 어느 정도 하겠지만 일본어를 못하니까 통신장으로 하여금 나에게 번역을 부탁하는 것이었다. 통신장에게

"나는 일본어 잘 모른다. 그리고 선장에게 가져 가지, 왜 나에게 가지고 오는가?" 말했다. 역시 답답한 놈이 샘 판다는 말처럼 어

쩔 수 없이 선장이 전문을 들고 와서

"왜 번역을 안 해주는가?" 말했다.

"일본어는 잘 하지만 영어는 잘 모르겠다." 답해 주었다.

물끄러미 나를 쳐다보고 있는 것이었다. 선장과 통신장의 하는 행위가 정상에서 이탈하는 행위라 비위가 상해서 볼 수가 없었다.

그 다음부터 본사에서 전문이 오면 C/O(참조)를 Chife-Officer로 해서 왔다. 내가 영어 번역을 안 해주니 본사의 지시를 1항사인 내게 직접하는 것이었다. 남아공의 Cape Town에서 고가인 참치를 가득 실었다. 일본의 시나가와(品川)에 입항해서 하역을 완료하고 내일이면 인천항으로 출항할 예정이었다. 밤중에 하역을 완료하고 모든 정리를 했다. 인천에 가면 하선 교대하게 되어 있었어 인계서와 더불어 선박의 현황 등을 메모해 두고 잠잘 준비를 했다. Saloon Boy가 급히 나를 찾았다.

"통신장과 선장이 싸움해서 통신장이 얻어 맞아 통신실에 쓰러져 있다." 고 했다.

급히 통신실에 가 보았더니 인사불성이었다. 부두 사무실에 가서 위급 환자가 있으니 조치해 달라고 했다. 대리점에 연락을 취해 택시가 와 병원으로 데리고 갔다. X-ray 촬영 결과 갈비뼈에 금이 갔다고 했다. 08:00시까지 출항이니 응급조치해서 내일 아침까지 입원수속을 하고 일본 본사 사장에게 자초지종을 설명하고 08:00시까지 통신장을 본선에 승선케 하여 한국에서 치료하게끔 해달라고 했다.

선장이 없으면 1항사가 직무대행을 해서 출항할 수가 있으나, 통신장이 없으면 배는 출항할 수 없다. 선장은 어디에 있는지 보이지도 않고 어선에서 폭력을 휘두른 버릇을 상선에서도 하는 것이었다. 인천항에 입항해서 입원수속이 끝나고 1항사 교대자가 승

선해 왔다. 대략적인 업무인계를 끝내고 나니 후임 1항사가
"GM(Gravity Moment) 선박의 복원력 계산을 가르쳐 달라." 는
것이었다.
화물을 적재하고 나면 반드시 GM 계산을 해야 하는 것이 1항사
의 첫째 해야 할 일인 것이다.
"당신 하선해서 공부를 좀 해서 다시 승선하시오. 운용술 책자
를 보면 되는데 무엇 했소?" 해 주었다.
하선할 차비를 하는데 인천 수상경찰서 형사가 찾아와 선장을 만
나야겠다고 했다. 형사라 할지라도 선장의 허가 없이는 승선할
수 없는 것이 선박법에 명시되어 있다.

선장방에 가 보니까 어디로 갔는지 찾을 수가 없었다.
찾아온 형사에게
"왜 그러냐?" 했더니
선장을 폭력행사로 체포하기 위해왔다고 했다. 일본을 출항하자
마자 인천 수상서에 통신국장이 전보로 고발해 놓았고 입항하자
마자 진단서와 X-ray를 제출했기에 명백한 폭력행위가 성립된
것이었다. 선장은 그 기미를 알고 행방을 감춘 것이었다.

그렇게 된 내용을 파악하고 형사에게
"지금 선내에는 선장이 없으며 선내에 와서 수색하려면 법원의
영장을 가지고 오십시오. 더욱이 본선은 일본 국적이기에 일본대
사관이나 영사관의 허가를 받아야 할 것입니다." 했다. 아무 말
없이 형사가 돌아갔다.
짐을 챙겨서 방을 나오려고 하는데 대리점 직원과 같이 기다사와
(北澤) 일본 본사 사장이 내선 했다. 선장이 없어 내가 새로 온 1
항사를 사장에게 소개했다.
사장은 1항사에게 영어로

"내가 기다사와(北澤) 사장"이라 말했다.

하지만, 새로 온 1항사는 아무것도 모르고 멍청하게 서 있기만
했다.

"일본 본사 사장이라고 자기 소개를 하니, 새로 승선하게 된 1
항사라고 소개를 하라." 시켰는데도 묵묵부답이었다.

영어를 한 마디도 못 알아듣는 것을 눈치 챈 일본 사장이 일본어
로 자기 소개를 했다. 그래도 1항사는 깜깜소식이었다. 사장이 나
를 선장방으로 같이 가자고 했다. 무엇 때문인지 모르지만 부지
중에 대좌했다.

새로 온 1항사는 영어도 못하고 일어도 못하니 당신이 다시 1항
사로 승선할 것을 내게 요청해 왔다.

옆에는 한국의 선원공급대리점 사장이 배석해 있었다. 나는 한마
디로 거절했다.

"그러면 선장으로 승급해서 1년간 더 근무해 달라." 제안했다.
나는

"선장면허가 없어 불가능하고 결과적으로 편법을 쓰는 것은 좋
은 방법이 아니라" 했다. 옆에 있던 한국사장도 부탁했다.

나는

"선원들의 대기비까지 다 착취하는 당신 회사는 싫다."고 단언
했다.

그리고

"통신장! 교대된 선장이 나에게 어떻게 했는지 당신이 잘 알 것
이다. GM 계산도 할 줄 모르는 1항사를 승선시키고 사례를 얼마
나 받았느냐?"고 해주고 뒤도 돌아보지 않고 나왔다.

기다사와(北澤) 사장에게는

"대단히 미안하다."고 인사했다.

2년간 승선했기에 심신이 피로해서 좀 쉬겠다고 했다.

"그러면 1개월 후에 다시 승선하도록 조치하겠다." 라고 했다.

인천에서 영등포역으로 직행하여 부산행 야간열차로 다음날 부산에 도착했다. 1975년 11월이었다.

부산에서 해기사 면허취득을 위한 강습소에 등록하고 교육을 받기로 했다. 정기 과정의 교육을 받은 학력이 없어 상급면허를 취득하기 위해서는 소정의 수강이 필요했다. 1개월 후 일본회사로부터 승선해 줄 것을 의뢰해 왔으나 거절했다. 선원 대리점의 전무라는 사람이 만나자는 연락도 거절했다.
"이유가 무엇이냐?" 물었다.
"사례비 낼 돈이 없어서 거절한다." 면서 전화를 끊었다.
선원차출문제로 다카하시(高橋)가 만나자고 했다. 남포동 일식집에서 회동했다. 기다사와(北澤) 사장의 전언이라며 인천에서 약속한대로 다시 자기네 회사로 오라는 것이었다. 귀사의 소유 선박은 2,000톤 이하의 소형 선박이며 나는 대형선으로 취업하기로 했기에 갈 생각이 없다고 했다. 실은 한국의 대리점에서 하는 행위가 너무나도 더러워서 그만둔 것이었다.

<신조선 Crown>

그날 밤 귀가하니 의외의 소식이 기다리고 있었다. 신병 16기생 조타사 출신 P가 자기와 같이 승선하자고 제안해 왔다. MSTS에서 같이 근무한 실력파였다. 선명은 Crown이며 15,000톤으로 신조선을 인수한다고 했다. 다음날부터 출국수속을 했다. 그로부터 1개월 후에 오사카(大阪) 조선소에서 약 80% 공정중인 신조선에 승선하게 되었다. 1976년 1월이었다. Crown을 인수하고는 주로 일본에서 중동 방면으로 건설자재 운반을 많이 했다.
신조선 Crown은 선장도 해군출신이고 기관장을 포함해서 대부분이 해군출신이었다. 선원 24명 중 통신장은 일본인이고, 23명은 한국선원들이었다.

그런데 묘한 것은 선장과 기관장 사이가 묘하게 돌아가는 것이었다. 우리나라 해운계는 선장과 기관장을 동격으로 간주하는 못된 관행이 있었다. 선장은 갑판부 책임자이며 기관장은 기관부 책임자로 행동하는 것이었다. 미국은 물론 유럽 쪽의 선내조직과 편성을 보면 선장(Master은) 선박의 총 책임자이며 기관장(Chief Engineer)은 기관부라고 하며 갑판부의 책임자는 1항사(Chief Office)라고 되어 있다. 이해부족이라고 할까?

선장과 기관장과의 알력으로 생긴 일화가 생각난다.
내가 일본 선박회사 Blue Tokyo 선장으로 있을 때 H 기관장이 기관부 선용품과 수당을 청구한 적이 있다. 공무 담당관이 선장 서명이 없으면 물품과 수당을 지급할 수 없다고 했다. 그러자 H 기관장은
"나는 기관부 책임자로서 선장과 동격인데 왜 안 되는가?" 했다.
공무 담당관은 기관장에게
"선장에게 운용권을 주어서 선주대리로서 책임자이지, 기관장과 선장이 동격이 아니다." 라고 설명하는 것이었다.
나는 기관 선용품에만 서명해서 청구서를 제출했고 수당 청구서에는 서명하지 않았다. 기관장이 나에게 와서 굴복하기 전에는 서명해 주지 않을 각오였다. 1기사가 나에게 와서 통사정을 했다.
"기관장이 직접 가지고 오라고 해!" 라고 전했다.
기관부원들의 항의에 견딜 수가 없었던지 기관장이 찾아와 미안하다고 했다.
"그것 뿐인가?" 했더니 "잘못 했다." 는 말을 겨우 덧붙였다.
비로소 수당청구서에 서명해 주었다.

<富士汽船 사장 모리(森)와 담판>

신조선 Crown의 한국인 기관장이 일본인 통신국장을 이용해서 별의별 모략을 다했다. 일본 본사의 사장에게 장문의 편지까지 했다. 일본에 입항하니 선장을 교대하게 되어 있었다. 나도 하선원을 제출했다. 富士汽船 사장이 내 방으로 와서

"왜 하선하려고 하는가?" 캐물었다.

富士汽船 사장은 나에게

"당신의 승선 경력을 알아보았더니 아주 칭찬을 많이 하더라." 면서 그대로 승선하라고 하는 것이었다.

나는 사장에게

"당신은 역시 졸장부요. Saloon Boy[52] 출신이기에 일본인 통신국장 말만 믿고 선장에게 한마디 상의도 없이 선장을 해고한다는 것은 어느 선주도 그렇게 하는 처사는 없으며 Saloon Boy 출신이기에 선박을 운용하는 방법도 Saloon Boy 식으로 하지요?" 하고 좋지 않은 말을 해 주었다.

그러자 사장은 눈을 크게 부라리면서 안색이 이상해졌다.

자기가

"Saloon Boy출신인지 어떻게 알았는가?" 반문했다.

"일본인 통신장이 당신에 대해서 Saloon Boy 출신이 출세했다고 하면서 별소리를 다하더라. 그런 사람 말만 믿고 선장을 마음대로 해고하니까 졸장부다." 라고 해 주었다.

사장은 일본어로

"건방진 자식!(生意氣 野郞)" 하고 내 등 뒤로 한마디 했다.

잠시 후 국장 방에서 고성이 나오고 난리가 난 것이다. 그 자리

---

52) 선장, 기관장, 1항사, 1기사 통신장 방 등 사관실 청소, 손님 접대 등을 하는 직책

에서 통신국장, 기관장이 해고되었다. 사장이 내 방으로 와 재고할 것을 요청했으나 사장을 건방지고 졸장부라고 비난한 책임도 있고 해서 하선하겠다고 했다.

부산으로 돌아와 1주일 후 그 일본인 사장이 부산역 앞 호텔에 와 있으니 만나자고 했다. 나가 보았더니 양주를 한 병 주면서 저녁식사를 같이 하자고 했다. 나는 술을 못하니 술은 필요 없고 저녁식사는 나가 모시겠다고 했더니 쾌히 승낙했다.
내 생각으로는 아마 어떤 제안할 일이 있을 것이라 추측했다. 일식집에서 식사하면서 하는 말이 자기는 Saloon Boy를 했고, 선박운용을 하면 돈을 모을 수 있을 것 같아 부모의 유산으로 사업을 시작했다고 한다.
"60평생을 살면서 졸장부요, 건방지다는 말을 처음 들어보았고, 그것도 한국인에게서 처음 들었다." 말하는 것이었다.
나는
"통신장의 행위가 부당했고 통신장이 선주 대리라고 하면서 선장을 안하무인 격으로 대하기에 사장에게 내가 분풀이를 했다. 사장을 알아보지 못해서 미안하게 되었다." 고 사과했다.

식사 자리에서 일본인 사장은 그 얼마 전에 있었던 요코하마(横浜)에서의 일에 대해 말해주었다. 나에 대해 좋지 않은 감정을 가지고 있던 요코하마(横浜) 하역회사에서 나에게 불리한 인사조처를 하도록 압력을 행사하라는 부탁을 받았다고 했다.

<일본인 Foreman과 한판 승부>

그 일의 진상은 이렇다. 새로 인수한 신조선 Crown이 요코하마(横浜)에서 Iraq행 수도관을 적재하고 있었다. Foreman[53]이 자신을 소개하면서 영어로 대화를 시작했다. 발음도 좋지 않은 영어로 말하지 말고 일본어로 말하라고 했다. MSTS 3항사를 한 경력이 있어 영어를 잘한다고 했다. 이 친구 한국인 선원이라고 무시하는 태도였다. 알았다고 하고, 영어면 영어, 일본어면 일본어 마음대로 하라고 하면서 화물적재나 잘하라고 했다. 상수도관 Pipe는 표면과 내면에 부식 방지를 위해서 Coating 되어 있었다. 직경이 큰 것도 있고, 작은 것도 있었다.

Foreman에게

"큰 Pipe는 밑 바닥에, 작은 Pipe는 위로 가게 하고 Pipe 층마다 유연한 Rope를 사이사이에 깔라." 고 영어로 지시했다.

이 친구

"알겠다." 해 놓고 그대로 하역을 계속하는 것이었다.

일단 하역을 중지시키고 다시 적재할 것을 지시했으나 불응했다.

"바보와 천치는 죽지 않으면 낫지 않는다! (馬鹿とアホは死ななければ治らない!) "

일본어로 이야기했다.

이 말을 들은 하역인부들이 나를 쳐다보더니

"당신 일본인이오?" 하고 물었다.

"나는 한국사람이오." 했다.

일본에서는 화물을 적재할 때 반드시 Checker가 입회하고 적재 완료하면 1항사와 Checker가 상호 서명한 서류를 세관에 제출해야만 선박이 출항할 수 있는 것이다. 나는 Checker를 호출해서 확인시키고 작업을 재개했다. 사진도 찍어 놓고 새벽에 하역작업이 완료되고 Checker에게 Manifest(선박 적하목록) 하단에 Remark 난에 "1항사의 지시대로 화물을 적재하지 아니했으므로

---

53) 하역 인부의 십장이며 화물 적재 책임자이며 1항사와 밀접한 관계가 있다. Storage Plan에 의해서 화물을 적재하는 현장책임자임.

화물의 훼손이나 어떤 문제가 발생되었을 경우는 본선의 책임이 없음." 일본어로 써 주고 기입하라고 했더니 망설였다.

그러면

"Checker Sheet에 나는 서명할 수 없다." 고 했더니 하단에 쓰고 서명을 했다.

사진을 첨부한 것은 물론이고, 선박이 출항해서 남지나해상에서 기상악화로 인해 Rolling이 심했다.

Iraq에서 하역을 완료하고 화물을 검사한 화주가

"Pipe 표면의 Coating이 많이 긁혀 손상을 입었으므로 확인해 달라." 했다.

나는 Manifest의 하단의 Remarks를 이야기하고

"하역회사 책임이니 그렇게 조치하시오." 라고 해 주었다.

일본인 공사책임자에게 부탁해서 Surveyor을 수배시키고 본선에서 면책될 수 있는 조치를 취했다. 그 내용을 Deck Log (항해일지)에 기입해 버렸다. Iraq에서 하역이 끝나고 다시 요코하마(横浜)에 입항하니 하역회사 책임자가 나를 만나자고 했다. 시내 요정에서 만나고 싶으며 몇 시에 차를 보내겠다고 했다. 나는 일언지하에 거절했다.

"선박 적재업무 관계로 배를 떠날 수 없으니 용건이 있으면 1항사 방으로 오라." 고 했다. 1항사 방으로 온 사람은 전무쯤으로 보였지만 명함에는 부사장이었다.

"선장과 같이 식사라도 하면서 이야기하자." 는 것이었다.

"화물 Damage 문제는 어디까지나 하역회사의 책임이며 전후 사항을 인부들 한테서도 설명을 들었다." 고 했다.

그런데

"본선에서 기상악화로 인한 Sea protest만 작성 제출하면 Damage를 Cover 될 수가 있는데 어떻게 좀 해달라." 하는 것이었다.

"나는 이미 Deck-Log를 기록해서 서명을 했다. SEA-Protest는 하역항구에서 하는 것이지 여기서는 불가능한 것이 아닌가?"

화물 Damage에 대한 Claim이 대단한 금액이라고 했다.

"나는 그런 정직에 이탈하는 행위를 할 수 없다." 고 거절했다. 70년대 일본금액으로 230만 엔이라고 했던가? 나와 타협이 안 되니까 선박회사 사장에게 부탁해서 나에게 압력을 행사하라고 했던 모양이다. 전후 사정 이야기를 들은 사장은 내가 이야기해도 안될 것 같다고 대답했다는 것이다. 자정이 될 무렵 호텔에서 나왔다.

<선장 면허시험>

다음날부터 선장 면허시험을 보기 위해서 수강을 시작했다. 마침 시험 일자가 공고되어 기회가 좋았다. 1개월 후에 시험에 합격하고 다음 취업을 위해 준비하며 쉬고 있었다. 당시 면허의 종류는 갑종 면허와 을종 면허로 나누어져 있었다. 일본 해운계의 면허제도를 그대로 본받은 것이었다. 80년대에 와서 갑. 을종을 통합해서 선장은 1급 항해사 (Ocean Going Master's License), 1항사는 2급 항해사, 3항사는 3급 항해사, 소형 선박 항해사(소형어선, 예인선 등)는 연안 및 항내에서 조종하는 소형선박에 한하며, 어선면허는 어떻게 되어있는지 나와는 관계없으니 언급을 못하겠다.

면허를 받고 대기 중 어느 선박에서 선장자리가 있으니 와보라는 것이었다. 선원수첩과 면허를 지참하라고 했다. 일본 선박회사 대리점(선원공급)이었다.

"어떻게 나를 지명했습니까?" 질문했더니

"정재문 기관장을 아는지?" 도리어 내게 질문했다.

이란 냉동운반선에서 기관장을 지냈으며 그 당시 62세의 노인 기관장이어서 착실하게 어르신 대접했던 기억이 났다. 그분은 일어는 잘했지만 영어가 안 되었다. 52다이에마루(大榮丸)에 같이 승선했던 박재술이란 1기사도 실력은 있으나 영어와 일어가 안 되었다. 두 분이 어선 승선경력은 많다고 해도 화물선 취업은 처음이었다. 정재문 기관장의 유류수급, 물품청구 등에 관해서 많은 협조를 해 주었다.

하와이에서 급유할 때 일본에서 몇 톤 Bunker C를 수급하라고 지시가 온 적이 있는데, Oil Tanker에서는 Gallon으로 계산하게 되어 있었다.

"Gallon을 Ton으로 환산해야 하지만 어떻게 환산하는지 알 수가 없다."고 나에게 문의했다. 과거 해군에서 Oil King을 할 때는 계산한 것 같았지만 그때는 알 수가 없었다. 생각 끝에 부두 앞에 있는 주유소에 가서 Gallon을 Ton으로 환산하는 방식을 알아서 환산해 준 적이 있다.

그 기관장이 52다이에마루(大榮丸)에서 나의 생활사항과 경력을 이야기하고 선장으로 적합하다고 했다는 것이다. 영어와 일본어를 잘한다는 것을 알고 나를 차출한 것 같았다. 몇 톤급의 선박인지는 모르겠으나 월급은 1,300불이라고 했다.

"나는 선장 경력은 없다. 그러나 1,300불의 급료로는 안된다." 했다.

"서로 가기 위해서 순서를 기다리는 사람이 많다."고 했다.

"그럼 그 사람들 중에서 선출하시오." 하고 서류를 들고 회사를 나와 버렸다.

다음날 다시 연락이 와서 나가 보았다. 일본인 사장이 왔다고 했다. 일본인 사장은 내 경력을 알고 있는 것 같았다. 일본인 사장이 직접 면담하는 자리에서 얼마를 받기 원하는지 물었다.

1,800불을 요구했다.

"영문으로 이력서를 작성하라." 라고 했다.

그 자리에서 타자기를 이용해 영문이력서를 작성해서 사장에게 주었더니 대리점 사장에게 1,800불로 계약을 하라는 것이다. 나의 선원수첩과 면허를 제출했더니 3주 후에 출국한다고 했다. 한국 대리점 사장이 부탁이 있다고 했다.

"1,500불 받은 선장도 없고, 보편적으로 선장 급여는 1,300불이란 것이다. 비밀을 지켜야 한다." 는 것이다. 처음 면허를 취득해서 선장 경험도 없는 내가 그것도 다른 선장에 비교해서 500불이나 더 받으면서 선장으로 취업하게 된 것이다.

<선장으로 첫 출항>

GT(Gross Tonnes) 6,000톤 중장비 건설기기의 대형 화물 운송용이었다. 미국에서 동남아 등의 개발도상국으로 판매되는 것이었다. 별 대과 없이 선장으로 1년간을 승선했으며 가벼운 마음으로 휴가를 보낼 수 있었다.

어느 날 부산대학 정문 앞 내 집을 어떻게 알고 찾아온 손님이 있었다. 인사를 하면서 "당신 박재술 아닌가?" 했더니 그렇다고 했다. 어떻게 왔는지 물어보았다. 자신은 대일항로의 기관장을 하고 있으며 일본어를 잘 아는 선장을 구하라고 해서 왔다는 것이다. 52다이에마루(大榮丸) 냉동운반선의 1기사를 해서 사정을 잘 알고 있었다. 대일항로 취항 선박 대부분이 선원들 밀수사건으로 좋은 평을 받지 못하는 것이었다. 그리고 큰 것이 2,000톤 정도이며 대부분이 소형선박이다.

"나를 찾아 준 것은 고맙다. 대일항로에는 취업하고 싶은 생각이 없으며 선원을 제대로 대우해 주지 않는 국적선사는 절대 취업하지 않는 것이 나의 선원생활의 근본이요 목적이라." 고 했다.

며칠 후 일본의 神戶Shipping 이란 회사에서 전화가 왔다.
"富士汽船(회사명)의 사장을 잘 아는가?" 나에게 물어보았다.
잘 모른다고 했다.
"Crown에서 근무했는지?" 물어왔다.
"그렇다." 했다.
알았다며 전화는 끊어졌다. 다음날 대리점 사무실에서 만나자는
전화 연락이 왔다. 가 보았더니
"일본 본사에서 김 선장을 지명했고, 8,000톤짜리 Car Carrier(자
동차 전용운반선)에 승선하시오." 해서
알았다며 나왔다.
승선할 때마다 해야 할 신체검사와 출국서류를 준비해서 회사에
제출했다. 임씨라는 담당자가 서류를 받고 이리저리 뒤적이고 있
는 것이다.
나는
"여보 Mr 임! 서류에 무슨 하자가 있는가? 젊은 친구가 무엇 하
는가?" 정색하고 물었다.
Mr.임은
"그것이 아니고…." 하며 우물쭈물했다.
"당신네 회사 아니라도 갈 곳 많으니까 서류 이리 주시오."
제출한 선원수첩과 면허를 빼앗아서 나와 버렸다. 사무실을 나서
는데 마침 같은 배에 타기로 된 1항사 해군 후배가 사무실로 들
어오고 있었다.
나는 그에게
"아~ 잘해보게 여기도 역시 뭘 바라는 모양이야. 뒷구멍으로 사
례금 주면서 구차하게 머리 숙일 김재수가 아니야." 라고 말해
주었다.

나는 배짱이었다. 후지기선(富士汽船) 사장이 요청한 것이니 다시 연락 올 것이란 계산이었다. 친구를 만나고 밤늦게 귀가하니 회사에서 전화가 여러 번 왔다고 했다. 내일 다시 회사에 나오라고 했다. 나는 다음날도 먼저 회사에 가지 않고 온천장으로 목욕하러 가는 배짱 작전을 쓴 것이다. 나는 틀림없이 가게 되어 있는 것이다. 집에 돌아오니 아니나 다를까? 전화가 왔다고 했다. 내가 먼저 전화하지는 않았다. 아내가 해 주는 맛있는 점심을 먹고 외출 준비를 하는데 전화가 왔다.

"Mr. 임입니다. 2일 내에 출국해야 하니 빨리 서류를 주십시오"

"바쁜 것은 당신이고 나는 배만 타면 되고 사례비를 요구하는 회사는 안 가겠소" 하고 전화를 끊었다.

잠시 후 전화벨이 울려 아내가 전화를 받고 나에게 수화기를 넘겼다. 대리점 사장이라고 했다.

"사장이 웬일입니까?"

"젊은 친구가 사람을 몰라보고 미안하게 되었소" 라고 했다.

"아, 사장님이 시키는 것은 아닐 것이고 알겠습니다." 했다.

아래위로 똑같은 인간들 회사에 가서 서류를 책상에 던져 주면서 "몇 시에 비행장으로 가면 되는가?" 물었다.

"내일 연락 드리겠습니다." 했다.

후일담이지만, 대리점 사무실에서 내 선원수첩과 면허를 회수해 나올 때 만난 해군 출신 1항사에게 대리점 직원들이 "같이 가는 김재수 선장이 누구냐?" 물어보았던가 보다.

1항사 후배는

"해군 기관부 출신이며 하급 선원생활을 하면서 독학으로 선장 면허를 취득한 사람이라 해군 출신이면 다 안다." 했다는 것이다. 그 후에도 임과장이란 사람은 해군 출신이라고 하면 김재수가 어떤 사람인지? 물어보았다 한다.

<일본 - 미국 Car Carrier 선장>

일본과 미국 간의 자동차를 운송하는 바쁜 세월이었다. Car Carrier은 입항하면 출항하기 바쁜 것이었다. 자동차는 인부들 2~30명이 운전해서 그야말로 제 발로 하역이 되기에 선원들이 휴식할 시간도 없었다. 일본인 선원은 자동차 운반선의 승선을 기피해서 한국인 선원을 승선시키는 것이었다. 일본인 선원이 승선한 자동차운반선은 항구에 입항하면 무조건 24시간 후에 출항하도록 일본 선원법에 명시되어 있다고 했다. 일본 선원법은 선원 위주로 되어 있는 반면, 한국 선원법은 선주 위주로 되어 있는 것 같다. 일례를 들면 일본 선원은 승선하고 있는 선박이 항구에 입항하면 그 선원의 가족에게 왕복 차비와 호텔에 투숙하는 비용까지 선주가 지불하게 되어 있는 것이다. 그런 것은 한국 선원들은 생각도 할 수 없으며 수출 선원의 등쳐 먹는 것이 대리점 직원인 것이다. 1년 간의 Car Carrier 승선을 끝내고 부산으로 돌아와서 휴가를 보내고 있었다.

<IMC 입사 면접>

반도선박(盤都船舶) 회사에서 전화가 왔다. 나를 맞이한 사람은 52다이에마루(大榮丸)에서 두 번째 선장이었던 해사 5기생인 이종락(李鍾洛)씨였다. 새로운 선원공급회사를 설립해서 전무 직위에 있었다. 오랜만에 만나니 서로 반가웠다. 그날 일과가 끝나고 저녁 식사를 대접했다. 술을 좋아하는 분이라 만취가 되도록 대접했다.

다음날 회사에서 사장을 만났다. 사장은 11기생 선배로서 PF-61 함에서 같이 근무했고 제대 후에는 부산항에서 선식업(船食業)을 하고 있었다. 52다이에마루(大榮丸)가 부산에 입항할 때 선식 공급을 할 수 있게 알선해 달라는 부탁을 들어준 인연도 있고 해서 반가이 맞이해 주었다. 회사 설립한 것은 약 1개월 전이며 홍콩의 IMC(International Maritimes Carrier)란 회사의 대리점과 Kobe Shipping과 일본상운의 대리점을 하기로 되었다고 한다. 이종락 전무의 설명에 의하면 홍콩의 IMC란 회사이며 Gross Tonnage 23,000톤급이 30척, 32,000톤급 4척이라고 했다. 반도선박에서는 23,000톤급을 13척 Manning할 예정이고 일차적으로 3척을 인수한다며 곧 선장을 모집하니 이력서를 제출하라는 것이다.

선장 3명을 모집하는데 13명의 지원자가 응모했다. 해군대령 P도 있었다. 12명의 면접이 끝나고 마지막으로 내가 사장실로 들어갔다. 호리호리하고 키가 작은 중국인이 나에게
홍콩본사에서 온 Captain Koo라고 자기 소개를 했다.
"나도 만나서 반갑다." 영어로 대답했다.
나의 이력서를 보더니
"선장의 경력이 약하다." 했다.
"그렇다." 고 대답했다.
"선박의 어느 부분에 부식(腐蝕 Corrosion) 이 생기는가?" 물어왔다.
Near the water Line area라고 대답했다.
"Your Right!" 하는 것이었다.

이것은 선박운용술에 보면 아주 상식적인 것이다. Water Line이라고도 하고 Draft Line이라고 하며 화물을 적재하면 배는 침하되고, 화물을 양하하고 나면 배는 부상하게 된다. 이것의 반복으로 인해서 Water Line 부근이 풍화작용에 의해 철판이 약해지는 것이며 부식된다고 하는 것이다.

"이에 대해 대답한 사람은 당신 하나뿐이니 같이 일을 하자."
고 하는 것이었다. 말하자면 합격된 것이다.

"너의 친구 중에 선장으로 추천할 사람이 있으면 추천하라." 고
해서 서정만을 추천했다. "나와는 해군 동기생이며 영어도 잘한
다." 했다. 그래서 두 사람이 선출되었다. 나에 대해서 이종락
전무가 많은 PR을 해 주신 덕이라고 생각되었다.

<IMC 입사>

이종락 전무 덕분으로 IMC 회사에 입사
가 되었다. 1992년 캐나다로 이민 올 때
까지 15년 간을 선장으로 근무했다. 선원 24명을 선출하고 IMC
회사에 입사해서 제일 먼저 인수한 배가 Maritime Harmony였다.
Gross Tonnage는 23,000톤이었다. 홍콩인 선장에 필리핀 선원이
승선했던 배를 인천에서 인수하였다. Bridge(선교)에서 전방 선수
를 바라보니 십 리는 되는 것 같이 보이는 대형 선박이었다.
1978년 9월경이었으니까 제대한 지 12년의 세월이 지난 것이다.
선박인수 후에 우선 서류를 check해서 정리했다. 선적은 파나마
국적이었고, 선령은 6년이 된 배였다. 정비가 제대로 되지 않아
상당히 노후된 배였다. 파나마 국적으로 된 이유는 편의 취적선
이라고 해서 선주들이 많이 이용하는 것이다.
편의 취적을 운용하는 나라는 파나마, 라이베리아 두 나라가 있
으며 모두 미국인에 의해서 운용되었다. 미국이 하는 회사라고
생각하면 된다. 선박을 등록하면 파나마, 라이베리아 기를 게양하
게 되고 등록세만 매년 납부하면 된다. 영업세 등이 없어 선주들
이 많이 이용하는 것이다. 배를 인수한 다음날 세관원 10여 명이
내선해서 선내 전반에 대해서 검색했다. 공산권 국가에 기항한
전력이 있었기에 검색한다는 것이다. 나는 어제 승선했으며, 전임

선장은 홍콩 사람이고 하급선원은 필리핀인이라 현재 선내 사정을 잘 모른다고 했다.

1항사로 하여금 안내시키고 선원 침실 등을 개방하게 했다. 거의 3시간이 지나서야 끝이 난 모양이었다. Bond Store[54]를 보자고 했다. 입항 시에 담당 세관 직원이 봉인했기에 개방할 수 없다고 했다.

"봉인한 담당 세관원을 데리고 오시오!" 하고 선장방으로 와 버렸다.

한국인을 괴롭히는 것은 무엇 때문인가? 담배와 양주를 접대란 명목으로 가져가는 세관원들의 행패는 전형적인 부정인 것이다.

---

54) 술, 담배 등을 보관하는 면세품 창고. 어느 나라에 입항해도 반드시 세관원에 의해서 봉인한다

홍콩인 선장이 있을 때는 말 한마디 없이 있다가 한국인 선원이 승선하면 안하무인 격이다. 무엇보다 먼저 해야 할 일은 배의 모든 설비에 대한 파악이었다.

<IMC 선장으로 첫 출항 항해 중 파이프 교체>

2항사로 하여금 항해 계기를 점검시키고 3항사에게는 해도 및 의약품의 재고조사 등을 지시했다. 1항사와 나는 하역장비를 점검하기 위해 선수부터 점검을 실시하면서 One by One으로 점검하면서 기록해 나갔다. 선수의 Anchor Windlass(양묘기)는 닻을 올리고 내리는 중요한 기계기구이다. 유압 파이프가 부식되어 기름이 새는 곳이 많았다. 새어 나온 기름으로 갑판상에 기름이 쫙 깔려 있었다. 화물을 적, 양하하는 Crane(기중기)의 유압 파이프도 전반적으로 부식되어 부근에는 기름 바닥이었다. 선미에 있는 Windlass도 같은 상태였다. 앞으로 선박운용에 많은 지장을 초래할 것은 명백했다. 특히 비가 와서 갑판 위의 기름이 바다로 들어가게 되면 해상오염(Oil Pollution)법의 적용을 받아 많은 벌금을 물게 되는 것이다.

상기와 같은 내용을 정리해서 Telex로 본사에 통보하고 최우선적으로 유압파이프 교환을 의뢰하면서 파이프의 크기, 길이 등을 상세히 통보했다. 인천에서 하역을 완료하고 나면 유럽으로 가야했다. 그전에 수리를 완료해야 한다고 강조했다. 인천을 출항하자마자 출항 Condition을 타전했다.

잠시 후에 회전이 왔다.

"FULLY UNDERSTOOD PLS PROCEED TO SINGAPORE" 싱가폴 항으로 가라는 지시였다. 아마 Oil Pollution에 대한 문제였을 것이다.

여기서 선박에서 사용하는 전문 약자를 잠시 언급해야 하겠다.

지금은 각 선박마다 인터넷 등의 전산시스템이 잘 되어 있어서 Telex는 물론 위성전화까지 설치되어 본사와 업무연락이 아주 빠르게 편리하지만 70~80년대까지만 해도 주된 통신수단은 통신기에 의한 전보 연락이었다. 이 전보요금을 줄이기 위해서 약자를 많이 사용한다. 선장은 이 약자 기안을 잘해야만 유능한 선장이라고 했다. 몇 가지 아직도 기억에 남는 약자는 다음과 같다.

PLS = PLEASE,
YOU = U,
4 = FOR,
T4= There Fore,
UR=YOUR,
NOL=NEW OREANS,
N/YORK =NEW YORK,
A=GAS
C=BUNCKER C(중유),
ETD = 출항시간,
ETA = 도착예정시간

싱가폴 입항 전에 해야 할 일이 갑판 위의 기름기 제거였다. 갑판 창고와 기관부에서 보유하고 있는 톱밥(Saw Dust)를 전부 가져와서 갑판 위에 뿌려 놓고 청소를 시작했다. 나도 작업복으로 갑판원들과 같이 청소 작업을 했다. 그리고 가루비누로 뿌려서 닦아냈다.
선원들이 웃는 것이다.
"선장님! 하역작업을 하면 형편없이 될 터인데 비누가루로 갑판 위를 청소하는 것은 처음 봅니다."
'너희들이 내 마음을 알겠는가? 싱가폴에 입항하면 알게 될 것이다.' 속으로만 답을 했다.

싱가폴항은 도시형 국가이다. 싱가폴 시내는 아주 깨끗하며 도로 등 산천경색이 아름다운 도시이다. 시내나 어느 곳에서 침을 뱉거나 담배꽁초를 버리면 500불의 벌금에 처하게 되고 껌을 씹지 못하게 하며 껌을 만들 수도 수입할 수도 없게 되어 있다. 시내를 청결하게 유지하기 위해서 엄중한 처벌 규정 즉, 법적인 엄벌주의인 것이다. 어느 나라나 마찬가지지만 선박이 입항하여 입항수속이 끝나면 해양경비대, 해양경찰 등이 내선해서 선박의 안전점검과 함께 Oil Pollution에 관해서 철저하게 검사를 한다. 주로 배에서 배출되는 모든 것에서 기름기가 있는지 없는지를 철저하게 조사하는 것이다. 검사에 통과하지 못하면 벌금은 물론 기준된 규칙에 만점을 받기 전까지는 출항을 못하게 되는 것이다.

싱가폴에 입항해서 환경담당 직원이 점검하면서 갑판이 깨끗하다는 말과 함께 점검용지에 서명하고 갔다. 그때서야 갑판부 직원들이 나를 보고 웃는 것이다. 대리점 직원과 본사에서 나온 직원이 내가 보냈던 긴 Telex를 들고 왔다. IMC 부사장이며 회장의 아들이라고 자기소개를 했다. 젊은 나이로 보이는 미남자였고, 기품이 있고 점잖아 보였다. 첫인상이 좋았다. 우선 내가 Telex에서 언급했던 기기와 파이프 상태를 점검하면서 왜 이렇게까지 되게 했는지 모르겠다고 했다. 싱가폴 정박시간은 24시간이 한정이라고 했다. 수리하기 위해서는 3~4일은 소요될 것 같다는 수리공의 의견이었다.
부사장이 나에게
"어떻게 하면 좋겠는가?" 물었다.
수리공에게
"이와 같은 파이프의 사이즈를 제작하거나 구입하기 위해서는

얼마나 시간이 필요한지? 본선이 출항하기 전에 공급해 줄 수 있는지?" 묻고 나서

부사장에게는

"본선이 출항 전에만 유압파이프를 공급해 주면 유럽의 Andwarp에 입항하기 전에 기관부 선원으로 하여금 파이프를 교환해 보겠다." 고 했다.

그리고 기관장을 호출해서

"본선의 스케줄이 급하니 기관부에서 수고해 주어야겠다." 고 했다.

부사장에게는

"수리 수당을 기관부에 지불해 주면 좋겠다." 고 요청했더니 쾌히 승락했다.

기관장에게

"수당을 얼마나 지급하면 되겠는가?" 물어보았다.

기관장은

USD로 300불을 요구했지만,

나는 부사장에게

"수당을 500불을 지급하겠다." 했더니 부사장은 그렇게 하겠다고 했다.

기관장이 300불을 요구했는데 500불을 지급했으니 기분이 좋았을 것이라고 생각했다. 내 생각은 기관 부원들이 일하다 보면 '수당을 좀 더 많이 청구할 걸' 이라고 생각하게 될 것이고 그렇게 되면 나에게 와서 "수당을 좀 더 줄 수 없겠는가?" 부탁할 것이란 생각해서 미리 조치한 것이었다. 항해 중 기관부는 파이프 수리, 갑판부는 갑판상 페인팅 정비를 시작했다. 유럽 도착 전에 완전히 정비해야 했다.

나도 갑판부원과 같이 페인팅도 하고 청락작업(녹 벗기기) 도 같이했다. 과업이 끝나면 갑판에서 맥주파티도 같이 하면서 분위기에 동화돼 주었다. 다행히 날씨가 좋아서 순조롭게 정비가 잘 되

어 갔다. 유럽 도착하기 하루전에 파이프 교환도 끝났고 갑판 위 페인팅도 완료되었다. 인천에서 보았던 면모가 아니었다. 네덜란드에 입항하니까 부사장이 방선(訪船)했다. 어떻게 조치했는지 상태를 보기 위한 것 같았다. 선장을 만나기 전에 선상을 순회하고 내 방에 오더니

"Capt. Like New Ship!" 하면서 수고 많이 했다고 하는 것이다. 싱가폴에서 보았을 때 형편없이 보이던 유압파이프가 교환되어 페인팅이 되었고 갑판 위가 깨끗하게 페인팅되어 있으니 한국 선원이 일을 잘 한다는 인상을 받았나 보다. 이렇게 해서 IMC란 홍콩회사 일원으로서 첫 항차를 시작하게 된 것이 15년 간을 근무하게 되었다.

<네덜란드, New Orleans, 아프리카 Accra>

네덜란드에서 공선(空船)으로 대서양을 횡단해서 New Orleans로 향했다. 배마다 성능에 따라서 화물을 적재했다. IMC의 선박은 거의가 다목적선이었다.

Bulk Carrier(散物船), 목재, 그리고 일반 잡화 등 위험이 있는 화물을 제외하고는 다목적으로 운송할 수 있는 것이다. New Orleans에서는 주로 곡물을 많이 적재했다. 밀을 만선하여 아프리카의 가나 Accra항에서 양항하는 것을 반복했다. 2항차를 하고 남아프리카 희망봉의 Cape town에서 급유하고 Port Elizabeth에서 석탄을 적재하고 대만으로 향했다.

며칠 간의 항해 일수인지 기억이 나지 않으나 약 20일 간의 항해 끝에 대만의 가오숑(高雄)항에 입항해서 석탄 하역작업을 시작했다. 다음날 아침 08:00에 하역인부들이 揚貨작업을 시작하는데 Crane의 작동상태가 좋지 않았다. 밤 12:00에 작업이 끝나고 그대로 방치해 둔 탓이다.

Crane를 조종하는 유압계통에 공기가 들어가면 크레인의 작동이 잘 안될 뿐 아니라 요란한 소리가 나는 것이다. 하역작업이 끝나면 하역 기구 전반에 대해서 주유하고, 공기를 배출하고 Handle Control Box에 기름을 보충해 주어야 했지만, 점검하고 정비를 하지 않았던 것이다. 갑판 상에 비치되어 있는 모든 장비는 2기사가 점검하고 주유해 주어야 하는데도, 점검을 하지 않고 부재중이었다. 기관장, 1기사, 2기사, 3기사 심지어는 기관장까지도 전부 외박을 가고 없었다.

대만은 선원들이 놀기 좋은 곳이며 술과 여자가 선원들의 외로움을 달래 주는 곳이다. 내가 작업복으로 갈아 입고 갑판 창고에서 공기를 배출하는 Pump와 Handle Control용 기름을 가지고 나섰다. 크레인 조종간의 캡을 열고 공기를 배출하고 기름을 보충해서 운전해보니 작동이 잘 되었다. 5대의 크레인 모두 작동 잘 되는 것을 확인하고 갑판장에게 하역을 잘할 수 있게 조치하라고 일러 두고 선장 방으로 들어섰다. 선장 방에서 진작부터 갑판 상의 나의 하역작업상황을 지켜보고 있는 사람이 있었다.
내가 방에 들어가니 뒤로 돌아서는 사람은 나를 선장으로 선출한 Capt. Koo였다.
나를 보더니 "Captain!" 하고 반가워하면서 악수를 청했다. 그리고는 작업복 차림의 나를 쳐다보며 파안대소하는 것이었다. 선장 방에 들어왔는데 선장을 볼 수 없고 기관장 방에 기관장도 없더라 했다. 하역도 하지 않은 상황인데 다시 선장 방으로 와서 갑판 상을 내다보니 Crane handle control box를 조종하면서 Crane을 작동하는 나를 보고 2기사인줄 알았다고 했다.
내 작업복을 보면서
"선장이 페인팅도 하는가?" 물었다.
"그렇다." 고 했다.

부사장이 나에 대해서 아주 좋게 평을 했다고 한다. 좋은 선장을 선출했다고 했으며 싱가폴에서 선박 상태와 Andwarp에서 선박 상태를 설명했다고 했다.

"그런데 유압기기는 어떻게 해서 정비할 줄 아는가?" 물었다. 해군 복무했을 때의 나의 직책은 Engineer라고 했더니 "What? Engineer? 선장면허를 어떻게 해서 취득했는가?" 물었다. "독학으로 공부했다." 고 했다.

그후 IMC 본사에서는 Engineer 출신 Capt. Kim으로 나를 통칭했다. 그날 밤 만찬에 초대되어 장시간 본사의 소개와 업무에 관한 이야기를 했다. 선박 척수는 23,000톤급이 30척, 32,000톤급이 3척. 런던, 동경, 방콕, 뉴욕에 지사격인 사무실을 운용하고 있으며, 방콕에는 호텔 및 은행과 직물, 직조 공장을 운영한다고 했다. 선박회사 하나만 운영하는 것이 아니었다. 대단한 규모의 회사였다. 그날 밤 늦게 귀선했다. 대리점 직원이 Telex 한 장을 들고 나를 기다리고 있었다.

<중국 Qingdao(青島)에서 조기장의 농간>

다음 항차의 Voyage Instruction의 Telex였다. 하역, 완료 후에 미국 Oregon 주 Port land에서 원목을 적재하고 Qingdao(青島. 중국 북부)로 항향하라는 지시였다. Port land에서는 1항사 성두섭[55]이 위장에 이상이 있다는 의사의 진단으로 하선 귀국했다. 후임으로는 해군 출신 후배가 부임해 왔다. Port land에서 원목을 만선하고 대권항로(大圈航路)[56]에 따라 알래스카의 Unimak Pass를 통과

---

55) 나의 해군동기생이며 7분대에서 같이 훈련을 받았다.
56) 대권 코스를 따라 설정한 항로. 출발점과 종착점을 연결하는 최단

하고 일본 북해도와 본토 사이의 해협을 통과해서 부산항을 바라보며 일로 중국의 Qingdao(靑島) 항에 입항하는 장장 20여 일의 항정이었다. 나는 처음으로 대권항법을 해 보았다. 부산항 앞을 통과할 때는 본선의 VHF(Very High Frequency 초고주파)으로 전화를 통해서 가족들의 목소리라도 듣고 안부를 물을 수 있어 마음의 위로를 가졌다.

70년대의 중국은 공산국으로 철저하게 통제된 국가였다. 우리 선원들은 공산국에 기항할 경우 선주 및 선박명, 선원의 상세한 신상명세를 첨부해 다음 기항지에서 영사관이나 대사관에 공산국 기항 보고서를 제출해야 함은 의무사항이었다. 상륙은 금지였다. Qingdao(靑島)항에 입항해서 입항수속을 하는데 수속 관원 10여 명 승선하는 것이다. 이 사람들의 관행은 꼭 식사시간을 전후해서 업무를 처리한다. 그리고 꼭 식사를 요구하는 것이다. 본선의 2기사가 병환이라 대리점 직원에게 부탁해서 병원에 가야 하겠다고 했더니 선장이 동행해야 한다고 했다. 계절적으로 12월이었다. 정장(正裝)을 하고 2기사를 데리고 Qingdao(靑島)의 대리점 직원과 같이 외출했다. 시내에 나가보니 왕래하는 사람은 남녀 공히 푸른 모자와 푸른 제복의 모택동복을 착용했다. 누가 여자인지, 누가 남자인지 구별할 수가 없었다. 정장을 하고 시내를 활보하는 사람은 나 하나뿐이었으니 많은 시민이 나를 쳐다보며 어디서 왔을까 하고 보는 것 같았다. 우리나라도 반공정신 교육이 철저했고 일절 공산국의 물건 구입 및 반입을 철저히 통제하던 시기였다.

선내의 식량 및 부식을 구입해야 하는데 조기장이 선원들을 선동하는 것이었다. 공산국에서 구입한 부식이나 물품의 구입은 중앙정보부의 허가를 받아야 하며 이를 어길 경우에는 귀국하면 처벌받는다고 선동하는 것이다. 다음 목적지는 밴쿠버 B.C인데, 선내

거리이다.

의 부식 재고가 거의 바닥을 보이고 있는 형편이었다. 본사에 연락했더니 그냥 구입하라는 지시였다. 부산 대리점에 연락했으나 회답이 없었다. 내가 사주장과 통신장을 호출해서 부식을 구입할 수 있도록 품목을 적어 오라고 했더니 조기장이 선원을 선동해서 먹지 않겠다고 했다. 선내 부식과 식량이 부족해서 라면 등으로 겨우 식사 조치를 하는 것이었다. 하역작업이 늦어져서 12월 15일 출항해야 할 계획이 12월 말경으로 예측되었다. 부산이나 일본에서 부식 조달할 예정이었으나 연말연시가 되어서 전 공무원이 휴무라 입항 수속을 할 수 없다는 것이었다. 그래서 부산이나 일본에서의 식량조달은 불가능하다는 통보가 본사에서 왔다. 12월 27일 하역이 완료되고 출항할 준비가 되어 출항을 해야 할 형편이었다. Qingdao(靑島)에서 밴쿠버 B.C까지는 약 18일간. 앞으로 20일간의 항해 일수를 생각하니 매우 곤란한 사항이었다. Pilot(도선사)가 승선했고, 배는 출항해야 할 형편이었다. 그런데 갑자기 안개가 끼는 것이었다. 그것도 앞을 분간할 수 없는 시계 Zero였다.

Pilot가 내일 아침까지는 출항을 못한다고 하고 하선해서 돌아갔다. 나는 선교에서 가만히 생각해 보았다. 조기장이 중공산(中共産) 부식을 먹지 않겠다고 하는 이유를 생각해 보았다. 중국에서 구입한 부식을 안 먹겠다고 하고 분명히 부산에서 하는 술수를 쓸 것이라고 생각했다.

나는 즉시 VHF 전화로 대리점 직원에게 연락해서
"Ship Chandler(船食業者)를 빨리 오라." 고 했다.
사주장을 호출해서 작성해 놓은 구입 목록을 가져오게 했다. Ship Chandler가 제시한 가격을 보니 황소 한 마리가 USD 30불이었다. 우선 황소 3마리를 주문하고 파, 마늘, 청도맥주 50박스를 먼저 가져오게 하고 나머지는 내일 출항 전까지 공급할 수 있게 했다.

부식과 식량이 부족해서 제대로 된 식사를 선원들이 먹지 못했기에 소 한 마리를 불고기로 굽게하고 맥주 10박스를 풀어놓고 전 선원을 집합시켰다.

"여기 중공제 소고기와 맥주 먹기 싫은 사람은 먹지 마라! 이 급식을 먹지않고 여러분들의 건강에 이상이 발생하는 것에 대해서는 나는 책임을 질 수가 없다. 3항사는 내 말을 Deck Log(항해일지)에 기록해 놓을 것이며, 후에 중앙정보부에 투서하여 문제가 발생하면 증거로 제시할 것이다. 중공 부식을 먹지 않겠다고 선동한 사람은 그때 가서 누가 처벌받는지 보겠다. 부산에서 부식을 공급 받으면 가족을 만나 볼 수 있겠지만 본선의 사정을 뒷전에 두고 수작부리지 말라. 이 김재수 호락호락 넘어 갈 놈이 아니야!"
말을 마치고 내가 맥주 한 잔을 먼저 마셨다.

뒤이어 기관장, 1항사가 마셨다. 선원들이 다 마신 것은 말 할 필요도 없었다. 그 날밤 늦게 통신장이 나에게 와서
"선장님! 어떻게 그렇게 사정을 간파했습니까?" 물었다.
조기장이 그렇게 선동했다는 것이다.
"너도 똑 같은 놈이야! Pilot가 승선하자마자 안개가 낀 것은 하느님이 나를 도운 것이야. 나는 그때 순간적으로 생각했지. 이것은 하느님의 계시라고. 사람은 양심적으로 모든 일에 임하면 하느님이 도와주시는 것이야. 하느님은 스스로 돕는 자를 도운다고 했네."
다음날 10:00시 부식과 식량을 공급받았다. USD 약 3,000불로 구입했다. 이 금액으로 다른 국가의 항구에서 구입했으면 약 7,000불 정도의 가격이었다. 이로 인해서 선원들에게 좋은 식단을 마련해 줄 수 있었다. 기나긴 하루였다.

그 조기장은 나보다 10년이나 연상이었다.

"선장은 중국사람 선박을 운용하면서 왜 그렇게 열심히 합니까?" 했다.

"당신 급료가 누구한테서 지급되는가? 나이를 쳐 먹었으면 나이 값이나 제대로 하라. 그것도 중앙정보부에 고발해!" 하고 쏘아 주었다.

내가 Maritime Harmony에서 1년 승선 기간이 끝나고 휴가를 위해 하선할 때 전 선원이 교체되었다. 다음 승선할 선원의 명단을 제출하라고 해서 중국 Qingdao(靑島)에서의 사항을 설명하고 한 사람도 같이 근무하고 싶지 않다고 했다.

그런데 이 조기장이란 사람은 철면피도 보통 철면피가 아니었다. 휴가 중일 때 회사에 가서 이런저런 이야기를 다한 모양이다. 그때의 사정을 잘 알고 있는 회사에서는 채용불가 선언을 하니까 나에게 매일 전화로 부탁하는 것이다. 다음에 또 같이 가자고, 나는 다른 선장에게 부탁하라고 했다. 회사에서는 나이가 많아서 쓰지 않겠다 하니 김재수 선장에게 부탁해 보라고 했다고 한다.

"중앙정보부에 가서 부탁하시오." 라고 점잖게 이야기해 주었다.

<밴쿠버에서 다시 인천항으로>

중국의 Qingdao(靑島)에서 하역을 완료하고 밴쿠버 B.C로 향항하였다. 1973년 9월에 처음 밴쿠버 B.C에 기항한 이후 다시 기항하게 되었다. 1973년 그때는 2항사였다. 지금은 선장이 되어서 그것도 23,000톤 급의 대형 선박의 선장이었다.

밴쿠버는 Captain George Vancouver란 영국선장에 의해서 발견하였다. 그래서 밴쿠버 섬과 밴쿠버 시를 선장의 이름으로 명명한 것이다. 미국의 워싱턴 주에도 밴쿠버란 도시가 있으며 캐나다에 있는 밴쿠버에는 B.C(British Columbia 약해서 B.C)라고 통칭하는 것이다. 그래서 습관적으로 Vancouver B.C (B.C는 주명) 라고 호칭한다.

밴쿠버 섬의 Red Smith란 섬에서 원목을 적재하고 인천항에서 하역을 하는 것이다. 한국 나의 조국으로 목적항이 정해졌는데도 기쁘지가 않았다. 입항수속의 까다로움, 관리들의 행패 등. 선원들은 좋아하지만 선장의 마음은 그들에게 시달리고 당할 생각을 하면 좋은 기분은 아니었다. 나의 조국, 그리고 나도 없이 노모를 모시고 자식을 키우는 아내의 얼굴이 선하게 보이지만 그것은 뒷전이고 어떻게 잘 되어야 할 터인데 하는 생각으로 밤을 지새웠다. Pilot에게는 공식적으로 양주 한 병을 접대품으로 제공해야 하며 입항하면 검역관 2명, 출입국 담당자, 세관 등 양담배와 양주를 공식적으로 제공해야 한다. 그 외에도 해양오염방지 검사, 안전검사 등 한 번 한국에 입항하면 접대비로 대략 USD 320불 정도가 지출되는 것이다. 유럽, 일본, 미국 등의 선진국에서는 입항수속관리들에게 Coffee를 대접하면 그것으로 충분한 것이다. 동남아 국가에서도 관리들의 행패가 심하지만 제일 심한 것은 인디아이고, 그 다음이 한국이다. 이것은 홍콩 본사에서 접대비 지출명세를 각 국별로 기록 정리한 것을 참고적으로 나에게 보내온 것을 보고 알았다.

밀수방지? 우리나라의 부두에 접안(배가 부두에 계류)하면 경비가 대단히 엄하다. 부두 전역에는 철책으로 쌓여 있다. 출입구에는 경비가 배치되어 있으며 선상에는 승감(乘監)이라는 선내에서 식비 한 푼 내지 않고 먹고 자며 선원들을 감시하는 제도가 있다. 항만 출입 시에는 철저히 점검함은 물론이고 부두 입구의 경비가 또 점검하고, 부두를 벗어나면 경찰이 보자고 하는데 어떻게 선원이 밀수를 할 수 있을까?

인천에 입항해서 모든 수속을 끝내고 지급할 것을 다 지급했다. 승감(乘監)은 식사제공은 물론이요 침실까지 제공해서 매일 침대 Sheet도 갈아주어야 하는 대단한 VIP인 것이다. 그것 뿐인가? 육상에 있는 세관원은 야간 근무한다며 야식용 식품을 요구하는 것이다. 사주장은 선장의 허가 없이 선원용 식품을 반출할 수가 없다고 하면, 내가 귀선하는 시간을 기다려 아예 소고기, 쌀 등의 품목을 기록한 용지를 제시하면서 강요하는 것이다.

내가 말하기를

"선원들의 피를 먹을 생각이구만. 자네 세관공무원으로서의 긍지를 지키고 공명정대한 업무를 수행하기를 바라네. 세관원들은 선원들을 하등 인생으로 취급하며 세관원이란 직무를 이용해서 선원들에게 부당한 요구를 하는데 법적인 지위를 보아도 선장이면 자네보다 상위직에 있네. 나는 기관장 및 상급 기관에 정식으로 공문을 보내겠다. 모든 것을 법규에 의해서 행동하자." 고 말했다.

세관원은 나를 쳐다보더니 아무 말 없이 하선했다. 1항사와 사주장에게 선장에 대해서 문의하면

"해군 의장대장 출신이며 여러 곳에 모르는 사람이 없으며 아마 어디에 통보했을지도 모르겠다." 고 대답하라고 했다. 그 후로는 간섭하는 관리들은 일절 접근하지 않았다.

<부산-서울-동경-파리-아프리카 가나까지 비행기 여행>

인천에서 하역을 완료하고 공선(空船)으로 미국 New Orleans로 향했다. New Orleans에서 옥수수를 적재하고 다시 아프리카 가

나의 Accra항으로 향했다. 입항하는 것과 동시에 우리는 전원 교대하게 되었다. 어느덧 승선한 지 1년이 지났다. IMC에 입사해서 1년을 무사히 지내게 되어서 하느님에게 감사드렸다.

부산 집으로 돌아와 약 25일 정도 지났을 때, 본사의 인사부장 Captain Koo가 직접 전화연락으로 Maritime Harmony로 다시 부임하라고 했다. 다음날 대리점 반도선박에서 2일 후에 출국할 것이니 준비를 하라고 했다. 어떻게 된 내용인지도 모르고 신체검사를 하고 출국준비를 했다. 2일 후에 부산-서울-동경-파리-아프리카 가나의 Accra 여행 스케줄이었다. 중간 기착지 파리에서 1박했다. 파리 호텔에 누워 천장을 보니 천장이 빙글빙글 돌았다. 아프리카 가나의 Accra까지 32시간이 걸린 장시간의 여행이었다.

내가 Maritime Harmony를 하선할 때 내 뒤를 이은 후임 선장은 신병 72기 출신인 이상태 선장이었다. '왜 1개월만에 하선되었을까?' 궁금했다. 이유는 여하간 인수인계서에 서명하고 1항사 이경만에게 어떻게 된 사연인지 물어보았다. 그 내용은 이랬다. 알루미늄 원료 광석인 보크사이트를 적재하고 캐나다로 향했다고 한다. 과적이 되어 캐나다의 Québec항구에서 부두에 접안도 하지 못하고 최고 만조될 때까지 1주일 간 외항에서 대기했다는 것이다. 당시 1일 24시간에 23,000톤급의 Charter료는 USD 12,000불이었다. Charter료 계산은 분까지 따져서 계산하는 것이다. 1주간이면 대단한 손해를 본 것이다. 화물 책임자는 1항사인데, 1항사가 적재의 책임을 져야지 왜 선장이 해고되었는가 물어보았다. 입항하고 나서 대리점을 통해 통보를 받았고 선내에서는 전혀 모르고 있었다고 했다.

도의적인 책임을 지운 것 같았다. 그래서 책임자 하기가 쉬운 것이 아니구나 생각했다. 출항했을 때의 사항을 조사해 보니 Draf t[57]) 를 잘 Check하지 않았다는 것을 발견했다. 홀수(吃水)에 의해서 화물을 얼마 적재했는가 알 수 있는 것이다. Ton per Centimeter 라고 하는 것은 선박의 홀수(吃水)가 1cm 침하하는데 몇 ton이다 하는 것은 선박의 제원에 명시되어 있다. 특히 광석을 적재할 때에는 선박 좌우현에 있는 홀수(吃水) 즉, Draft를 자주 Check하고 선박의 Heeling을 수시로 Check해서 선의 평균적인 부침을 보아가며 평형을 유지하면서 화물을 적재해야 하는 것이다. 그런데 그런 주의를 하지 않고 우현 쪽의 Draft만 Check하고 좌현 쪽은 보지 않았다. 결과적으로 선박은 좌현 쪽이 우현 쪽보다 많이 기울여졌다. Over Load된 결과를 본사에 통보했고, 다른 선박에도 주의할 것을 즉시 전문으로 시달했다. 다시 Maritime Harmony 옛 친정으로 돌아와서 1년을 더 승선하게 되었다.

<터키 무명용사비>

1년 간의 Maritime Harmony에서 New Orleans Argentina 등에서 옥수수를 적재하고 소련, 폴란드, 루마니아, 터키 등의 여러 나라에 기항하게 되어 새로운 항로에 대한 경험을 했다. 특히 터키는 6.25참전국으로서 5,400명이 참전했다. 한국전쟁에서 터키군은 전사 717명, 포로 229명, 전상 5247명, 실종 167명을 기록했다. 이같은 피해는 참전 유엔군 가운데 미군 다음으로 컸다. 휴전 후에도 터키 부대 1개 여단 병력이 계속 경기도 양주군 백석면에 주둔, 서부 휴전선을 지켜왔다. 터키에 입국하는 수로 입구의 아담한 곳에 무명 용사비가 출입하는 선박을 보고 있다. 나는 타수에게 Main Mast에 태극기를 게양하고 무명 용사비 앞을 통과할 때

---

57) Draught(吃水:홀수) 또는 끽수(喫水)는 선박이 물 위에 떠 있을 때 선체가 가라앉는 깊이. 선체의 맨 밑에서 수면까지의 직선거리를 말한다.

기를 반기하여 예를 표하고 통과했다. 본선에 승선한 터키인 Pilot가 나에게 예를 하며

"많은 선박이 통과하는 수로에서 무명용사비에 예를 표하는 것은 당신이 처음이오." 라고 말했다.

나는

"6.25 참전자로서 5,000명의 고귀한 생명을 우리나라의 자유와 평화를 위해서 산화하신 영령에게 감사를 드리며 내가 해군 의장대 중대장으로 의장대를 지휘할 때 매년 10월 24일 부산 있는 UN묘지에 추모 행사에 참가했다." 라고 했다.

12월의 동절기인데도 불구하고 흑해 내의 날씨는 춥지도 않고, 눈(雪)도 보이지 않는 온화한 날씨였다. Maritime Harmony의 정비작업을 잘해 달라고 본사에서 부탁하는 서신을 받았다.

선박을 매도할 것이라는 예감이 들었다. 1항사와 갑판장에게 내 추측을 말했다. 선원들에게는 내가 책임지고 취업을 보장할 것이라 솔직하게 이야기하고 열심히 정비작업을 해달라 했다.

승선 기간이 1년이 될 무렵 New Orleans에서 석탄을 적재하고 대만의 기륭(基隆)항으로 향했다. 대만에 입항하니 Greece 선주에게 매선 되었다. 내 추측이 적중했다. 인사부장 Capt KOO가 본선으로 찾아와 수고가 많았다고 했다. 회사의 계획대로 진행되어서 신조선을 발주하는데 도움이 되었다고 했다. 나를 23,000톤의 Maritime Winner (1988. 10.7) 선장으로 내정되었으니 같이 일할 선원들의 명단을 부탁하는 것이었다.

선원들에게 약속한 바와 같이 3항사를 2항사로 2항사를 1항사로 진급을 내신했다. Capt. Koo는 쾌히 승낙해 주었다. 귀국해서 25일만에 Maritime Winner의 선장으로 선원 24명은 영국 옆에 있는 Ireland에서 교대했다. 광석을 하역하고 미국 New Orleans로

향했다. New Orleans에서는 주로 밀과 옥수수를 적재하고 다시 공산권 국가로 기항하는 항차였다. 공산국가에서는 인부들의 작업 진도가 늦어서 30,000톤 정도의 화물이면 보통 1개월 이상이 소요되었다. 동절기에는 2, 3개월의 지루한 정박기간이 필요했다. 공산국가라 상륙할 수도 없었고, 선내에서 자주 맥주 파티했다.

\<Maritime Winner\>

Maritime Winner에서는 특별히 다른 일은 없었다. 인적 쇄신이 많이 되었다. 목포해양전문학교 출신들이 대부분 항해사와 기관사, 통신장으로 입사해 왔다. 부산해양대학 부설 전문학교 출신도 같이 근무를 했으며 젊은 사관들의 태도도 활발했다. Maritime Winner에서 1년을 끝내고 휴가를 갔다. 1개월이란 휴가기간이 너무나 빨리 지나갔다. 홍콩 본사에서는 우리 집으로 직접 전화해서 다음 승선할 배는 언제 갈 것이니 선원 명단을 제출하라고 했다. 내가 필요한 선원의 명단을 제출하면 그대로 본사에서는 다음 배의 승선할 인원을 반도선박에 통보하는 것이다. 내가 선장으로 있는 배의 선원 선발은 반도선박에서 간여하지 못했다.

70~80년의 부산의 선박회사 간판을 걸고 있는 무슨 무슨 선박 회사하면 자기회사를 운영해서 해운사업을 하는 것이 아니고, 간판만 어엿하게 걸어 놓고 다른 외국회사의 선박에 선원을 공급하는 소개업이면서 마치 자기가 선박의 Owner인양 몇 척의 배를 가지고 있으며 선원은 몇 명을 고용하고 있다고 선전했다. 대리점 사장은 골프나 치고 다니면서 대회사의 사장이란 간판을 앞세우고 으스대는 것이었다. 대리점 사장은 내가 명단 제출한 선원은 절대 교체가 안 되고 대리점 사장과 의논 없이 마음대로 홍콩 본사와의 직접 대화하는 처사를 못 마땅해 한 것이었다.

선원 채용하면서 뒷거래로 사례비나 챙기는 수입이 줄어드니까 나를 미워하게 되는 것이다. 더욱이 전문대학 출신의 사관들은 그러한 뒷거래에 응하지 않으니, 부정한 수입이 감소하게 되어 정당한 처사를 고집하는 나 같은 선장을 미워하게 되었다. 심지어는 우리 집사람을 불러놓고 나를 비판하고 다음부터는 쓰지 않겠다고 말하는 것이었다.

홍콩 본사의 인사부장이 교대되어 Captain Lau(劉根 선장)가 교대되어 인사차 부산에 왔다. 서라벌 호텔에서 단독 면담했다. 나를 IMC 정식 직원으로 채용한다고 했다. IMC 입사한 후 3년 간은 임시 선장 근무이고 3년이 지나고 나면 정식 선장으로 채용되는 회사 방침에 따라 IMC 임시직 선장에서 IMC정식 선장으로 신분 변화가 생겼다. 이제부터는 본사의 인사부장과 직접적인 업무 처리를 하면 되고 반도선박의 지시를 받을 필요가 없다고 했다.

IMC 인사부장 Capt. Lau(劉根)은 한국 선원 차출에 부정한 뒷거래가 있다는 것을 상세히 알고 있었다. 내게 "다음에 승선할 선박은 Maritime Winner이며 선원들의 명단을 제출하라" 말에 따라 뒷날까지 제출하기로 했다. 다음 날 내가 제출한 명단을 들고 홍콩으로 인사부장은 떠났다. 2주일 후쯤 밤중에 전화가 왔다. 받아보니 Capt. Lau 인사부장이었다.

"너 다른 회사로 가기로 했는가?" 내게 물었다.

"아니다." 라고 대답하고,

"왜 그러냐?" 며 내가 다시 물어보았다.

"반도선박에서 당신이 사표를 제출하고 다른 회사로 갔다고 했다." 는 것이다.

반도선박에서는 이미 다른 선장을 준비했고, IMC 본사에다가는 김재수는 사표를 내고 다른 회사로 갔다고 했다는 것이다. 1주 후에 Maritime Victor로 발령할 터이니 출국서류를 준비하고 대기하라고 했다.

출국 1주일 전에 나에게 출국서류를 가지고 회사로 나오라 해서 회사에 갔다. "내일 출국하니 서류부터 봅시다." 했다. 서류 상으로는 신체검사, 소양 교육필증 등 이상 없으니 담당자가 나를 빤히 보면서 언제 이렇게 만들었냐고 의아해했다.

"나를 골로 보내기 위해서 너희들의 하는 수작을 잘 알고 있으니까 헛된 수작 부리지 마라." 고 했다.

Captain Lau가 나에게 출국서류를 만들어 놓으라는 정보를 준 것이 생각났다. 별별 수단을 다 동원해서 승선불가를 조작하는 수법을 Captain Lau는 알고 있었다.

당시 IMC 홍콩에서는 13척 선박의 선원을 한국인 선원으로 충당할 계획이었으나 선원 송출에 부당한 처사로 인해서 6척으로 감소가 되었다. 선원 24명을 인솔하고 Maritime Victor로 부임했다. 여담이지만 반도선박 대리점은 내가 그만 두고 난 2년 후 IMC에서 13척의 계약을 해지했으므로 회사 문을 닫게 된다.

<밴쿠버 부두 노조와 한판>

본사의 영업담당자로부터 장문의 Telex가 나에게 전달되었다. 다음 기항지는 밴쿠버 B.C에서 원목(Log)을 적재할 것이니 하역장비 특히 크레인의 하중량의 이상, 즉 크레인의 작동 상태 등을 점검해서 보고할 것과 부두노조가 까다로우니 만반의 준비를 할 것, 문제가 발생시에는 즉시 영업부로 통보하라는 것이다. 기관장이 해군 후배라 열심히 하는 타입이었다. 하역장비를 완벽하게 정비하고 동력시험도 했다. 밴쿠버에 입항해서 입항수속이 끝나자 마자 노조원의 안전요원이 승선하여 하역장비의 상태를 오전

내 점검하는 것이었다. 점검결과 이상 없다고 통보했고, 원목적재를 시작했다. 그날은 모든 하역작업이 밤 12:00에 작업이 끝났다.

내일을 위해서 크레인의 유압상태, 핸들의 작동상태, 공기 배출 등을 기관장이 직접 점검하면서 정비했다. 그런데 08:00시 하역시작과 동시에 Foreman이 와서 Crain이 30Ton의 원목다발을 올리지 못한다고 하면서 하역을 중단하는 것이었다. 본선 크레인의 하역 양하 능력은 이상 없는데 트집을 잡는 것이었다. 하역이 중단되면 그때부터는 Off-Fire가 되어서 모든 비용은 선주가 지불해야 한다. Derrick - Post에 보면 SWL 30Ton 15도라고 표시되어 있다. SWL(Safe Weight Lift 안전하중) 크레인의 작동 각도 15도에서 30Tons를 안전하게 올릴 수 있다는 것이다. 원목 묶음을 현측에 띄워 놓고 본선에 적재하고 있었다. 원목 묶음을 자세히 점검해 보니 원목 묶음에 상당한 수분이 함유된 것과 원목 묶음마다 뻘이 많이 묻어 있었다. 원목을 본선에 운반해 오는 과정을 알아봤더니 하천을 통해서 20~30다발을 강가에 매어 두었다가 Tug Boat로 예인해서 운반해 온다고 했다. 벌목을 한 지 3개월 여가 되었다고 한다.
대리점 직원을 호출해서
"하역 인부 책임자를 불러오라." 고 했다.

불려 온 하역 인부 책임자와 대리점 직원에게
"본선의 크레인은 이상 없다. 원목의 다발이 30Tons 이상 Over된다." 는 것을 통보하고
본선의   크레인과   원목   다발의   중량을   확인하겠으니 N.C.B(National Cargo Bureau) Surveyor를 수배해 줄 것과 이 문제에 대한 계약서를 만들어서 '본선의 크레인에 이상이 있으면 모든 비용은 본선에서 책임을 진다. 본선의 크레인에 이상이 없

으면 모든 책임과 비용은 Off-Fire 시점부터 하역 재개 시까지의
책임과 Surveyor의 비용까지 포함한다.'는 내용의 계약서를 만
들어 서명했다.

NCB Surveyor가 승선해서 하중시험을 하는데 하중시험용 기기가
30tons를 가리키는 것이었다. Surveyor가 말하기를 크레인은 이상
이 없다는 선언을 했다. 나는 원목 다발의 하중을 확인해 줄 것을
요청했다. 한 다발은 32Ton, 어떤 것은 33, 34, 35ton이 되었다.
하역책임자와 대리점에게
"모든 것은 인부 측의 책임이 있으니 그렇게 조치하시오." 했
지만, 그런데도 인부 측에서는 하역을 계속했다. 나는 정식으로
서류를 만들어 원목 묶음이 Over Load 되어 있으니 30Ton으로
만들어서 적재하라고 했다.
그리고 그 자리에서
"너희들은 나보다 잘하는 것이 영어밖에 없다. Bundle을 해체해
서 30Ton으로 만들라. It's Captain's order!"라고 했다.

묶음을 해체해서 원목을 적재하는 작업으로 약 24시간이 체선되
었다.
모든 비용을 하역회사측에서 지불한 것은 두 말할 것도 없었다.
원목을 적재하기 위해 밴쿠버에 처음 입항하는 선박은 부두 인부
의 행패를 상당히 많이 보았다고 한다. 아마 USD 3만 불을 하역
회사에서 부담했을 것으로 생각된다. 그 후 일본, 한국, 중국으로
1년 간을 밴쿠버에서 원목을 적재했으나 한 번도 이의 제기를 하
지 않았다. 'Maritime Victor에 대해서는 일체의 시비를 하지 말
것'이라는 전달사항과 함께 Foreman과 책임자가 교체되었던 것
이다.

<아르헨티나와 브라질>

80년대 아르헨티나와 브라질 옥수수를 동유럽 헝가리, 루마니아 등에 운송하기 위해 공산국가에 1년 간 출입했다. 아르헨티나는 스페인어를 브라질은 포르투갈어를 구사한다. 두 나라의 생활방식은 거의 같다고 보았다. 식당에서 스테이크를 주문하면 큰 접시에 두꺼운 스테이크가 나오는데 나 혼자서는 다 먹을 수가 없었다. 그리고 포도주(Vino)는 무료다. 브라질도 같다. 세계 3대 미항 중 하나가 Rio이다.

Rio란 단어는 강이란 뜻이다. 선박이 입항할 때 제일 먼저 보이는 것이 높은 산 위에 서 있는 예수상이다. 주간보다도 야경이 더 아름답다. Santos는 넓고 긴 해변이 있는데 저녁 때가 되면 남녀노소 할 것 없이 해변에 모여서 맨발로 축구를 한다. 골대를 세워 놓고 부근의 창고에서 직원이 기다리고 있다가 공을 내어 주면 서로 편을 갈라서 맨발로 시합을 한다. 시 직원이 배치되어 있어서 공과 유니폼을 빌려주고 끝나고 나면 회수해서 보관했다가 다음날 또 개방하는 것이다. 소고기만 전문으로 하는 식당이 있는데 한 사람이 미화 5불만 내면 식당 종업원이 먹기 좋게 잘라서 가져온다. 가져온 소고기를 소의 어느 부위라고 설명하며 서빙한다.
역시 포도주는 무료이다. 지금은 어떤지 모르겠다.

브라질 사람들은 점심 식사로 바비큐를 해서 먹는다. 우리 배 옆에 Tug Boat가 있었는데 점심 식사를 같이 하자고 해서 가 보니 소고기를 내장부터 여러 가지를 코크스 불에 구워 내놓으면서 먹으라고 한다. 위스키를 한 병 가져 갔더니 10개런 정도 되는 포도주를 두 병이나 가져 왔다. 그날 밤에 우리 선원들은 포도주

파티를 했다. 민족성이 낭만적이고 친절한 민족들이었다. 그때 화폐가치가 형편없어 자동차를 한 대 구입하려면 현금을 트럭 한 대에 싣고 가야 된다는 농담을 하고 있었다. 그래도 낙천적인 민족이라 걱정도 하지 않는 것 같았다.

<밴쿠버의 선식업자. 이민자들의 선원 농락 >

Maritime Harmony 선장시절. 밴쿠버 입항하기 전 밴쿠버의 선식업자가 전보를 보내와서 Bond Store(술, 담배의 면세품)을 전문(電文)으로 입항 전에 주문해 달라는 것이다.
전문으로 주문해 놓고 입항한 후에 나와 면담에서
"Bond Store 물품을 가져왔는가?" 물어보았더니
"선식을 주문하지 않으면 Bond Store를 구매할 수 없다." 고 했다.
이 친구가 나를 깡통으로 아는 모양이었다.
선박이 입항하면 법정대리인으로서 선박이 체류하는 동안 제반의 법적업무를 수행하는 대리점 직원에게
Bond Store을 취급하는 다른 업자를 알선해 줄 것을 요청했다.
Puerto Rico 출신이 와서 필요한 물품을 구입했다.

다음날 하주(荷主)와 노무 담당자와 적하관계로 선장실에서 회의하고 있는데 조기장(식사위원)이 나에게 면담을 요청했다.
"지금 화물적재 문제로 회의 중이니 회의가 끝나면 오라" 고 했다.
"잠시면 됩니다." 고 했다.
그래서 나가보니까 밴쿠버의 S라는 선식업자가 서 있었다.
조기장이 나에게
"이 사람에게 선식을 주문해 주십시오" 하는 것이었다.
나 보다 연상인 조기장에게
"당신이 선장이냐? 쓸데없는 짓 하지 말고 당신 할 일이나 하

라.” 고 했다.

3항사를 호출해서 ‘저 선식업자는 앞으로 본선에 승선 금지하
라.’ 고 했다. 선상에 승선자는 선장이 승선 거부하면 절대 승선할
수 없다.
그 후에 내가 3년간 밴쿠버에서 일본, 한국, 중국으로 원목과 각
목(Timber)를 운송했지만 S는 한 번도 승선하지 못했다.

\<New Orleans의 한국인 업자\>

미국의 New Orleans에 자주 입항한 나도 한국인 장사치에게 당
한 일이 있다. 한국인 선원을 상대로 랑콤 등의 화장품을 가져와
서 선원들에게 시중 가격보다 1/3 저렴하다면서 많이 구입하게
부추긴다. 그런데 반은 진짜이고 반은 가짜이다. 그 사람들이 가
져 오는 것은 크림 종류가 대다수였다. 한국에서 사용해 본 사람
들의 이야기는 크림의 윗부분은 좋았는데 반쯤 사용 후 잔량은
이상하다는 것이다. 소위 말해서 위는 진짜를 넣고 아래 부분은
가짜를 넣은 것이다.

한 번은 밍크 목도리를 아주 싼 값에 판다는 것이다. 물품을 보
니 중고품점에서 사와서 선원들에게 팔아먹는 것이다. 면세점을
운용한다고 내 세우는 것이 그들의 상술이다.
그래서 내가 면세점을 운용한다는 증명을 내보이라고 했다. 당신
네는 세관을 통해서 본선에 승선해야 하는데 세관의 승선 허가증
을 내보라고 했다.
내가 지금 세관에 연락해서 당신네의 신분을 알아야겠다고 브릿
지로 가려고 하니 하선하겠다고 도망가다시피 갔다. 두 번 다시
내가 승선하는 배에는 오지 않았다.

<Maritime Baron의 매선>

Maritime Winner에서 1년 만기가 지나 집으로 휴가 온 지 겨우 2주일이 지났는데, Maritime Baron으로 승선하라는 것이다. 내가 하선하고 1년이 지났는데 또 Baron으로 부임하라는 것이다.

"휴가도 끝나지 않았고, 다음에 다른 배로 가겠다." 고 했더니

"Baron이 밀을 적재하고 인천에 입항할 때 승선하고 인천에서 약 15일 간 하역을 하게 되어 있으니 그렇게 하라" 는 것이다.

인천에서 Baron을 인수하는데 내가 인계한 전임 선장은 이성우였고 반갑게 맞이해 주었다. 서류에 서명하고 Bridge에 가서 항해 계기를 점검하고 보니 정들었던 32,000Ton Baron이었다. 나를 급히 Baron으로 승선케 한 이유를 알았다. 인천에서 출항 직전에 영업부장으로부터 개인적인 서신이 왔다. 1년 후 하선 교대 시에 매선(賣船)을 할 것이니 전반에 걸쳐서 정비를 잘 해 놓으라는 부탁이었다. 1년 만기 후 대만에서 역시 Greece 선박회사에 매도되었다.

나는 부산으로 돌아와 갑종 1등 항해사의 면허를 취득했다. 그간에는 Liberia와 파나마 선장면허를 취득했는데 선박운항에는 Liberia와 Panama 선적이었기에 문제가 없으나 한국인으로 한국의 면허가 필요했다.

<일본 조선소에서 신조선 인수>

1개월 후에는 일본의 오사카(大阪) 조선소로 인사부장 Captain Lau와 같이 후쿠오카(福岡)로 향했다. 후쿠오카(福岡)에서는 신간선 편으로 오사카(大阪)로 갔다. 오사카(大阪)에서 밤늦게 회사 숙소에 도착했다. 시내에 마련되어 있는 오사카(大阪) 조선소가

운영하는 VIP용 독방 숙소였다. IMC 본사 인사부장 Captain Lau
와 저녁 식사를 같이 했다.
Captain Lau가 특별히 부산에서 나와 동행한 이유를 이야기했다.
나는 입사한지 5년이 되었으며 한국인 선장은 대개 2년이면 다른
회사로 가고 없다는 것이다. 반도선박의 농간으로 불미스러운 선
원관리에 대한 내용을 잘 알고 있었지만, 한국인들의 치부를 말
하기 싫어서 입을 다물었다.

오사카(大阪)조선소에서의   신조선은   23,000ton급으로   선명은
Maritime Pride였다. 선내를 돌아보고 Bridge(船橋)에 가 보니 항
해 계기가 최신식으로 설치되어 있었다. 나는 혼자였으므로 매일
08:00시에 회사에서 수배한 택시로 출근했고, 17:00시면 택시가
와서 퇴근했다. 식사는 훌륭했으며 필요하면 양주나 맥주도 준비
되어 있다고 했다. 술, 담배를 잘 하지 않으니 걱정하지 말라고
하고 항해계기의 일본어의 설명서를 읽어 보면서 공부했다.

나는 선장으로 있으면서 선원들을 인격적으로는 대했지만, 선원
들을 믿지 않는 것이 나의 신조다. 선상 생활에 있어 모든 책임
은 선장에게 있는 것이지 선원들에게는 책임이 없다. 선원들은
주어진 시간에 당직의무를 수행하는 것으로 선원의 역할은 끝난
다. 선장은 선박에 관한 모든 것을 알아야 한다.
갑판 상의 기기는 1항사의 책임이다. 1항사가 되면 갑판 상의 모
든 장비를 직접 운전해 보아야 한다. 특히 조타기, Radar 등은
언제 어느 때 고장이 날지 모르는 것이다. 선박을 건조한 조선소
에서 발행한 설명서를 읽어 보고 파악해 두어야 한다. 특히 신조
선 인수에는 1개월 전에 인수 선장이 먼저 조선소에 간다. 그때
조타기, Radar 위성 항법용 기기 등에 관해서 공부해야 한다. 모
르는 것이 있으면 조선소 담당자를 직접 만나 설명도 들어야 된

다. 내 일본어 실력이 그때 유용하게 쓰였다.

일 개월이 지난 후에 Saloon, 기관장, 1항사, 통신장 등의 사관이 합류했고 1주 후에는 전 선원이 합류했다. 갑판장 김낙준, 조기장 (操機長) 심정연은 5년간 생사고락을 같이한 선원이었다.

나는 해군생활 18년 그 중에서 의장대 생활만 8년간을 했다. 제대 후의 회사생활도, 일반 사회에서의 생활도 어떻게 하면 되는지도 잘 모르고 지내왔다. MSTS의 생활도 군대생활의 연장과 같은 생활이었다. 전부가 해군의 선, 후배였고 LST란 군용선이었기에 사회생활에 적응하기 전에 군대생활의 연속 같았다. 그런데 수출 선원이란 딱지가 붙고 생존경쟁의 사회생활 일면을 알게 되면서 많이 배우게 되었다.

일본인은 달면 삼키고 쓰면 버리는 인간성이었고, 한국인은 직위와 권력을 이용해서 자신의 개인적으로 치부하고, 하급자나 고용인에 대해서 군림하려고 하며, 상대편에 대한 인권의 무시와 돈만 아는 배금주의의 모리배 같았다.

내가 일한 IMC란 회사에서는 인간적인 이해와 대우를 해 준다는 것을 느낄 수가 있었다. 홍콩의 본사 스텝들은 주로 대만 출신, 선장, 기관장들이었고, 홍콩 사람도 많았다. 그들은 한국사람에 대해서 너무나 잘 알고 있었다. 표면화하지는 않았지만 내면적으로는 상세하게 잘 알고 있었다. 선원을 취업시킬 때마다 새로운 선원을 차출해서 뒷거래를 하는 내용, 그러기에 선장과 직접적으로 선원의 신상파악을 했으며 우수한 선원을 확보해서 정식직원으로 임명해서 자기 사람으로 만드는 것이다. 사람이 사람을 알아주고 한 번 신임하면 끝까지 밀어주는 것이 중국인이었다.

<1급 선장면허 취득>

1985년 10월. Maritime Victor에서 하선하여 일급선장 면허를 취득하기 위해서 해기사 연수원에서 선장직무과정 교육을 4주간 받아야 했다. 4년제 정규 해양대학 출신의 선장과 전문대 출신의 선장 48명과 함께 08:00~17:00까지 교육을 받았으며 선박운용의 새로 변경된 국제해사법규, 해양오염방지법 등 새로운 것에 대한 강의를 해양대학 교수들에게 들었다. 시험을 치는 대신 매일 배운 것에 대해서 과제를 주고 논문을 제출해야 했다.

집에 돌아와서 논문을 작성하고 나면 밤 1, 2시가 되었다. 제시한 과제에 대한 리포트를 쓰는 것이 보통 힘든 일이 아니었다. 백지에 한문을 섞어서 정성껏 썼다. 표지에는 리포트 내용을 항목별로 기록하고 성명을 적어 제출했다. 4주간 동안 한 번도 빠지지 않고 정성을 다해 리포트를 작성했다. 리포트 덕분에 새로운 지식을 많이 습득했다. 리포트의 마지막 페이지에는 좋은 강의를 해 주어서 감사하다는 인사말도 적었다. 그렇게 해서 **4주간의 고달픈 교육이 끝나는 다음 주 월요일 수료식날 하는 날에 뜻밖에 나에게 수석이란 영예를 주었다.**

32세의 젊은 담당 교수는 마지막 인사말로
"여기 해양대학 출신도 있고 전문학교 출신도 많다. 그런데 해대 출신 이놈들아 리포트의 이름이라도 제대로 쓰고 제출하라."
했다. 다른 사람이 쓴 리포트를 그대로 복사하면서 이름까지 똑같이 복사해서 리포트를 제출했던 것이다.
그러면서 내 리포트 용지를 보여주었다.
"여기 일반 출신이고 더욱이 해군에서 기관부원 출신이 항해사가 된 것도 의아하게 생각했다. 그리고 한번도 빠짐없이 제출한 논문(Report)도 성의 있는 수강의 결과이기에 상품을 수여한다.”
고 하면서 나를 호명하는 것이었다.

부산해운항만청장의 상이었
다. 30여 명 수강생들의 요
란한 박수소리를 들으며 상
을 받았다. 1주일 후 1급 선
장 시험에 합격했다. 1985년
11월 30일자의 면허장을 받
았다. 1급 항해사(First Class
Deck Officer)가 된 것이다.

⟨Maritime Eternity⟩

Maritime Pride는 신조선이다. 최신식의 항해계기와 하역설비yv
운반하기도 편안했다. 각급 사관들도 해양전문대학 출신들로 실
력이 좋았다. 1항사는 임성의란 해군후배였으며 선원들 통솔도
잘했다. 내 선원수첩을 확인해 보니 Maritime Harmony에서 하선
하여
1980년 10월 7일 1년간 Maritime Winner에서 근무했고 M/Winner
다음에 승선한 배가 M/Pride였다. M/Pride에서도 특별한 사항 없
이 1년간을 보냈다. 내가 승선해서 운항중 특별히 기억해 둘만한
사건에 한해서 쓴 것이니 참고하시기를. 이 장의 끝에 나의 승선
경력을 선원수첩의 기록을 인용해서 기록하겠다.

나는 IMC 홍콩 선박회사에서 신조선58)을 3척 인수했다. M/Pride,
M/Eternity, M/Lapis. 이제부터는 M/Lapis에 관해서 쓰려고 한다.
1990년 8월 4일 Saloon, 사관, 선장, 기관장, 1항사, 1기사, 통신장
5명이 사세보(佐世保) 건너편 오오시마(大島) 섬에 있는 오오시마

---

58) Maiden Voyage 처녀 항해

조선소(大島造船所)에 도착했다. 신조선 M/Lapis를 인수하기 위한 선발대였다.

33,274Ton 기관마력은 6,318Kw였다. 약 80%의 공정이었으며 조선소가 운영하는 기숙사에 여장을 풀고 즉시 Dock에 있는 배에 가 보았다. 세월따라 새롭게 발전된 장비들로 갖추어져 있었다. 레이더는 아주 대형으로 표착되는 선박의 항로와 항적이 그대로 기록되는 최신형이었다. 선장 방도 훌륭했으며 위성을 이용한 전화, Telex등이 완벽하게 설비되어 있었고 1항사 방에는 전산 시스템이 화물처리가 아주 쉽게 계산되도록 되어 있었다. 조선소의 영업부장과 인사를 나누었다. 나와 밀접한 관계가 있는 것이다. 내일 저녁 식사를 같이 하자는 제의를 했지만 나는 거절했다. 선박 인수 시에 어떤 하자가 발견되면 잘 처리하자고 부탁하는 것이 영업부장의 할 일인 것이다. 한국인 선장들은 그러한 경우가 발생하면 안면에 약해지기 마련이다.

그 다음날 영업부장에게
"오늘 저녁 나와 같이 이야기나 하고 친구로서 맥주라도 한 잔 하자." 했다. 영업부장은 의외라고 생각하는 인상이었다.
"여기 오오시마(大島)란 곳도 잘 모르겠고 친구로 만나고 싶다." 했다.
오오시마(大島)에 하나밖에 없는 작은 Bar였다. 영업부장은 위스키를 청했고, 나는 맥주를 청했으며 Bar의 마담에게 한 잔을 권했다. 대도 조선소는 스미도모중공업(住友重工業)에서 운영하며 IMC와는 두 번의 선박 건조를 하게 되었다고 했다. 일본의 역사 이야기도 했다.
"선장은 일본어를 어디서 배웠으며 일본의 어느 대학을 나왔는가?"

나에 물어보았다.

"나는 대학의 문턱에만 가 보았고 일본어는 독학을 했다." 했더니 뻔히 쳐다보는 것이었다.

홍 콩본사에서는 23,000Ton 급의 선박을 10척이나 승선한 경력이 있으며 15년간 근무해온 선장이라고 통보했던 모양이었다. 대도 조선소의 직원들이 나를 보면 인사를 깍듯이 했으며 일본어를 잘 하는 선장이라고 소문이 났다고 했다. 영업부장에게 술 한 잔 산 것이 대단한 PR이 되었던 모양이다.

\<나가사키 이야기(長崎物語)\>

M/Lapis를 정식으로 선주에게 인도하기 전에 선주는 물론 각계각 층의 관계자를 조선소 사장이 초청하여 파티를 개최한다. 특별히 나를 초청한다는 초청장이 왔다. 영업부장에 의하면 선박인도 전 야(前夜) 파티에 선장을 초청하는 것은 조선소 생기고 처음이라 고 했다. 왜 예외로 나를 초청한 것인가 문의했다. 여기 조선소에 서 신조선을 인수한 선장 중에서 유일하게 일본어를 잘하는 선장 이기에 특별히 초청하라는 사장의 지시라고 했다. 연회장에 무대

가 설치되어 있었고 초청된 손님들은 약 50명 정도인 것 같았다. 입구에서 60대 정도의 사장이 손님들과 인사하면서 마중했고 내가 M/Lapis 선장이라고 반갑다고 인사했다. 음식상이 즐비하게 정렬되어 있었다. 나는 영업부장의 안내로 Owner의 좌석으로 갔다. 홍콩 본사에서는 일본어를 잘하는 Captain IP란 간부가 Owner의 대리로 참석했고, 내 옆자리였다. 나가사키에서 온 게이샤가 내 음식상 머리에 앉았다. 일본에서는 한 사람 앞에 음식상 하나씩 배당되고 그 앞에는 게이샤가 앉아서 술을 따르면서 시중을 드는 것이다. 격식대로 사장의 인사가 있었고, Owner의 소개에 이어서 선장 소개를 했다. 처녀 항해(Maiden Voyage)를 성공적으로 잘 해달라는 부탁이었다.

연회가 중반쯤이었을까? 사장이 여러 사람 앞에서 M/Lapis의 선장으로서 인사하라고 소개를 했다. 선장이 일본어를 잘하니 노래 하나 부르라고 하는 것이었다. 순간적으로 나는 생각했다.

'사장, 네가 나를 시험하기 위해서 노래 부르라고 제안하는 모양이군. 어디 한번 해 보자'는 오기가 발동했다. 김재수의 승부 기질이 발동했다. 가라오케가 설치되어 있지 않은 연회장이었으며 마이크만 설치되어 있었다. 원래 나가사키의 게이샤는 일본에서도 역사적으로 유명한 곳이다. 그런 게이샤 앞에서 노래를 부르라고 하니 걸려 들었구나 하는 생각이 들었다. 그래서 부르게 된 일본노래가 나가사키이야기(長崎物語 나가사키 모노가다리)였다.

「長崎物語」
梅木三郎作詞 · 佐々木俊一作曲 昭和13年

赤い花なら 曼珠沙華(まんじゅしゃげ)
阿蘭陀(オランダ)屋敷に 雨が降る
濡れて泣いてる じゃがたらお春

未練な出船の　あゝ鐘が鳴る
ララ鐘が鳴る

うつす月影　彩玻璃(いろガラス)
父は異国の　人ゆえに
金の十字架　心に抱けど
乙女盛りを　あゝ曇り勝ち
ララ曇り勝ち

坂の長崎　石畳
南京煙火(はなび)に　日が暮れて
そぞろ恋しい　出島の沖に
母の精霊(しょうろ)が　あゝ流れ行く
ララ流れ行く

平戸離れて　幾百里
つづる文さえ　つくものを
なぜに帰らぬ　じゃがたらお春
サンタクルスの　あゝ鐘が鳴る
ララ鐘が鳴る

한국어로 번역하면
붉은 꽃이라면 曼珠沙華(꽃이름)
Holland 저택에 비가 내리는데
비에 젖어 울고 있는 자카트르 오하루(딸의 이름)
미련을 남기고 떠난 배의 아아 종이 울린다.
라라 종이 울린다.

도쿠가와막부(德川幕府) 시절에 일본과 외교관계를 맺은 서방국의 외교사절은 전부 나가사키에 집결되어 있었다. 어느 일본여자와 Holland인이 사랑을 하게 되어 그 사이에서 출생한 딸 이름이 오하루이다. 홀란드 인의 아버지는 자카트로(홀란드 식 이름으로 추측됨) 라고 자카트로 오하루란 이름으로 부르게 되었다. 임기가 끝나고 본국으로 귀국할 때에 이별을 아쉬워해서 부른 노래이며 나가사키(長崎)의 게이샤들은 역사적인 옛 노래라는 것을 다 알고 있었다. 장내가 소란했고 박수가 터졌다. 나 자신도 나가사키이야기(長崎物語)란 노래는 언제 누구에 의해서 불려진 노래인지 잘 모른다. 초등학교 시절에 배운 것 같다. 내 상 앞에서 시중을 들던 예쁘장한 게이샤가 그 노래는 언제 어떻게 배웠으며 일본어는 어떻게 그렇게 잘하는가 했다. 그 다음에 사세보(佐世保)나 나가사키(長崎)에 기항하면 꼭 연락하라고 하면서 전화번호를 이렇게 적어 주었다.

長崎市丸山町 4-11 岡田治子(오가다하루꼬) Tel. 0958-27-2597
1990. 08.27

M. V. "MARITIME LAPIS" PRE-NAMING GARA PARTY
27TH AUGUST 1990 AT OSHIMA ISLAND HOTEL

옆에 있던 영업부장이

"일본인은 게이샤의 전화번호를 받는 것을 영광으로 생각하며 자기는 한 번도 받은 일이 없다." 했다.

그 다음날 정식으로 M/Lapis 인수식을 했고, 선장이 승조원을 인솔해서 승선함으로써 인수식은 끝났다.

<신조선을 인수하여 미국 뉴올리언스로>

Maritime Lapis를 인수하여 파나마운하를 통과해서 미국의 뉴올리언스로 향했다. 세계에서 제일 긴 강인 미시시피 강을 항해해서 곡물(밀, 콩, 옥수수) 부두에 접안했다.

아마 이번 항차가 나의 마지막 항차가 될 것 같았다. 곡물 부두에 접안하니 Charterer[59] 측에서 Maiden Voyage를 축하하기 위해 선상에서 축하파티를 해 주었다. 신조선을 처음 Charterer하면 Charterer측에서 Maiden Voyage에 대한 축하파티를 해 주는 것은 해운계에서는 하나의 관례로 되어 있었다.

1982년에 Maritime Pride도 신조선으로 인수하여 뉴올리언스에 입항했을 때도 Maiden Voyage Party를 했다. 뉴올리언스의 Habor Master도 참석했으며 나에게 Honorary Harbor Master Certificate (명예항만장증서)를 선물로 주었다. 그 때의 Harbor Master을 다시 만나서 무척 반가웠다. 파티가 끝났다.

<뉴 올리언스의 소련인 선장>

손님을 전송하고 화물 적재상황을 점검했다. 선수, 선미를 돌아보고 부두 입구에 있는 초소에 가 보니 백발 초로의 노인이 앉아 있었다.

---

59) 傭船

배에 돌아와서 파티에서 남은 맥주와 약간의 요리를 가지고 가서 야식을 하라고 주었다. 맥주를 마시면서 자기 소개를 하는데 자기는 소련인으로서 선장출신이라 했다. 미국으로 망명해 난민신청을 받아 주고 평안한 직업도 주어 안정된 생활을 하고 있다고 했다. 내가 소련은 나쁜 나라이며 공산국가로서 인간의 자유가 없고 식량배급으로 인민을 통제하고 있다고 했다. 그 사람 대답인즉 소련이란 나라는 좋은 나라이다. 겨울이면 눈으로 전 국토가 백색이 되며 러시아 여름이면 녹색의 러시아. 세계에서 제일 국토가 넓은 러시아. 지하자원이 많은 러시아이지만 정치하는 정치인들이 나쁘게 정치를 하니까 인민의 자유가 없고 인간의 기본권을 박탈당하고 있다고 했다. 망명을 해서도 조국을 사랑하고 생각하는 마음에 경의를 표했다. 우리나라는 어떤가? 망명한 소련 선장의 말을 되새겨 보았다.

<선장임무의 소회>

내가 바다에서 생활한 기간은 길다. 해군생활 18년 중에 PF-61함, PCE- 51함에서 각각 해상생활을 시작했다. PF-61함에서 승선 중에는 6.25 참전으로 일선 근무였다. PCE-51함 근무는 PCE-51함을 미국에서 인수해 올 때 인수요원으로 태평양을 건넜다. 해군 제대 후에는 MSTS 미해군수송사령부의 LST에서 승선 월남전 병력수송, 보급수송 등의 선원생활을 7년 간 했다. 월남전 종전으로 일반 상선에 승선하여 선장면허 취득한 것은 이미 말하였다. 선박의 3항사, 2항사, 1항사를 거치면서 선장이 되고 항구에 입항해서는 선박의 입항점검, 기관의 정비, 화물을 만선하고 출항해서 막막한 대해를 항해하는 뱃사람들의 심정을 그 누가 알아줄까 싶다. 목적지에 도착하기 위해서는 선박의 안전운항을 성심성의를 다해야 하는 것이 선장의 의무이다. 日, 月, 星, 辰은 하늘에 매여 있다 했다. 내가 항해사로 근무하던 시절 선상의 항해 계기는 방향 탐지기(Direction Finder : 육지에서 발사하는 전파를 받아 방향을 확인한다), '로랭' 이란 전파수신기가 최신의 전자기기였다.

물론 Radar는 필수이지만 항해 중에 제일 중요한 것은 본선의 위치를 확인하는 것이다. 주로 태양과 별 달을 이용해서 위치를 확인하는 것이다.

항해자들에게는 日, 月, 星, 辰이 우리의 길잡이였다. 1992년 62세로 퇴직할 무렵에는 항해용 컴퓨터는 보급되지 않았으나 위성 항법은 보급되었으며 스위치를 켜고 5분이면 위치가 산출되었다. 日, 月, 星, 辰이 무용지물이 되었다.

예전에 배가 출항하기위해서는 선장과 통신사, 기관사가 없으면 출항이 법적으로 금지였다. 지금은 선박의 통신사가 필요 없다고 한다. 인터넷의 발달로 단시간 내에 교신이 가능하기 때문이다. Internet이 발달되기 전에 통신사의 채용 비용과 전보 요금은 만만치 않은 고가였다.

내가 근무할 때만 해도 위성 안테나에 의한 Telex교신으로 아주 편리했다. 해군에서 2년 간, 사회상선에서 25년 간 도합 27년 간을 바다에서 세월을 보냈다. Suez 운하는 몇 번이나 통항했는지 기억도 없다. 파나마 운하는 28번 통항했다. Finland와 Iceland를 제외한 바다가 면해 있는 나라는 거의 기항해 보았다. 신기한 것 많고 그 신비함을 알 수 없고, 확인할 수 없는 것이 바다이다. 5~6m 높이의 파도가 선상을 덮쳐 선수에 부딪힌 파도가 내가 서 있는 Bridge까지 와서 인사를 한다. 그런가 하면 거울같이 잔잔한 해상에 들어서면 속세를 떠난 무아지경에서 바라보는 바다는 정말 신기한 무한대의 세계라는 것을 느낀다.

<용병술>

나는 선장생활을 하면서 선원을 신뢰하지 않았다. 아니 믿을 수
없었다. 하지만 인격적으로는 모독하지 않았다.

<능력 없는 갑판원을 송출하는 회사>

내가 선원을 믿지 않는 첫째 이유는 선원 대리점에서 직책에 따
른 능력 있는 선원을 뽑는 것이 아니고 선원들과 뒷거래해서 자
질 없는 선원을 승선시키기 때문이다. Maritime Winner를 새로
인수해서 인도네시아에 입항했을 때 일이다. 내일 아침에 부두에
접안하기 위해서 외항에서 Anchoring(投錨)를 하려고 했다. 항구
의 수심은 대개가 40m 정도이고 Bridge에서 수심이 얼마라는 것
을 선수의 1항사에게 통보한다. 대개 Anchoring하면 수심 4배 정
도의 여유를 준다.

선장이 Bridge에서
"4 Shackle in the Water!" 하고 이어서
"Anchor Let go!" 라고 한다.

유능한 1항사는 2Shockle 정도 나가면 "Brake를 Hold!" 하라고
한다. Anchor Chain의 1Shackle는 25m 마다 백색 Paint로 표시
가 되어 있다. 1Shackle는 붉은 Paint가 하나 2Shackle은 Paint가
두 개 표시되어 있다. 선수에서 아무 조치가 없어서 내가
"Hold Chain!" 이라고 다급하게 호출을 했다.
그때야
"Hold Chain!" 하고 1항사가 복창을 한다. 선교에서 명령하는 것
은 반드시 복창하게 되어 있다. 그래도 계속해서 Anchor Chain이

내려가고 있었다.

다급하게

"Hold Chain!"을 몇 번이나 명령하고 난 뒤에 겨우 멎었다.

그때 1항사는 나의 동기생이었고 구축함에서 갑판장을 한 경력의 소유자였다. 훈련소 동기생이자 같은 분대에서 교육받은 친한 사이였다. 그 체인의 길이는 9 Shackle이며 마지막 9Shackle은 노란색 Paint 표시가 되어 있다. 만일 노란색 Shackle에서 풀리고 있는 Chain을 정지시키지 못하면 Chain이 나가는 힘에 의해서 배에 연결해 놓은 장치가 파손되어 Anchor가 바다에 가라 앉는 사고로 선박 운항에 지장을 가져온다. 그 체인을 인양하려고 하면 2~3일은 소요되고 항만 당국에 벌금도 내야 되고 해난 보고서 작성하여 보험 처리해야 한다.

1항사를 선교로 호출해서

"너는 4Shockl in the water! 하면 2Shockl 정도에서 Brake를 작동해야지 뭘 하고 있었느냐?" 고성으로 호통을 쳤다.

"1갑 갑판원이 Anchor Let go! 하니까 Brick을 전부 다 풀어서 그것을 되감는데 시간이 걸렸다."고 한다.

"너는 그래 해군에서 갑판장을 몇 년이나 했지 않느냐? 해군에서 너는 선수에서 입항 지휘를 하지 않았는가?" 호통을 쳤다.

1항사는 선교를 내려가면서

돈만 받아먹고 자격도 없는 선원을 보내는 회사가 문제라고 중얼거리며 내려갔다.

그저 시간만 보내고 지나가는 세월 따라 월급만 받으면 그만이고 자신을 발전시키기 위한 노력을 하지 않는 것이다. 항상 쓸고 닦으면서 생활을 영위하는 갑판상 어디를 보아도 담배꽁초가 여기 저기 있다. 어떤 문제가 발생하면 선장에게 보고만 하고 그것으로 끝나고 자기의 임무를 다한 것으로 생각하는 무책임 주의자들이 선원들이다.

1항사는 갑판부의 책임자로서 갑판부원들을 통솔하고 선박 전반에 관한 막중한 책임자이다. 그런데도 보통선원과 다른 점이 없이 선장에게 보고만 하면 되고 자신은 해결할 수 없는 능력의 소유자인 것이다.

2항사의 직무는 항해에 관한 전반적인 책임이 있다. 특히 항해 계기에 관해서 작동 상태 등의 사전 조율과 점검을 하고 확인해야 하고 항해 계획과 해도의 점검 등 항해 성취를 위한 세세한 주의를 해야 하며 매월 발행되는 Notice to mariner 란 간행물(세계선급협회 발행)을 반드시 확인해서 해도상에 수정 기록을 해야 하는데 이행하지 않은 2항사가 대부분이었다. 항해 중에 항해 계기 Radar나 조타기의 고장이 발생하는 경우가 비일비재하다. 항해 계기에 문제가 생기면 선장에게 보고하고 그에 대한 조치를 취해야 하는데 선장에게 보고만 하면 그만이란 뜻인지 태연하게 서 있는 것이다. 타기가 고장이 나면 홍등 세 개 아선 운전이 부자유(不自有)란 신호를, 주간에는 D기를 게양해야 하는데 그러한 임무를 수행하지 않는 것이 상례였다.

나는 신조선을 세 번 인수한 일이 있었다. 2항사 때는 52다이에 마루(大榮丸)에서, IMC에서는 두 번이나 인수를 수행하면서 첫 번째로 내가 한 일은 항해 계기의 파악이었다. Radar은 JRC, 조타기, Gyro 등의 Instruction을 찾아서 공부하다가 의문이 생기면 메모를 했다가 Maker로 연락해서 직원의 자문을 받았다. 모든 계기의 자동화로 인해서 예비부품을 쉽게 교환하는 방법을 기술해 놓은 것이 보통이다. 즉 Print cord를 교환하는 것이다.

아주 쉽게 습득하고 응급조치할 수 있게 되어 있다. 이러한 사항들을 대부분의 2항사들이 소홀히 해서 우왕좌왕하는 것이다. 자신을 위해서 자기계발과 노력이 부족한 것이다.

<새로운 선박에서 상견례>

새로운 선박에 선원들과 한날한시에 부임하는 것이 상례이다. 상견례가 끝나고 선장 방에서 사관 회의를 개최하는 것이 하나의 절차이다. 건방진 기관장, 색안경을 쓴 통신국장, 이들에게는 사전에 일침을 놓아야 한다. 먼저 선박 조직에 관해서 설명한다.

갑판부의 책임자는 1항사, 기관부의 책임자는 기관장. 즉 1항사를 Chief Officer, 기관장은 Chief Engineer란 인식을 시키고 선장은 Master로서 선박에 대한 총책임자이다. 기관장은 기관부 책임자일 뿐이고, 선장과 동격은 아니라는 것을 인식시키는 것이다. 선내 조직표를 게시하고 설명하는 것이다.

통신국장에게는 선장이 선용금을 어떻게 지출하고 소비하는가에 관해서 관심갖지 말고 본사에서 오는 전문에 관한 비밀스러운 것을 누설하지 말 것을 당부한다. 그리고 선내 식품에 관해서는 계란 한 개라도 개인이 지출하지 않도록 당부한다.

1일 4.5불의 식비가 충분하지 않다. 나 자신도 개인적인 어떤 특권도 없는 것이 식비다. 나와 같이 근무한 경력이 있는 선원들은 나에 대해서 잘 알고 있기에 김재수 선장은 라면 하나도 개인적으로 먹지 않는다는 것을 알고 있기에 미리 선전해 주는 것이다.

<얌체 선원>

어떻게 하든지 편안하게 지내기 위한 꾀를 부리는 얌체 선원은 어디든지 있다. 선박이 화물을 적재하기 위해서 항구에 입항하면 기관부는 우선 전반적인 기관정비를 시작하고 갑판부는 화물창(Cargo Hold) 청소를 하고 점검받을 준비를 해야한다. 얌체 족속은 입항하는 것과 동시에 병원에 보내 달라고 한다. 몸이 아파 병원에 가겠다고 하는데 거절할 수는 없다. 대리점을 통해 연락을 취해준다. 어느 2기사는 상습적이다. 입항만 하면 병원에 보내 달라고 한다. 또한 기관장도 입항과 동시에 상륙하겠다고 한다. 기관정비가 될 때까지는 상륙할 수 없으며 기관정비가 끝나면 상륙하라고 말한다. 갑판부도 점검에 합격하기 전에는 상륙을 허락하지 않는다. 나는 이 방법을 철저히 수행했다. 기관장에게는 나와 같이 외출하자고 하면서 기관부원이 정비에 열심히 일하고 있는데 기관장이라고 해서 편안하게 외출한다는 것은 기관부원에게 미안하지 않는가 했다.

내가 IMC 회사에 입사해서 본격적인 선장 생활을 시작하면서 선원들에게 선장으로서 믿음, 즉 신임을 갖게 해야 한다는 것이 나의 신조였다. 모든 사람의 생활과 직접 연관이 있는 것이 돈이다. 바다 생활을 좋아해서 선원 생활을 하는 것이 아니다. 가족의 생계를 위해서 멀리 바다로 떠나와 외롭게 생활하는 것이 선원 생활이다. 나는 선장 생활을 하면서 모든 금전적인 문제에 관해서는 공개적으로 처리했다. 경리관계 보고서를 통신국장으로 하여금 작성하게 하여 투명하게 처리했다. 특히 부식품 조달도 식사위원들로 하여금 처리하게 하였다.

1항사의 지시를 받아서 업무를 수행하는 선박을 운항하는 갑판장은 가장 중요한 직책이다. 기관부는 조기장이 있다. 이들은 해상 경력이 가장 많은 직책이다. 견습 갑판원부터 갑판장이 될 때까지 그 기간이 10년 정도 걸린다. IMC에서 갑판장은 김낙준(金洛俊), 조기장은 심정련 이 두 사람과 6년 간을 같이 근무했다. 이 두 사람은 공통점이 전라도 출신이었다. 그들의 자녀들이 중학교에 입학했을 때 나를 만나서 그 자녀들이 고등학교를 졸업할 때까지 나와 같이 IMC에서 근무했다. 김 갑판장이 하는 말이 아이들 점심 도시락을 5개씩 준비하였다고 한다. 학교에 다니는 아이들이 5명이었다는 것이다. 이들은 신임 사관들에게 나에 대한 성격 등 좋은 점을 인식시키는 것이었다.

<성실한 근무>

1년 승선 후에 하선하면 대개 1개월 지나 다시 승선했으며 어떤 때에는 2개월이 지나서 승선한 경우도 있었다. 당시만해도 직업 구하기 어려운 실정이라 선상 생활 자리를 구하는 것도 그리 쉽지 않았다. 한국 국적 선사는 고정적으로 고용계약이 되어 있었으나 이것도 그리 믿을 수가 없었다.

해양대학 출신 사관들은 예외이지만 일반 선원들은 불안전한 고용 실태였다. 특히 수출선원은 어떤 보장도 없었다. 나도 IMC에 입사해서 어떤 보장도 없이 3년간을 나름대로 열심히 주어진 의무를 다했다고 생각하는 어느 날 본사에서 이제부터는 정식으로 IMC 선장으로 임명되었다는 전문을 받았을 정도이다.
나와 같이 입사한 다른 선장들은 해고되었고 마지막으로 내가 3년간의 임시 선장으로 Test에 합격하여 정식 선장이 되어 급료 500불을 더 받았다.

<하급선원의 승선 부탁>

같이 근무했던 갑판원이 휴가 중에 우리집에 찾아와서 그 선원의
집에 점심 식사를 준비해 놓았으니 같이 가자는 것이었다. 사전
약속이 없는 느닷없는 행동이었다. 어떤 사유가 있는 것 같아 아
내와 같이 초대에 응했다. 점심을 먹고 나니 이번 승선에 같이
갈 수 있도록 해 달라고 했다. 지난번 하선할 때에 이미 명단을
가지고 있을 것이라고 했다. 그러면서 돈 6만 원을 주는 것이다.
하도 어이가 없어서 '자네도 셋방살이를 하는데 한 푼이라도 빨
리 모아서 집을 장만해야지 왜 쓸데없는 데 돈을 쓰는가?' 했다.
아내가 나오면서 하는 말이 당신이 그 돈을 받지 않을 것이란 걸
짐작했다. 만약 받았다면 그냥 있지 않았을 것이라고 했다. 그 친
구 명단을 보니 일등 갑판원이었다. 마친 3타수 자리가 있어서
진급을 시켜 같이 승선했다. 그 후의 어느 사석에서 그의 아내가
돈을 받지 않은 선장은 처음 보았다고 하면서 고맙다고 전해달라
는 했다는 것이다.

내가 선원들에게 신뢰를 주면 선원들도 나에게 신뢰를 주는 것이
고 믿음은 인간 사회에서 꼭 필요한 것이 아닐까?

<기관부원 Wiper60)의 상륙허가 요청>

어느 날인가 New Orleans의 상류인 베이턴 루즈에서 Anchoring
하고 대기하라는 Harbor Master의 지시에 응해서 Anchoring하고
대기하는데 기관부 기관원 Wiper가 직접 와서 상륙하겠으니 상
륙을 허가해 달라고 했다. 밤 11시가 다 된 시간이기에 통선도 없

---

60) 기관부의 하위 직책. 기관실 기름을 닦는 역할을 하므로 Wiper라
한다.

고 상륙은 불가능하니 내일 밝은 날에 상륙하라고 했다. 상륙을 거절하니까 이 Wiper는 기관장에게 가서 선박이 입항하면 선원은 상륙할 권한이 있다고 했다. 기관장이 내 방에 그 기관원과 함께 와 상륙을 허가해야 하지 않는가, 선장이 선원의 상륙을 불허할 권한이 없다고 했다. 내가 좋게 기관장에게 이야기했다. 지금 시간이 늦어서 통선도 지금 통항 중지이므로 상륙을 허가할 수 없다고 했다. 구명정(Life Boat)를 내리면 된다고 했다. 가만히 생각하니까 이 기관장도 상륙할 것 같다는 생각이 들었다.

그 Wiper와 그 기관장 앞에서
"야! 기관장! 네가 선원은 상륙할 권한이 있다고 하는데 나는 선장으로서 거절할 수 있는 권한이 있다. 나가!" 나는 곧 바로 3항사를 불러서 Deck Log에 기록할 것을 지시했다. 그 Wiper는 경남고등학교 출신이라고 했다. 경남고등학교이면 명문 고등학교이다. 학교의 명예를 생각해서라도 경거망동하지 말라고 했다. 다음 항구인 말레이시아에서 Wiper는 자진 하선했다. 선원이 자진 하선하면 귀국 비용은 본인 부담이다.

나는 기관장이 선장의 지시를 받아들여 기관원을 설득하지 않는 처사가 괘씸해서 욕을 했고, 그 후부터는 좋은 인상으로 그를 상대하지 않았다. 이와 같은 사실이 선원들에게 알려졌고 사관들은 물론 나의 조치가 정당하다는 평이었다. 구명정은 비상시에 사용하는 것이지 선원들의 상륙용으로 사용하지 않는 것이다.
그리고 밤늦은 시간에 선원 하나 상륙을 위해서 사용할 수 없는 것이다. 수출선원 대리점 직원들은 선원을 선발하는데 자격이라든지 그의 경력을 참조하지 않고 뒷돈을 받고 채용하는 경우가 허다했다.

<계란도 보관할 줄 모르는 사주장>

어느 날 아침 지난밤부터 기상상태가 아주 불량했고 잠도 제대로 잘 수 없는 형편이었다. 식당에 가니 그때까지 07:00 아침식사가 준비되어 있지 않았다. 밥을 짓는데 Rolling이 심하니까 밥이 지어지지 않은 것이다. 그래서 죽을 쑤고 계란을 깨서 간을 맞추라고 했다. 계란을 깨서 죽을 쑤니 썩은 냄새가 나서 먹을 수가 없었다. 계란을 냉동고에 넣어서 보관했으므로 돌처럼 얼어 있는 것을 녹이면 바로 썩은 냄새가 나는 것이다. 계란은 야채고에 넣어서 냉장 보관하고 육류는 냉동고에 보관하는 것이다. 여러 가지 과일도 야채고에 보관하는 것이다. 이 주방장의 경력을 보니 중국요리집에서 짜장면이나 배달하다가 어떻게 조리사 면허를 받았는지 선원으로 주방장이 된 것이다. 선장이 해야 할 업무가 참 많았다.

<좌초 사고>

항해사 시절에는 나에게 주어진 업무만 수행하면 그만이나 그래도 선원으로서 선박 운항에 전반적으로 관심을 가져야 한다. 내가 2항사 때 미국 베링 항구에서 화물을 적재하고 Pilot를 기다리고 있었다. Pilot의 도착시간이 늦어서 무심코 선내와 외부를 점검했다. 이상하게 배가 움직이지를 않았다. 배는 부두에 계류되어 있어도 항상 조류와 풍력에 의해서 움직이는데 배가 움직이지를 않는 것이다. Bridge에 돌아가서 Echo Sounder를 작동해 보니 배가 바닥에 얹혀져 있는 상태였다. 조석(潮汐)표를 보니 최저 저조(最低 低潮)상태였다. Pilot가 도착해서 사항을 설명했더니 대리점 직원이 왔고 여러 의견에 의해서 내일 아침에 출항하기로 했다. 그 베링항은 원래가 수심 저조한 항구고 부두였다. 기관의

Engine을 작동해서 출항할 수 없는 형편이었다. 뒷날 Tug Boat (예인선)을 불러서 무사히 출항했다.

<정비 점검의 중요성>

내가 하선한 후에 52다이에마루(大榮丸)가 어마어마한 사고가 일어났다. 칠레의 항구에서 화물을 적재하고 출항했다. 출항 후에 기관에서 열이 나고 배의 동력이 적정하게 올라가지를 않았다. 선미에서 진동이 심했다. 그 즉시 기관을 정지하고 조사했으면 사고를 미연에 방지할 수 있었는데 항구를 빠져나와서 그대로 항진을 계속했다. 이런 내용을 본사에 보고했더니 파나마로 기항하라는 지시를 받고 파나마에 입항해서 점검한 결과 프로펠라 날개가 거의 닳아서 없었고 프로펠라와 Shaft(축)에는 와이어로프가 감겨 있었다. Engine Cylinder를 전부 교환해야 할 대형사고였다. 그 기관장은 나와 같이 52다이에마루(大榮丸)에서 1기사를 했고 1년 후에 기관장으로 부임해서 적당히 지내 온 해군 보수사 출신이었다.

<침수 사고>

어느 날 캐나다 밴쿠버를 출항해서 중국으로 항해 중이었다. 밴쿠버나 북미에서 출항하면 Unimark를 통해 알류산 열도를 좌현으로 보면서 대권항법(大圈航法)으로 캄차카 반도를 보면서 항해를 한다. 파도가 대단히 높은 1월의 계절이었다. 내가 선교에 있는데 1기사가 선교로 올라와서 "선장님 선수에 문제가 있는 것 같습니다. 기관실 배전반에 선수부분의 전기계통이 절연상태입니다." 라고 보고했다.
1기사에게 "황천(荒天)61) 준비를 잘했는가?" 물었더니 "네! 잘

했습니다." 라고 자신 있게 대답을 했다. 아침 식사 후에 선수 창고의 문을 개방해 보았다. 선수 창고 문을 개방함과 동시에 해수가 쏟아져 나왔다. 선수에는 양묘기기(揚錨機器)의 모터가 있고 선박을 접안하는데 필요한 Windlass가 있다. 이 Windlass가 작동을 하지 않으면 Anchor를 감아 올릴 수 없고 배를 접안(계류)하는데 반드시 있어야 한다. 두 개의 Motor가 해수에 침수되어 완전히 못 쓰게 되었다. 기관장과 1기사가 수리에 전력을 다했으나 수리 불가능이었다. 본사에 긴급상태를 보고하고 조치해 주기를 바랬다. 1항사에게는 해난보고서(Sea protest)를 작성할 것을 지시하고 선수에 가서 황천 준비 상태를 조사했다.

선수에서 Anchor가 내려가는 Pipe가 있는데 Anchor Chain이 나오는 출구 위의 구멍을 철판으로 덮고 그 위를 다시 캔버스 천으로 묶어 두어야 하는데 하나도 제대로 하지 않은 무방비 상태 그대로 방치해 둔 게 보였다. 1항사나 갑판장에게 어떻게 된 것인지를 물어보았다. 1갑원에게 지시를 했다고 한다. 1갑원에게 물어보았더니 1갑원은 지시대로 다했는데 파도에 날아간 것 같다는 것이다. 덮개를 씌우는 캔버스 천은 창고에 그대로 있었다. 황천 준비를 한 흔적이 없었다. 거짓말을 한 것이다. 1항사는 꿀 먹은 벙어리였다.

북해도에 입항해서 새 Motor로 교환했고 그 비용과 시일이 지체된 것은 해난보고서에 의해 보험처리가 되어 회사에는 피해가 없었다. 이런 상태가 비일비재하고 선장을 제외한 선원들은 책임감이 없고 문제가 생기면 선장이 알아서 할 것이라고 생각하기에 나는 선원들을 믿지 않는다고 하는 것이다. 그러나 나는 선원들의 인격은 철저히 존중했다.

---

61) 날씨가 악조건일 때 항해하는 것을 황천운항이라 한다

<기관장과 통신국장>

기관장과 통신국장은 자신에게 부여된 업무에 충실해야 함에도 불구하고 선장의 권위에 간섭하고 선장과 동격이라는 관점에서 자기가 해야할 일을 망각하고 출 입항 시에도 기관실에 지시를 해서 안전 운항을 등한히 하면서 선교에서 왔다갔다하고, 입항하면 상륙을 제일 먼저 하는 등 한국 기관장들의 전형적인 추태였다.

<선원들의 급여 가불 문제>

나는 선원들의 급여를 절대 가불해 주지 않았다. 그럼에도 불구하고 기관장은 "나는 선원이 아니고 기관장이니까 가불을 해 주어야 하는 것 아닌가? 내 급여를 내가 쓰겠다는데 왜 안 되는가?" 따지는 사람도 있었다. 선장은 본선에서는 사법권이 있고 내가 정할 수도 있다. 내가 선장으로서 선원들에게 부당한 처사를 했거나 선원들에게 비인도적으로 인격에 불법적인 처사는 하지 않은 것은 잘 알 것이다. 가불해서 술집 여자에게 사용한 가불 금액만큼 당신의 아내가 받는 급료가 줄어든 것에 대한 아내의 기분은 어떠하겠는가? 특히 대만이나 브라질 등의 항구에서 가불을 요청하는 선원이 많다.

나와 같이 승선한 선원 가족들은 김재수 선장이 선원들에게 가불해 주지 않아서 월급을 제대로 받았다는 이야기를 많이 했다. 특히 사관들 부인이 나의 아내에게 선장님은 여자 집에 절대 가지 않을 뿐만 아니라 선원에게 가불해 주지 않으니까 월급을 제대로 받을 수 있어서 좋아한다는 것이다. 그리고 성병에 걸리면 무조건 하선 조치해서 귀국시켰다. 이것이 나의 선장생활의 신조였다. 나의 신조를 잘 이해하고 직무에 충실한 선원은 다음 승선 시에는 직위 상신해서 진급 내신을 하면 본사에서는 묻지 않고 진급

승인했다. 진급하게 되면 급료가 올라가는 것이다.

<선용금을 도둑 맞다>

선장 방의 금고에서 선용금(船用金)까지 도둑 맞은 적이 있다. 선원들은 대개 어떻게 하면 편하게 적당하게 지낼까 생각 뿐이다. 항구에 입항하면 몸이 불편하다는 이유로 병원에 진료 보내 달라는 선원은 상습적으로 정해져 있다.

어디가 아파서 진료받을 것인지 물으면 구역질이 나고 밥 맛이 없다고 한다.

그 선원이 현지에서 진료를 밟도록 대리점을 통해 수속을 밟아준다. 신청서에 "RQD LIVERCHECK(Request Liver Check : 간 검진을 받겠다는 약어)를 대리점으로 보낸다.

Telex 문구를 본 대리점 직원이

"간이 나쁘면 하선 귀국 조치를 해야 하고, 만약 간에 이상이 없고 별다른 병이 없으면 진료 비용은 개인이 부담하여야 한다." 는 설명을 해 준다.

이런 설명을 들은 선원은 진찰을 안 가겠다고 뻔한 답을 한다.

<선장의 선내 순시>

항해 중에 특히 밤 12:00~04:00까지 시간에는 꼭 선내를 순시하는 것이 내 습관이었다. Bridge나 기관실 12:00~04:00 근무자는 야식을 꼭 먹는다. 아침 식사를 하지 않기 위해 야식을 먹는다.

어느 때 해양대학 출신 2기사가 기관실을 떠나 휴게실에서 Video를 보고 있었다.

"2기사! 당직시간에 기관실에 있어야지 왜 여기 있는거야?" 꾸짖었다.

다음날 2기사는 내 눈치를 계속 살폈다. 기관장에게 어떤 언질을 주어 자기가 혼나는 것은 아닌가 걱정이었을 것이다. 기관장에게 2기사가 근무시간에 휴게실에서 Video를 시청하더라고 일러주는 것 보다는 내가 침묵하는 것이 더 좋은 교훈이 될 것이라 생각해서 침묵을 지켰다. 내 침묵이 2기사에게는 좋은 교훈이 되었을 것이다. 침묵도 금이라고 한다. 상대편의 약점을 때로는 감추어 주는 것도 교훈이다.

<선장의 사법권>

선상에서 선원에 의한 인명 상해사건이나 중대한 지장을 초래하는 행위 등의 형사 사건에 관해서는 법적으로 정해진 선장의 사법권을 행사할 수 있다. 선장의 사법권 행사는 선박이 입항함과 동시에 사법기관에 보고서를 제출하는 것이다. 나는 선장에게 주어진 선상에서의 의무 중 한 항차에 한 번씩은 반드시 인명구조 훈련과 퇴선 훈련을 실시하고 Dcek-Log에 기록했다. 시행하지 않은 일을 기록한 일은 없다. 나는 철저하게 재선(在船)의 임무를 완수했다.

<대리점의 역할>

선박이 기항하는 항구에는 반드시 선박 대리점이 있다. 대리점(Agent)은 입항한 나라에서 법정대리인으로 선박이 항구에 재선 중에는 책임자이다. 대리점이 없으면 입, 출항은 물론 선박이 그 나라의 해안에 접근도 할 수 없다. 입항하기 1주일 전 ETA(입항 예정일과 시간)를 통보한다. 그러면 대리점에서는 해양경찰, 세관, 출입관리청 등에 통보해야 한다. 선장의 전문을 첨부하여 수속준비를 하는데 선장의 절대 신임이 필요하다. 각국의 출입관리청에는 선원들의 명단을 조회하면 그 선원들의 전과 기록이 있는지 없는지를 확인하는 시스템이 있다. 선원이 전과기록이 있으면 상륙허가를 받지 못한다.

IMC 본사는 대리점을 통해 선장의 일거수 일투족을 면밀히 보고하도록 했다. 예를 들어 미국에 입항할 때 세관 및 출입국 관리들에 대한 선장의 영접태도부터 외출, 외박 및 카지노 출입 등 세밀한 보고를 제출하도록 의무화해 둔 것이다.

대리점 직원들은 선박을 자주 방문해서 하역사항을 점검하고 출항 일시를 정하며 선박 안전에 대한 사항을 관청에 보고하는 법적인 대리인이다. 대리점이 정해져 있어야만 출입항이 가능하다. 대리점 직원이 선장의 동향에 대해 철저하게 보고한다. IMC 근무 중 카지노에 출입한 선장, 외박한 선장, 출항이 임박해서 귀선하는 선장들은 2년 후에 거의 해고되었다.

\<IMC 회사의 운영방법\>

2016년 년말, Vancouver B.C항에 정박중인 한진해운[62]소속 선박 1척이 3개월 동안 부두에 접안(接岸)을 못해서 식량과 식수가 부족하니 Vancouver B.C 노동조합에 도와 달라는 뉴스였다. 25년간을 선원생활을 한 나에게는 그 선원들의 심정을 그 누구보다 잘 알기에 참 안타까웠다.

선장생활을 하는 동안 나는 나름대로 선주와 선박회사는 어떻게 조직을 구성하고 어떻게 회사 방침을 정해서 회사를 경영하는지 늘 궁금했다.

---

62) 1977년 국내 최초의 컨테이너 전용 선사로 창립되었다. 한때 한국 1위, 세계 4위 규모였던 해운 회사. 영진의 경영전략 실패, 모럴 해저드 및 이에 대한 정부의 강경 태도, 최순실의 부적절한 개입으로 인해 사상 최대의 위기를 맞다가 결국 2017년 2월 17일에 파산하면서 역사의 뒤안길로 사라졌다.

마침 좋은 기회가 찾아왔다. IMC에 입사한지 5년 차에 접어들던 1982년.

일본 大坂造船所에서 23,000톤급 MARITIME PRIDE를 인수하는데 나를 신조선 선장으로 선출해 주었다. 부산 사무실에서 IMC 인사 담당관 Capt. Lau와 함께 일본 福岡에서 大坂까지 新幹線에 편승하는 기회 회사의 구조와 운영방침 등에 대해 질문하면서 많은 것을 알게 되었다.

우선 23,000톤 급 MARITIME PRIDE의 선가(船價)는 얼마나 되는지 물어 보았다. 한참 생각하던 Capt. Lau는 당시 선가로는 일본 엔화로 42억엔이라했다.

나는 재차 그러면 신조선가를 일시불로 지급하는지, 아니면 어떤 방식으로 지불하는지 물어보았다. Capt. Lau는 가만히 나를 쳐다 보더니 왜 그런 질문을 하는지 물었다. 선장으로서 당연히 신조선의 가격을 알아야 회사를 위해 선용품 하나라도 절약할 수 있다고 했다.

Capt. Lau는 다음과 같이 설명해 주었다.
 계약 시 5%를 지급한다.
 선체를 만들어서 진수할 때 5%
 선박의 건조가 완료되어서 인도할 때 선가의 5%

즉, 신조선 한 척 인수하는데 15%를 지급하고 나머지 금액은 6년 동안 분할 지불하면 신조선 한 척이 인수된다는 것이다. 그리고 영국에 있는 보험회사인 LLoyed에 Mortgage(저당)를 신청해서 선박운용자금을 융자 받아 선박운영을 한다는 것이다. 이런 설명을 Capt. Lau가 내게 해 주면서 이런 질문하는 선장은 내가 처음이라 했다. 그렇게 선박 운영 6년이 지나면 선가 지불이 완료되고 세계 선박 중고시장에 List-up해서 매각한다는 것이다. 그리고 다시 신조선을 주문한다는 것이다. 그런 식으로 보유한 선박이 32척이라고 했다.

그때 세계 해운업계에는 Container Ship 수송 붐이 일기 시작했을 때였다. 대한항공에서 한진해운을 Container Ship 수송에 가담시켰다.

Container 수송의 시초는 월남전 미군에 의해 시작되었다. 월남은 대형 선박이 접안할 수 있는 부두가 없었다. 단지 LST에 의해 대형선에서 화물을 받아 일선에 가까운 해안에 전쟁물자의 보급(특히 포탄) 하역하면 미군 트럭이 수송했다. 상당한 시간이 소요되는 하역을 어떻게 하면 빨리 할 수 있는지 방법을 찾다가 Roll and Roll 수송방법을 생각해 낸 것이 Container 수송이었다. 내가 월남전 LST에 종사할 때 주로 Container을 이용하는 수송업무를 했다. 아주 많은 장점이 있었다. 첫째가 화물 손상이 없었다. 예를 들면 미국에서 Coca Cola를 100상자 보내면 목적지에는 70상자만 도착하면 된다는 감가상각을 감안한 수송이었다. Roll and Roll 수송방식에 의하면 100%가 하주에게 인도되었다. 하역작업도 대단히 신속하게 수행되어 모든 면에서 혁신적인 수송 방법이었다. 그 이후로 세계해운업계는 Container 수송에 전적으로 의존하게 되었다.

Capt. Lau 선장은 그 당시 한진해운의 Container 수송방식은 위험하며 먼 훗날 회사 운영에 문제가 발생할 수 있다는 예언을 했다. 나는 그때 Capt. Lau의 이야기를 예사로 들었다.
Capt. Lau 선장이 부연설명을 해주었다. 한진해운은 전문경영인이 아닌 가족 경영이며, 회사의 수장이 해운경험도 없고 세계 해운업에 대한 전망과 정보를 모른다는 것이다. 즉, 정보수집을 않는다는 것이다. IMC는 세계 무역의 중심지인 New York에 사무실에 미국인 수장을 두고 화물수배를 하고 있으며 모든 화물의 수송배당을 정기적으로 받을 수 있는 순서를 배당 받으며 선박배치를 어느 시기에 어느 항구에 입항할 수 있는지 수배를 하므로 선박이 화물적재를 위해서 대기하는 시간이 없다는 것이다. 미국에는 금융관계 정보원, 일본에는 선박수리 및 신조선을 위한 사무실, 태국에는 IMC직영은행이 있고 Hotel과 수건, 양말, 옷 등을 제조하는 직물공장 등의 부수적인 사업이 있다고 했다. 내가 IMC에 입사 했을 때가 1979년인데 그때도 선박이 Charter(용선: 傭船)되면 1일 Charter료가 USD 12,000불이었다. Charter는 시, 분까지 계산하는 것이 상례이다. 내가 IMC를 퇴사하던 1992년도까지 Charter료는 USD 12,000불이었다.

신문과 뉴스에 의하면 한진해운이 소유하고 있는 Container선이 모두 40척이라고 한다. 전부 1일 USD 20,000불의 Charter료를 지불하고 있으며 그 중 단 1척도 한진해운 자사선은 없다고 한다. 40척 전부를 1일 20,000불씩 지불하고 있는 것이다. 자사 소유 선박 한 척도 보유하지 않고 선박을 오직 Charter(용선)하여 사용하는 방식은 언젠가는 망하게 되어 있다고 IMC의 일개 인사담당관이 1982년도에 내게 말했다.

내가 선박회사를 운용하는데 어떻게 선박을 확보하며 그 운항 사항에 대한 내용 대략적인 것을 Capt. Lau를 통해 알게 되었다. 여기 Vancouver B.C에는 Sea Bord란 큰 목재 회사가 있다. 이 회사는 목재(Timber) 전용선을 15년간 1일 20,000불 지급하고 노르웨이에서 Charter(용선)해서 사용한다. 15년간의 물량은 물론이고 목재를 수입할 수 있는 능력을 가진 건설회사와 장기계약으로 운용한다.

대형 건물 하나를 준공하는데 10년이 소요된다고 한다. 하지만 대개 아파트 하나 공사기간은 3~6년 정도 걸린다. 3~5개의 아파트 공사 현장 목재조달 계약을 확보하면 15년간 용선해도 지장이 없다.

Canada는 자체 운용하는 선박회사가 없다. 6.25 전쟁까지는 Canada 국적선이 있었다. 6.25 휴전 후에는 선원노조가 파업을 해서 선박운용에 지장을 초래하니까 각 선주들에 의해 Canada 모든 선박회사가 문을 닫았다. 그리고 필요한 선박은 전부 용선해서 운용하고 있다.

IMC 선박회사의 사장은 상해에서 대부호라고 했다. 공산혁명으로 Hong Kong으로 피난 오면서 소지하고 있던 금괴를 가지고 처음으로 시작한 것이 해운업이었다. 배 한 척을 시작으로 해운업을 하면서 하나하나 선박을 보탰다는 것이다. 그러면서 태국에 자본을 투자해 은행을 설립하고 직조공장을 만들고 LUX 비누 등 화장품을 만들어 회사를 발전시킨 것이라 했다.

IMC의 선박 운항과(運航科) 직원들은 대만 및 Hong Kong의 선장 출신들이었다. 실무에 정통한 직원들에 의해 회사를 운영했다. 선장을 선출할 때도 신중을 기해 선원을 모집했다. 한진해운은 회장, 사장 등은 경험 없는 직계 가족들이 포진하고 해운업에 관한 한 문외한이었다. 한진해운은 용선은 주로 그리스 선주들과 계약했으며 Denmark에도 용선을 많이 주문했다고 한다.

1980년 대에 한진해운이 망할 것이란 예측을 세계 선박업계에서 했는데 한진해운은 왜 몰랐을까. 왜 한진해운은 현대, 대우, 삼성 조선 등에 신조선 주문을 하지 않았을까. 한진해운과 거래하는 은행은 정부가 경영하는 산업은행이다. 용선 주는 선주들은 은행을 보고 용선 주는 것이다. 한진해운이 부도가 나도 은행이 국책은행이 뒤에 있으니 손해 볼 일이 없다는 것이다. Vancouver 항

에 오도가도 못하고 있는 한진해운의 선원들만 불쌍했다. 찾아
가고 싶어도 불법적으로 보장되는 대리점을 통해야 하는데 대리
점이 없으니 아무도 접근할 수 없다.

<선박 운항업>

일본은 대형 재벌들이 일본선박회사의 대부분이다. 이 대형회사
들은 대형선박, 적어도 20,000톤 이상의 선박을 소유하고 있다.
군소 회사들도 있긴 하다. 그러나 개인이 선박운항에 뜻이 있으
면 선박을 수주해서 대형 선박회사에 持入(지입:모찌고미)한다.
그리고 이익에 대한 배당을 받는다. 예를 들면 냉동운반선은 큰
배가 필요 없다. 2,000톤 ~ 3,000톤의 배를 큰 회사에 운항 의뢰
하는 것이다. 대개 해외에서 어물(魚物)을 독점하고 처리공장을
가지고 있기 때문이다.
내가 경험한 바 해운업이라는 것은 한번 해볼 만한 것이다. 지금
도 IMC와 같은 회사에서는 선박을 持入(지입) 받고 있다. 6년이
면 배가 한 척 생기는 것이다.

나는 본사에서 오는 보험서류, 용선 계약서 등을 짧은 영어이지
만 읽고 해석해 보면서 조금씩 선박경영 지식을 습득했다. 선박
용선은 단기 Charter와 장기 Charter가 있다. 단기 Charter는 정
해진 1일 Charter료만 지급하면 되지만 장기 Charter를 하면 선
주는 Engine의 윤활유 값만 지불하면 된다. 그러나 선원들의 급
료, 보험료 등 모든 비용은 용선자가 부담해야 한다. 선주는 선원
들이 선상에서 재선 중에 발생하는 부상, 질병, 사망 등의 재해
상해에 관한 보험을 가입해야 한다. 그 외 선상 생활 중의 선원
의 신변에 관한 것도 책임져야한다. 선용품은 전부 면세 처리되
며 선박 운용에 필요한 유류도 면세다. 선원수첩을 소지하면 항

공료를 할인 받으며 20인 이상 단체 여행시에는 1/3 할인 적용하는 것이 선원들에 대한 조처이다.

<선박 운용 구분. 다목적선, 전용선>

선박의 운용 목적에 따라 다목적선과 전용선으로 나뉜다.
다목적선은 잡화품을 운송한다. IMC회사에서 운용하는 선박 대부분이 다목적선이다. 선박 하나에 곡물, 원목, 각목(Timber), 석탄, 잡화 등의 화물을 운반하는데 반드시 선박 자체에 양하기(Crane) 즉, 화물을 하역하고 적재할 수 있는 설비를 해야 하기 때문에 선박 건조 비용이 많이 든다.

전용선은 Oil Tanker, LPG 선, 자동차 운반선, 동물 운반선, Container 전용선 등이며 목적 외에는 사용할 수가 없다.
33,000톤 급의 선박으로 주로 곡물과 석탄운반을 운송하는 IMC 회사는 전용선이 없다. 그리고 절대 전용선을 운항하지 않는 방침이다. 그 이유는 가입비와 회비를 낸 New York의 화물동맹에서 곡물 운반 등의 화물을 사전에 배당 받기 때문이다.
선박운항의 불경기는 12월 말일부터 다음해 3월까지였다.
Christmas와 1월의 연휴로 불황이 3월까지 간다. 그동안은 Charter료가 1일 12,000달러에서 5,000달러로 하락하는 것이 상례였다. 이러한 사정은 거의 매년 변동이 없었다.
내가 IMC에 재직 중 두 번을 11월말부터 12월 중순 중에 구소련으로 항차한 적이 있었다. 약 40,000톤의 옥수수나 밀을 적재하고 12월 초에 소련으로 가면 그다음 해 2월 말이나 3월 초에 소련에서 출항했다. 본사는 전문으로 사전에 술, 담배 식량을 충분히 준비하라고 한다. 소련은 하역시설도 시설이지만 화차에다가 곡물을 적재하기 때문에 하역 작업이 아주 늦어지게 된 것이다. 그리고 모든 것이 국가 체제 하에 운영되어 목적의식이 없고 해도 그만 안해도 그만인 인부들의 마음 가짐이 하역작업이 늦어지게 하는 원인이었다. IMC에서는 연말연시 불황을 타개하기 위해서 사전에 준비를 잘했고 전문가들에 의한 회사 운영에 정보와 계획을 철저히 이행했다.

<해군사관학교 출신 어느 선장>

김용수 전무님이 해사 출신이라, 해사 출신도 입사했다.
아마 1987년인 것 같다. 홍콩 본사에서 온 인사부장 Captain Lau가 만나자 하여 대리점으로 가 보니 새로 선장을 1명 차출했다고 하면서 소개했다.
해사 4기생 출신인 J씨였다. 인사부장 Captain Lau가 나에게 선상에서의 Standing Order 본사의 복무수칙 및 특히 Protege Bill(선원에게 지급되는 급료명세서)의 작성요령 등을 가르쳐 주라며, 서류 양식 1권을 주었다.
"이 쪽 사무실로 오십시오." J씨에게 정중하게 권했다.
그런데 본사 인사부장이 있으니 어쩔 수 없이 따라왔다.
잠시 후 인사부장이 떠나고 난 후 슬그머니 나가면서
"나도 선장 경험이 많은 사람이라, 서류보고를 할 줄 안다." 아는 체를 했다.
나는
"IMC 회사는 보고서류가 전부 영국식이라, 일본 회사와는 많은 차이가 있다." 했다. 해사 출신이 해군 병조장 출신으로부터 가르침을 받는다는 것에 자존심이 허락치 않았을 것이다.
떠나는 J 선장에게
"알아 둘 것은 알아 두어야 합니다." 고 했다.
J 선장은 중국어를 좀 했다. 승선해서 몇 개월 후 병조장 출신인

나와 해사출신인 자기와 급료차이가 있으니 월급을 인상해 달라고 본사 사장에게 중국어로 편지를 써 보냈다. J 선장은 입사한 지 3개월 만에 스페인 어느 항구에 기항했을 때 해고당했다.

<선장의 경비절감 방법>

어느 회사에서나 선장은 회사에 대해서 영업상 이익을 주도록 모든 사항을 잘 파악하고 있어야 한다. 어떻게 하면 선박운용 경비가 절감될 수 있는가를 생각하고 연구해야 한다. 예를 들면 New Orleans에 입항하면 선원이 상륙을 한다. 이때 통선과 버스를 이용하면 통선 왕복에(1회 USD120불) 240불, BUS 비용도 왕복에 240불을 지불해야 한다. 이것을 선장이 보유하고 있는 현금을 지불하면 금액의 반을 절약할 수 있다.

외항선에는 Bond Store(면세품)라고 해서 맥주, 담배 등을 면세로 구입해서 접대용으로 사용하고 월말에 선원 급료지불 명세와 같이 보고한다. 술, 담배를 선장들 자신이 소모하는 것도 접대용으로 처리한다. 이것도 회사 영업에 손실을 주는 것이다. 일본 선박회사에서는 한 항차(Voyage)에 얼마라고 정해서 선장에게 현금을 지불하면 선장의 재량 것 처리하면 되지만 IMC의 중국인들은 선장의 양심에 맡겼다.

내가 승선한 배는 연말 결산 때 항상 다른 배에 비해서 수익이 많았다고 했다. 선용품이 부족해서 필요한 목록을 작성해 제출하면 5,000불 한도 내에서 구매하라고 하면서 중국인 Ship Chandler(船食業者)를 보내온다. 내가 보낸 목록에 따라 선용품을 가지고 왔다. 본사에서 보낸 물품(과거에 보급한 영수증)의 가격을 대조해 보니 대개 두 배 정도의 가격 차이가 났다. 하나하나 가격을 점검해서 전부 반값으로 계산하여 가격을 조정해서 제시

하니까

"그렇게는 안 된다. 본사의 지시에 의해서 공급하는 선용품이니까 선장은 물품만 받고 사인만 하면 된다." 했다.

"사인도 선장인 내가 하지만 돈도 내가 지불한다."

"선장이 사인만 하면 대금은 본사에서 청구한다."

"나는 이런 비싼 값의 선용품을 수령할 수 없으니 도로 가져가라." 면서,

"출항 시간이 임박하니 빨리 하선하라." 하고 내 방에서 나와버렸다.

그 선식업자는 잠시 후 다시 나에게 와서

선용대금을 현찰로 지불하겠는지 물었다.

"그러겠다." 했다. 5,000불로 맞추어 온 대금의 반인 2,500불을 지급했다.

외항선(Ocean Going Vessel)에 공급되는 모든 물품은 면세로 공급한다. 일단 선상에 공급된 물품을 다시 반환할 경우에는 이유 여하를 막론하고 세금을 부과하게 되는 것이다. 대부분의 선장이 이 규정을 모르고 있다.

나는 선장 생활을 하면서 회사를 위해서 선박 운용 경비를 철저하게 절약했다. 선용품 청구는 꼭 필요한 것만 청구했지만 페인트만큼은 충분하게 청구했다. IMC 소속 선장 중에서 페인트를 가장 많이 청구하는 선장은 Capt. Kim이라는 소문이 돌았다. 선박 정비에 가장 많은 시간을 투자하고 선박의 정비 상태가 좋다는 평을 받았다.

IMC 재직 중에 선원 송출 대리점 반도선박에도 변화가 있었다. 반도선박에 해사 4기 출신인 김용수[63]씨가 전무로 부임했다. 이

---

63) 부산경비사령관을 역임했고 대령으로 예편했음

분이 신병훈련소 훈련대장(소령)으로 있을 때 나를 의장대장으로 임명하신 분이었다. 만나게 되어 무척 반가웠다. 전무로 부임해서 선장들의 명단을 살펴보고 내 이름이 있으니 의아해서 직원에게 물어보았다고 한다. 의장대 출신 김재수라고 하니까 아무래도 이해가 가지 않았던 모양이었다.

홍콩에서 출장 온 인사부장에게 나에 관해서 문의했더니 IMC 선장 중에서 NO.1이라고 칭찬하더라고 했다. 아마 85년 경인 것 같다. 휴가를 얻어 귀국하여 회사에 가서 귀국신고를 하는데

"야~ 김재수 반갑구나. 오랜만이구나." 했다.

사무실의 용무를 끝내고 일본식 초밥집에서 대좌했으며 무척 반가워했다.

"어떻게 1급 선장 면허를 취득했으며 어떻게 지냈는가?"

6기생 이장식(훈련소 공로훈장 번복사건의 당사자)의 이야기를 했다. 더 이상 해군에 있을 생각을 접고 MSTS로 입사한 것, 사회 상선에서 생활 등을 밤늦게까지 대화했다.

아래는 IMC (International Maritime Carriers LTD) 회사에 취직할 때까지의 나의 승선경력이다. 일본 선박회사에서의 경력은 제외된 것이다.

번호	선명	총 톤수	승선기간
1	MARITIME HARMONY	19,712	1978.06.27~1979.07.06
2	MARITIME HARMONY	19,712	1979.09.03~1980.08.31
3	MARITIME WINNER	22,296	1980.10.07~1981.10.21
4	MARITIME PRIDE	22,154	1982.03.10~1983.06.10
5	MARITIME LEADER	22,154	1983.08.27~1984.09.24
6	MARITIME VICTOR	22,154	1984.10.16~1986.09.16

7	MARITIME BARON	33,000	1986.02.04~1987.02.23
8	MARITIME CAVALIER	22,973	1987.04.09~1988.03.14
9	MARITIME BARON	33,000	1988.04.02~1989.02.22
10	MARITIME ETERNITY	37,000	1989.03.24~1990.03.30
11	MARITIME LAPIS	23,274	1990.08.4~1991.01.22

아래는 취득한 선장면허 증이다.

번호	종류	증번호	취득국가
1	1급 항해사 면허	BS-01-90-0083	한국
2	LIBERIA 면허	239450	LIBERIA
3	PANAMA 면허	11A-01767	PANAMA

- 269 -

<선장 부인 내 아내 이창섭>

내가 긴 선원 생활을 무사히 끝내고 육지에 상륙할 때까지 남겨 두고 온 집안일에 아무 걱정이 없었던 것은 아내의 육상 역할이 지대한 공이었음은 두말할 나위가 없다.

1966년 제대와 함께 월남전 LST 선원으로, 1977년 일본 선적의 Blue Tokyo의 선장으로 그리고 1978년 IMC란 홍콩에 있는 회사에 입사하여 1992년 내 나이 62세 될 때까지 15년간을 근무하게 되었다. 아내는 철저한 절약과 검소한 생활을 견지한 덕분에 무일푼에서 시작한 우리의 생활을 빚 하나 없이 가계를 유지해 왔다.

내가 선원 생활로 1년에 한 달 남짓 집에 돌아올 때, 아내는 하숙생을 들여 손에 지문이 닳도록 일을 했다. 그때 새로운 주민등록증을 바꾸어야 했기에 아내와 같이 동사무소에 갔는데 아내의 손에서 지문이 나오지 않았다. 그때는 세탁기도 제대로 없던 시절이라 식구들의 빨래와 하숙생들의 뒷바라지 등으로 너무 많은 일을 해서 그렇게 되었다고 했다. 지문이 다시 살아나기 위해서는 한 달간 시간이 필요하다고 했다.

시장에 갈 때도 꼬박꼬박 걸어 다녔고 빈 라면 봉지도 하나하나 모아서 미꾸라지 파는 아줌마에게 가져다주면 한 번 끓여 먹을 정도의 미꾸라지를 주는데, 열심히 라면 봉지를 모아 미꾸라지 아줌마에게 가져다주었다.

결혼 후에도 옷을 맞추어 입는 것을 보지 못했다. 결혼 후 15년이 지난 후에 처음으로 양장을 한 벌 맞추어 입었는데 그때는 나이 벌써 40대가 되어있었다. 머리는 내가 귀국을 한다고 하면 그때 파마하는 것이 다였다.

부산 장전동에서 아내의 인기는 대단했다. 특히 어머니의 친구들이 놀러 오면 김치를 넣어 부침개를 만들어서 대접했고 그로 인해 노인네들이 우리 집에 모여드는 것이다. 아내는 그것도 하나의 즐거움으로 봉사 아닌 봉사를 했고 효부라는 소문이 났다. 내가 휴가 중에 이웃 사람들을 만나면 인사를 깍듯이 하는 것이었다. 아이 둘을 가진 아내는 결혼식의 초청이나 모임에 가면 한복을 입는데 한복 맵시도 좋아서 저 부인이 누구 아내인가 하면 남편이 김재수 선장이라고 하면 김재수 선장은 빼빼하게 깡마른 체격인데 참 예쁜 부인이라는 칭찬을 많이 들었다고 한다.

내가 외항선 선장으로 외국 항구를 돌아다닐 때 나와 같이 승선 근무한 선원 중에서 Saloon 사관(기관장, 1항사, 기사, 통신국장)들의 부인들이 매월 첫째 월요일이면 우리 집을 방문했다. 점심을 같이하면서 해상에 있는 남편들을 위해 좋은 벗으로 내조를 다짐했고 그로 인해 남편들은 선상생활을 더욱 열심히 했다. 후일 귀국해서 그 모임의 경위가 어떻게 이루어졌는지 알아봤더니 김재수 중대장은 사심이 없고 선원들 개개인의 인격과 인권을 존중해 주는 좋은 선장이며 선원들에게 지급되는 제반 수당 등도 정확하고 명명백백하게 지급해 주어서 Saloon 사관들 부인들도 선장 부인과 같이 친밀한 유대를 가지라고 기관장이 부인에게 부탁해서 이루어진 모임이라고 했다. 참으로 좋은 인간관계였고 그로 인해 1기사를 기관장으로 1항사를 선장으로 진급 추천해서 더욱 나의 명성을 알아주었다. IMC 본사에서는 선원 승선 선출에 있어서 내가 추천하고 명단을 제출하면 100%로 재취업이 되었다. 내가 승선하는 선박의 선원 선출은 반도선박 사장도 김재수 선장이 승선할 배의 인사는 김재수 선장하고 하자고 했다.

내가 뉴올리언스에서 유럽으로 향해 중인 대서양 한복판에서 어머님이 93세로 작고했다는 전보를 받았다. 물론 동생도 있고 누이도 있었지만, 여자 혼자 몸으로 어머님의 장례를 성대하게 지냈다고 했다. 더욱이 장지는 경상남도 산청에 있는 선산에 모셨다고 한다. 부산에서 장지까지 영구차로 이동하고 선산의 묘지까지는 상여로 운구했다고 하니 그분들의 식대며 교통비도 만만치 않았을 것인데 단 한마디의 불평도 없었다. 더욱이 사십구재를 어머님이 다니던 절에서 지냈다고 한다. 내가 귀국해서 어머님의 묘소를 찾아보고 여자의 몸으로 이렇게까지 해 놓았구나 하고 탄복했다. 상석까지 만들어서 비치했고 그 자리가 어머님이 유년시절 성장하신 마을을 바라볼 수 있는 자리라고 했다. 나도 생각해 보지 못했다. 내가 이민 오기 전에 제답(祭畓)으로 논 두 마지기를 친척에게 일임하고 벌초를 부탁했다. 너무나도 고마운 아내였다.

세월이 흘러 아들, 딸이 성장해서 대학을 모두 졸업했고 결혼 적령기에 들었다. 1984년 50평의 이층집을 완성했다. 5천만 원의 건축비가 소요되었다. 살던 집은 4천만 원에 처분한 것으로 알고 있다. 새로운 집으로 며느리를 맞이했다. 그 2년 후에는 딸도 출가했다. 그 새집에서 며느리도 보고 사위도 봤으니 아내의 계획대로 된 것이다.

장모님께서 하신 말씀이 생각났다.
"여보게 저 아이들이 자라날 때 찬밥 먹이지 않았네." 하는 말씀이 생각나서 나는 아내의 얼굴을 찬찬히 다시 바라보았다.

오늘날 우리 가족들이 그나마 아쉽지 않게 캐나다에서 생활하게 된 것도 아내의 몸에 밴 검소한 생활과 절약 정신이 우리 가족을 이만큼 끌고 왔다고 생각한다. 한국에서 이민 올 때 가져온 취사도구며 붉은색 큰 대야(다라이)도 버리지 않고 현재까지 사용하고 있다. 내가 수영장에 다닐 때 들고 가는 가방도 한인조합에서 선물한 것인데 15년간을 사용한 것이다.

시대의 변천에 따라 새로운 생활필수품도 시중에 많이 나와 있지 만 우리 집의 물건들은 1992년 우리가 이민 올 때 가져온 그대로 이다. 선장 월급도 전부 아내 명의의 통장으로 입금되었고 아내 는 철저하게 돈 관리를 해서 1990년대의 재산을 보니 5,000만 원 가격의 집과 1억 2천만 원의 현금이 고스란히 적립되어 있었다. 아내는 철저하게 금전관리를 잘해왔다.

그러고 보니 너무 빨리 지난 세월에 따라 내 나이 62세에 IMC 회사에서 15년간의 선장 생활을 마감하게 되었다. 1992년 2월에 이민 수속을 하고 1992년 9월 28일 캐나다의 밴쿠버에 미리 마련 해 놓은 아들이 사는 집에 이민 가방을 풀었다. 손녀들의 환영을 받으니 그들도 사랑스럽고 귀여웠다. 회고하건대 25년간의 선원 생활에 1년에 1개월의 휴가 생활 즉 25년에 25개월을 아내와 아 들과 함께하는 생활이었다. 25년 간의 선원 생활 중에 아내는 생 과부의 세월을 보냈다.
그래도 아내는 한마디 불평도 없이 오늘까지 지내왔다.

<미국 독립 2백주년 기념 의장대 경연>

내가 해군을 제대한지 10년째 되던 1976년 7월쯤으로 기억된다. 태평양을 항행하던 중 미국독립 2백주년 기념 퍼레이드 경연대회 에서 해군의장대가 1위를 차지했다는 소식을 다른 선박의 해군 후배 통신사가 전문(電文)으로 소식을 알려주었다. 전문으로는 상 세한 소식을 듣지 못했다. 자세한 이야기는 그 후에 들었다.

1976년 7월 4일 미국 독립 2백주년을 맞아 미국 샌프란시스코 골 든 게이트 공원에서 세계 100개 국 198개 팀이 참가해 열린 퍼레 이드 경연대회였다. 영국, 일본, 프랑스 등 전통을 자랑하는 선진 여러 나라를 물리치고 1등을 차지해 샌프란시스코 시장으로부터 1등 상패와 600불의 상금을 받았다는 신문기사를 보았다.

내가 구성한 군악에 맞춘 관병훈련으로 미국독립 2백주년 기념 퍼레이드에서 1등을 했다는 기사를 보니 야간에, 사열대 앞에서 보수(步數)를 세워가며 관병훈련을 만들던 옛 추억이 떠올랐다. 해군의장대여 영원하라!

제3부. 이민자(移民者)

<해상생활을 마치고 캐나다에 이민 수속 준비>

15년간 정들었던 회사를 떠나 아쉬운 마음을 간직한 채 이민수속을 하기 위해서 신체검사, 서류작성 등의 모든 절차를 완료해서 캐나다 대사관에 제출하고 인터뷰를 하기 위해서 대기했다. 그동안 가족들과 단란한 시간을 보내게 되었다. 나는 꼭 이민해야겠다는 생각을 MSTS에서 근무하면서 갖게 되었다. 목적지는 미국이었다. 미국 정부 기관에 5년 이상 근무한 경력이 있으면 이민하기가 매우 쉬웠다. 또한, 해군 출신이며 미 해군에 예속된 MSTS에서 7년간을 월남전에 종사한 것이 매우 유리한 조건이었다. 미국에는 친구도 있었고 선박회사의 대리점 사장과도 친분이 많아서 선박에 관한 직종에 종사할 수 있었기 때문이었다. 그런데 왜 캐나다에 이민을 왔는가? **아들이 캐나다에 있는 규수와 결혼해서 먼저 이민하였고, 그가 초청 이민을 신청했기 때문에 캐나다 이민을 하게 된 것이다.**
1980년 원목을 적재하기 위해서 밴쿠버섬의 NANAIMO 항에 기항했을 때 아들의 막내처남 주선으로 혼담이 성립된 것이다. 부전자전이라고 했던가? 나도 처남의 주선으로 결혼했다. 아들도 나와 같이 처남의 주선으로 결혼했으니 우연의 일치라고 해야 할까?

<악천후 속에서 타판(舵板)이 없는 배를 구하다!>

이민 신청 서류를 주한 캐나다 대사관에 제출해 놓고 대기 중인 어느 날 세웅선박회사 직원의 요청으로 관리선의 업무를 하게 되었다. 관리선이란 선박을 담보로 해서 운용자금을 융자받아 운용하다가 부도가 나서 법원에 압류된 것이며 그 압류된 선박을 법원으로부터 관리 업무를 이양받아 관리하는 것이다. 1000시에 출근해서 선박의 모든 사항을 점검하고 선원 (1척에 2명) 등에게 점심 식사비를 지급하고 퇴근하는 것이다.

92년 5월 7일 부산 남항 외항에 錨泊(ANCHORING)해 있는 관리선이 기상악화로 인해서 위험한 상태라고 했다. 풍랑에 밀려서 암초에 부딪히고 있으니 급히 승선해 달라고 했다. 선박의 톤 수는 약 2,000톤급이고, 갑판부원 3명이 선박을 관리하고 있었다. 기관부원은 전무한 상태였다. 급히 승선한 나는 회사에 VHF 전화로 빨리 기관을 작동할 수 있는 요원을 보내라고 하고 Anchor을 하나 더 투하해서 쌍묘박(雙錨泊)을 했다. 17:00시경에 기관요원이 승선했으나 그때는 이미 선미가 암초에 부딪혀서 선미 부분에 손상을 입었고 기관을 작동해서 전진했더니 방향이 잡히지 않았다. 선미 쪽의 타(舵)가 파괴되어 없어진 것이다. 해도의 기록대로 12:00시부터의 1번 위치에서 파도에 밀려서 2번, 3번, (선미 쪽에 damage를 당해서 키가 없어졌다) 3번 위치에서 기관 전속 후진을 해서 4번을 거쳐서 5번 위치에서 기관을 정지했다. 타(舵板 Steering Plate)가 없는 배를 기관과 Anchor을 이용해 3번에서 5번까지 이동해서 선박의 좌초를 면했던 것이다. 선박 조선술에 의하면 우선단암차선(右旋單暗車船 : Proppler 1기가 오른 쪽으로 회전하는 것)은 좌현 쪽의 Anchor을 Dragging 하면서 후진을 하면 배가 똑바로 후진하게 된다는 원리를 이용해서 안전한 곳으로 이동했던 것이다. 기관실에는 침수가 시작되었으나 크게 심한 손상이 아니었기에 계속 배수를 해서 안전을 기했다.

[해도참조]

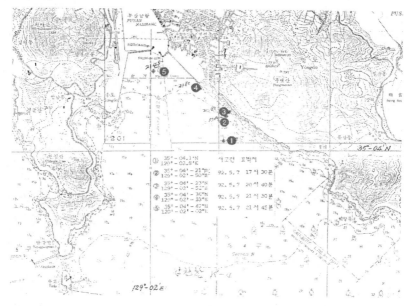

다음날 회사사장을 비롯해서
수고가 많았다는 인사와 Dock에 예인되어 즉시 Docking을 해서
조사해 보니 타판이 없어졌다.
Dock의 직원들과 회사의 간부들은
"진짜 선장입니다. 타판이 없는 배를 악천후 속에서 배를 구한
사람은 당신이 처음일 것이오." 했다.

<악천후 속에서 타판이 없는 배를 구했는데, 해사 심판?>

만약 내가 그 배를 구하지 못했으면 회사는 도산했을 것으로 생
각되었다. 다음날 회사사장의 요청으로 해난보고서를 작성해야
했다. 나는 회사 직원이 만들어 놓은 해난보고서를 읽어 보고 깜
짝 놀랐다. 선원이 잘못해서 선박이 암초에 부딪혔고 위험에 처

했다는 것이다. 하도 기가 막혀서 말도 나오지 않았다.

해난보고서를 작성한 사람들에게

"위험에 처해 있는 배를 좌초 직전에 구했다. 그런데도 선원이 잘 했다고?! 말이나 되는 소리를 하라." 고 고성을 냈다.

사장도 해양대학 출신이며 전부가 짜고 치는 형편이었다.

"해난보고서를 그대로 제출하시오! 나도 생각이 있으니까!" 배에는 항상 법정요원인 최소 9명이 재선해 있어야 하나 기관부원은 단 1명도 없었고, 갑판부도 2명 밖에 없었다. 선원에게 잘못이 있었다면 결과적으로 선장에게 책임을 지우는 것이고 내가 심판대(재판)에 서게 되는 것이다. 우선 조사관(검사)이 조서를 작성하게 되었다. 한국 사회는 이런 것이다. 그렇게 해야만 회사는 보험회사에서 손해에 대한 보상을 받게 된다는 설명이었다. 조사관인 해난 심판위원에게 잘 부탁을 했으니까 그저 형식적인 것이니 이해하고 회사를 위해서 수고해 달라는 사장의 부탁을 거절할 수가 없어서 조사에 응하기로 했다. 며칠 후 조사관을 만났다. 조사관은 간단한 나의 인적 사항을 묻고는 구체적인 사항에 대해서 질문을 하겠다고 했다.

나는

"해난보고서를 작성한 사람에게 문의하시오. 내가 작성한 보고서가 아니니까 대답할 자료가 없습니다. 조사관 당신은 선상 생활을 몇 년이나 했습니까? 나는 27년 간을 해상 생활했으며 내가 조사한 바 23,000톤급 이상의 선박에 15년간 경력을 가진 사람은 나밖에 없습니다. 당신 마음대로 조서를 꾸며서 해난 심판에 제출하시오!" 하고 나왔다.

회사와 조사관, 해난 심판위원 등 짜고 치는 고스톱이리라. 며칠 후 해난 심판에 출석하라는 통보가 왔다. 해난 심판장에는 회사 직원이 와서 기다리고, 방청석에 직원 1명이 앉아서 내가 어떻게 진술하는지 감시하는 것이라고 생각했다. '나도 산전수전 다 경험한 놈이니 네까짓 것 피라미 같은 인간들 한번 해보자.'는 마음이었다. 해사 심판위원장 1명, 심판원 2명이 자리에 앉아 있있다. 1명은 해군대령 출신이었다.

해난 심판장 : 왜 배가 좌초했는가?
나 : 좌초하지 않았으며, 기상악화로 인해서 암초에 부딪혔다.
질문 : 왜 부딪혔는가?
답 : 기관작동이 되지 않았다.
질문 : 기관사가 1700시에 승선했다. 왜 기관사가 1700시에 승선했는가?
답 : 선원관리는 회사 소관이지 나의 소관이 아니다.

"심판 위원장님! 귀하는 나의 승선경력을 가지고 있는 것으로 알고 있습니다. 23,000Ton 급의 외항선 13척의 승선경력을 가지고 있으며 한 번도 해난사고를 경험한 일이 없습니다. 2,000Ton도 안 되는 소형 선박을 기관이 작동되었다면 왜 암초에 부딪히게 하겠습니까? 나는 타판(rudder)도 없는 배를 좌초로부터 구했고 회사는 손해를 면했으면 잘했다고 칭찬을 해 주지 못할 망정 해난 심판을 받게 하고 선처를 하는 대신 마치 죄인 취급하니 심히 유감입니다. 나는 이런 사실을 언론에 공개해야 하겠습니다. 더는 할 말이 없으니 법대로 처리하십시오." 하고 퇴장했다.

1주일 후 결심을 한다고 해서 출두 요청해 왔지만 거절했다. 회사에서 꼭 출두하라고 부탁해왔다.
"해난보고서가 있으니까 그대로 참고해서 처리될 것입니다."
했다.
"그렇게 될까요?" 했다. 결심공판에는 출두하지 않았다.

결과는 견책에 처함으로 끝나고 회사는 해난 심판 판결서를 첨부하여 보험회사에 통보했다. 수리비 등을 보상받았다. 사장이 저녁대접을 하겠다고 했으나 거절했다. 다음날 사장의 요청으로 면담을 했다. 같이 일을 하자고 제의를 했으나 곧 이민을 떠나기에 제의를 거절했다. 부산역 옆의 중앙동에 있던 세웅선박이란 회사였다.

내가 해군 출신이 아니고 해양대학 출신이었다면 해난 심판은 고사하고 타판이 없는 배를 악천후 속에서 구했다고 해서 언론에 공개했을 것이고 해기사 협회에서 발행하는 해기지에도 공개되었을 것이다. 타판이 없는 배를 조선했다는 것은 아마 세계 어느 해난사에도 없었다. 이러한 역사적인 것을 쉬쉬하고 아무 말 없이 말살했다. 이러한 사항은 교육적인 면에서 공개해서 후일에 참고가 되게 해야 하는 것이 관례다.

<이민을 생각하게 된 계기>

내가 이민을 생각한 시기는 1954년이었다. 6.25 전쟁으로 인해 폐허가 되고 온 국민이 고통 속에서 신음할 때에 미국의 샌프란시스코에 도착했을 때였다. 해군에 복무 중인 24세 때였다. 금문교 다리 밑으로 거대한 여객선이 지나가는데 저 다리가 골든게이트브리지라고 했다. 저 다리가 세계에서 제일 큰 다리라고 했다. 그리고 Bay Bridge라고 해서 샌프란시스코에서 오크랜드까지 길이가 4마일이며 편도 통행료가 65cent (1954년도)였다. 피난 수도부산의 제 1부두에 해군본부가 이전되어 있었다. 제1부두 입구에는 거적대기를 둘러친 재래식 화장실이 공중변소로 사용되었던 우리나라 실정을 말해 주던 시절이었다. 도대체 미국이라는 나라는 어떤 나라인가 별천지에 온 것 같았다. 그래서 해군에서 제대하면 반드시 나의 자손들은 앞으로 영어를 구사하고 지식을 습득하게 해서 미국으로 이민을 해야겠다고 생각했다. 그런데 이민이 실행된 정착지는 미국이 아닌 캐나다로 정해졌다.

세월이 흘러 내가 선장 생활을 하면서 아들딸을 미국으로 유학 보내기 위한 토대를 닦아야겠다는 생각을 했다. Maritime Winner 가 LA에 입항했을 때 대리점장에게 내 아들딸을 미국으로 유학을 보내고 싶은데 어떻게 하면 되는지 물어보았다. 마침 그 분의 부인이 UCLA의 교수라고 했다. 교수가 보증을 하면 입학이 가능하다고 했다. 그런 식으로 유학을 오면 처음 시작하는 것이 영어부터 해야한다는 것이다. 적어도 교수가 말하는 것을 받아 쓸 수 있는 정도의 영어 실력을 갖추어야 한다고 했다. 즉 Dictation을 할 정도가 되어야 한다는 것이다.
학비는 정기적으로 은행을 통해서 입금해야 한다고 했다. 영어교육 기간에 따라 영어능력이 향상되면 정규대학에 입학이 가능하다는 것이다. 영어교육 기간은 대개 3~4년이라고했다. 나는 다음 날 Agent를 통해 해운노조 지부를 방문했다. 위원장은 없고 직원 한 사람이 용건을 질문해 왔다. 내 신분을 밝히고 명함을 건네면서 나는 한국 해군 출신이며 MSTS에 소속되어 월남에서 7년간 근무했으며 이민을 하고 싶은데 이민을 오면 취업을 할 수 있는지 물어보았다. 그 담당자의 이야기는 이민 와서 합법적인 절차에 따라 신원이 확실한 분이면 해원 노조비를 내고 노조에 가입하면 가능하다는 것이다. 대리점장이 아이들의 이민을 주선해 주겠다고 했다.

나는 하나하나 사전 준비를 했다. 이민 수속은 문제가 없었다. 한국 해군 출신에다가 미해군 병조장과 동등 신분증 그리고 미국 정부기관인 MSTS에서 7년간 근무, 또한 그동안의 선장 경력 등

이민 수속에는 아무런 하자가 없었다. 원대한 나의 생각을 하나씩 실현하기 위한 미래의 설계도를 만들어 갔다.

<아이들의 교육>

나는 아들딸의 교육에 관해서는 한 마디도 간섭한 일이 없다. 자신들이 알아서 할 일이기에 자신의 장래를 위해서 스스로 처신을 잘해야 한다고 생각했기 때문이다. 아내가 아이들의 교육을 전적으로 맡았다. 아들을 울산공대, 딸은 숙명여대를 지원했는데 멀리 보내기 싫은 아내의 생각으로 집이 부산대학 정문 앞에 있으니 뒷바라지 하기도 쉽다고 했다.

아들 종순이는 신설고등학교인 동인고등학교에 다녔다. 사립학교로 교통도 좋지 않은 산 중턱에 위치해 있으며 학생들도 학력수준의 그리 높지 못했다. 신설 고등학교의 학생 수를 임의로 채우기 위해 추첨으로 입학했기 때문이다. 종순이가 입학한 그해 학생들이 동인고등학교의 1기생이나 다름없었다. 새로운 교원들은 우수한 선생님들을 파격적으로 영입했다. 학교에 등교하기 위해서는 버스를 두 번이나 갈아타야 하는 형편이었다.

학교 앞의 아파트에 하숙을 정했다. 주말에는 집에 와서 쉬면 이것저것 챙겨 먹이곤 했다. 내가 휴가 차 집에 있으면 종순이가 좋아하는 반찬을 만들어서 배달했다.
종순이 고3 때 담임선생을 만났다.
"내가 종순이 애비되는 사람입니다." 하고 인사했다.
첫눈에 보기에 건방진 선생이라고 느낀 것은 규율 잡힌 해군 생활과 선원 생활에서 사람만 통솔해온 나의 육감이었다.
악수를 하기 위해 손을 내미니 의자에 앉은 채로 인사를 받았다.

거만하기 짝이 없는 행동이었다. 서류를 뒤적뒤적하더니 대학 들어가기 어렵겠다고 했다. 내 아이가 대학에 들어가고 안 들어가는 것은 내 아들이 할 일이고 나는 아이의 학교와 담임 선생님이 어떤 분인가 하고 인사 차 왔다고 했다. 돈봉투라도 쥐어 주었으면 좋겠지만 하는 행동을 보니 비위가 뒤틀려서 아내가 만들어 준 돈봉투를 그대로 가지고 나왔다. 10만 원이 들어 있었다. 돈은 빼서 내 호주머니에 넣고 봉투는 쓰레기통에 버리고 나왔다.

아들 종순이가 울산 공대에 입학 하고서는 2년간은 공부를 하는지 무엇을 하는지 모르겠고 고3의 대학 입시에서 벗어나 살맛이 나는지 테니스를 치러 다닌다, 캠핑이다, 마음대로 자유분방한 대학생활을 하는 것 같았다. 서해안 홍도로 캠핑을 가서는 일기불순으로 돌아오지 못하고 숙박비며 여행경비가 떨어졌다고 돈을 보내 달라는 전보까지 쳤다.

대학 2년이 끝나고 군대 문제가 있으니 전투경찰을 지원해서 논산훈련소에 입소했다는 소식을 들었다. 훈련소의 중대장이 너의 집이 어디냐 물어서 부산이라고 했다는 것이다. 인상도 좋고 붙임성이 있어서 그랬는지 부산으로 배치받았다. 전투경찰 제대 후에는 생각이 어떤 방향으로 가는지 몰라도 공부를 열심히 잘해서 과의 우수한 성적으로 메달도 받아오곤 했다.
종순의 지도교수가 만나자고 해서 만났다.
"종순이를 교수로서 대학원까지 과정을 후원하겠으니 뒷바라지를 해 주시기 바란다." 고 했다.
"그런데 교수가 될 자격이 있습니까? 어떤 자질이 있습니까?" 질문했다.
지도 교수는 수학문제를 제시하고 답을 구하라고 했더니 자신의 특별한 공식을 만들어서 풀어 온 학생은 종순이가 처음이라고 했다. 학장에게는 이미 추천을 했다고 했다. 종순이의 결혼식에도 지도교수와 학과장이 참석했다. 식사 대접도 하고 금일봉도 전달했다. 내가 바라는 것이 학교 선생이었으니 우연의 일치인지도 모르겠다. 그런데 묘하게 결혼을 하고 나니 캐나다로 가는 것을 희망하고 있었다. 내가 생각하고 계획한 미국 유학은 물거품이 되었다. 참으로 사람의 일이란 알 수가 없다. 딸은 부산대학을 졸업했다. 문학에 소질 있었고 영어도 잘했다. 아들은 미국으로 유학을 한 후에 귀국해서 대학에서 교수를 했으면 하는 나의 희망이 허공에 뜨고 말았다. 그리고 캐나다로 이민을 결심했다.

<선장 생활을 하면서 본 이민자>

우리나라에서 미국으로 이민이 시작된 것은 1960년대 초라고 생각된다. 특히 월남전 이후에 이민이 본격적으로 시작된 것으로 본다. 월남에서 기술자로 종사한 한국인은 급료의 일부를 미국계 은행에 예치했으며 그 재원으로 이민이 쉬웠다. 미국계 회사나 정부 산하의 직장에서 종사한 한국인은 자연적으로 신원보증 되기 때문에 이민수속이 쉬웠다.

내가 선장 생활을 하면서 본 이민자들의 생활은 그렇게 편안한 생활은 아니었다. 첫째가 언어의 장벽이고 둘째가 직장을 쉽게 구할 수 없다는 것이었다. 특히 항구 도시에서는 한국인 선원을 상대로 선식업을 하면서 선원을 상대로 하는 업종이 많았다. 브라질의 이민자들은 더 형편없었다. 브라질 이민은 한국정부에서 브라질에 땅을 구입해서 이민자를 보냈다. 토질이 좋지 않아 농업을 할 수 없다고 했다. 브라질로 이민선이 출발할 때의 이민자들은 Rolex 시계를 차고 캐논 카메라와 당시로서는 귀한 트랜지스터 라디오를 들고 브라질에 도착했다고 한다.

허허벌판에 땅만 사두었지 주택문제 해결이 없었기에 각자 도생으로 시내에서 장사를 시작했다고 한다. 브라질 이민자들은 상업 쪽으로 옷장수가 대다수였다.

반면 일본인들은 현지조사를 지질학자과 철저하게 조사를 해서 농지를 구입했으며 정부에서 철저하게 통제를 했다고 한다. 10년 간을 농업에 종사해야 한다는 법적인 조치를 취했고 관리를 파견해서 통제했다고 한다. 농기구도 정부에서 보장해서 장기저리로 대출했으며 농산물을 일본에서 수입하는 정책을 썼다고 했다. 이민자를 모집할 때도 농촌에서 모집해서 이민선에 승선할 때의 소지품은 일본에서 쓰는 농기구였다. 브라질에 제2의 일본을 건국한 것이다.

대만에서는 한국인들이 제일 살기가 힘든 것으로 본다. 반공포로 석방으로 중립국 인도를 선택한 사람들이 제일 비참했다. 미국에 유학 온 한국인들은 좋은 두뇌와 성실함을 인정받아 좋은 직장과 높은 연봉을 받는 이민자들도 상당히 있으며 일반 이민자들과는 잘 어울리지 않고 자신들만의 생활을 영위하는 사람들이 많다고 했다.

<이민 수속>

아내는 내 나라를 두고 왜 남의 나라에 가서 사느냐 하고 가지 않겠다고 했다. 나는 가 보면 알게 된다고 했다. 아내의 심정은 그럴만하다고 충분히 이해되었다. 1961년 5월 18일 결혼 후 32년 동안 32,000원의 박봉생활을 하다가 결혼 후에는 20여 년의 선원생활로 생과부의 세월을 보내다가 아들딸 혼인시켜 떠나 보내고 84년 6,000만 원의 비용으로 새로운 집을 마련해서 오손도손 생활할 수 있는 말년인데 말도 잘 통하지 않는 외국으로 이민을 떠나야 하니 망연자실할 수밖에 없었을 것이다.

나도 이민을 떠나올 당시 세웅선박이란 회사에 직장도 마련되어 있었다. 25년간에 걸친 오랜 해상 생활로 비어 있었던 가족의 자리를 채워 아들 내외와 손녀 손자 재롱을 보는 것도 나의 생애에 얼마나 주어지겠는가.
미국이나 영국 등의 여타 나라에서는 선장하면 "Sir!" 하면서 그 직위를 존중해 주고 인정해 주지만 한국에서는 뱃놈이라 했고 한국에 입항하면 업무 관계의 공무원들의 멸시는 지금도 잊을 수가 없다.

내가 하는 설득 아닌 설명을 듣고 순하게 이민에 동행했다. 아내의 별명은 순덕(順德)이다. 그녀의 친구들이 지어 준 별명이다.
홍콩에 있는 IMC(International Marinetime Carrier)란 선박회사에서 선장으로 15년간을 근무했다. 밴쿠버에 기항해서 일본, 한국, 중국으로 원목과 목재 운송을 주로 했다. 그로 인해 밴쿠버에 있는 교포의 규수와 나의 아들과의 혼담이 성사되었다. 아들의 생활터전이 자연적으로 밴쿠버로 옮기는 미지의 타국으로 이민이 미국이 아닌 캐나다로 운명이 정해졌다.

IMC 회사에서 근무 중인 1987년 2월. 캐나다 대사관에서 이민이 결정되었으니 수속을 하라는 전화통지를 받았다. 내가 현재 선장 생활 중이며 정년 퇴직할 때까지 수속을 보류해 달라고 요청했더니 5년 후에 다시 연락하겠다고 했다. 1992년 2월에 회사에서 퇴직하고 쉬고 있었다.

이제는 만사를 제쳐두고 쉬고 싶은 생각으로 가족과 시간을 보내기로 했다. 가족이래야 딸도 출가했고 아들은 캐나다 밴쿠버에 있으니 아내와 둘뿐이라 거제도 대우조선소에서 직장 생활을 하는 사위 집에 가서 쉬기로 하고 거제도로 향했다. 거제도에서 낚시도 하고 관광도 하고 그야말로 만사를 잊어버린 망중한이었다.

한국을 떠나면서 혹 필요할 것 같은 생각으로 항만관리청 인력 담당관에게 승선 경력 증명서 발급을 요청했다.
담당자가
"해양대학 몇 기입니까?" 물었다.
"해군 출신입니다." 대답했다.
또 다시
"해군사관학교 몇 기 출신이냐?"고 물었다.
나는
"해군 졸병 출신이며 그것도 기관부 출신입니다." 했다.
"당신 같이 승선 경력이 좋은 분은 처음 봅니다. 한 회사에서 15년 간이나 근속했고 그것도 23,000톤급의 선장이니 이민 가지 마시고 어느 선박회사나 희망하는 데로 취직을 알선하겠습니다." 는 말과 함께
이 담당직원은 내가 이렇게 말하는 것도 당신이 처음이고 어느

회사고 간에 내가 부탁하면 채용된다고 했다.

"감사합니다. 생각해보겠습니다." 하고 서류를 받아 쥐고 나왔다.

<캐나다 대사관의 연락>

캐나다 대사관에서 이민 수속을 하라는 편지를 받았다. 부산에 있는 침례병원 의사 이름까지 명시되어 있었다. 침례병원에 전화해서 의사의 성함을 이야기하니까 예약시간을 정해주었다. 신체 검사 결과는 의사가 바로 대사관에 통보하게 되어 있었다.

4주 후인 1992년 6월 캐나다 대사관에서 비자를 찾아가라는 통보를 받았다. 인터뷰를 먼저하고 심사해서 아무런 하자가 없어야만 이민 비자를 발급하는데 인터뷰를 하지도 않고 비자를 찾아가라고 하니 이상했다. 여하간 지시한 일자에 서울의 캐나다 대사관에서 영사와 마주했다.

2일 후 아침 8시. 캐나다 대사관의 사무실 앞에서 대기하고 있으니까 사무실 문이 열리며 남자 영사가

"Capt. Kim!" 하고 나를 불렀다.

"Hi I'm here." 했더니

"Well come." 하면서 악수를 청했다.

Visa 서류를 제시하고 Sign을 하라고 해서 서명하고 이민 Visa 서류를 받았다. "왜 나에게는 Interview을 면제하는가?" 질문해보았다.

홍콩 주재 캐나다 대사관에서 내가 근무한 선박회사인 IMC에 신상조사를 의뢰했더니 그때까지도 사표를 제출하지 않았으니까 IMC의 선장으로 근무하고 있는 것으로 되어있었고 15년간을 근무한 선장은 Capt. Kim이 유일하며 신원을 보장한다고 하는 서류

를 봤기 때문이라 했다. 일반 이민 신청자 중에서 Interview 없이 Visa를 받은 사람이 Capt. Kim이 처음일 것이라고 하면서 "Good luck!" 했다.

영국 계열은 선장이라고 하면 대단한 자부심을 가지고 있으며 아주 존중해 주는 것이다. 당일로 부산으로 돌아와서 이민 준비를 했다.

1992년 9월 28일 이민으로 여생을 밴쿠버에서 보내게 되었다.

나와 캐나다 밴쿠버는 9월하고 무슨 인연이 있는 것일까? 1973년 9월 일본 선적의 52다이에마루(大榮丸) 2등 항해사로 처음 밴쿠버를 방문한 것을 비롯해서 그로부터 7년 후에는 선장이 되어서 밴쿠버에 기항했을 때에도 9월이었다. 그때는 먹고 살기 위한 직업상 바다의 나그네였으나 이제는 삶의 터전으로 영구적인 정착지에 도착한 곳 밴쿠버에 도착한 것이 9월이었기에 나와 밴쿠버의 9월은 인연이 있다고 하면 우연의 일치일까?

<이민의 첫발>

1992년 9월 28일 밴쿠버 공항에 도착해서 입국 수속을 하는데 이민 Visa 소지자는 별도의 심사를 받았다. 특별한 제한과 하자없이 입국했다. 7년 만에 두 손녀와 아들 내외의 마중으로 전 가족이 만났다.

아들 내외와 손녀, 사돈 내외의 마중을 받아 아들 집에서 새로운 삶을 시작했다. 나의 조국 대한민국을 떠나 언어와 모든 환경이 새로운 삶의 시작인 것이다.

즉, 새로운 밑바닥 생활의 시작이라고 생각되었다. 내 인생 역정에 있어서 세 번째 밑바닥 생활을 캐나다 이민으로 내 삶의 마지막 bottom, 인생의 시작이었다.

그 뒤로도 딸 내외와 두 외손자들도 이민을 쉽게 하게 되어 나의 직계가족 전부가 밴쿠버에서 새로운 삶을 시작하게 되었다. 아들 내외의 생활터전은 확보되어 있었다.

<다시 시작된 밑바닥 인생>

이민 생활이 시작되었다. 초로의 인생살이에 또 한 번의 밑 바닥 (Bottom) 생활이 시작되었다. 해군에 입대했을 때 작대기 하나인 견습수병, 해군에서 제대 후에 미 해군 수송사령부 MSTS (Military Sea Transportation service)의 승선 월남전에서 7년간 근무, 그리고 퇴직하여 일반상선 3항사의 말단생활, 조국을 떠나 캐나다의 이민생활이 그것이다.

이제부터는 무엇을 어떻게 해야 하는가 생각해야 했다. 왜냐하면 해군을 제대하고 MSTS에 근무할 때부터 선장이란 목표를 정해 놓았다. 그리고 결국 선장면허를 취득했고 월 3,000불이란 수익이 있어 가족들의 생계유지에 안정을 주었다.

이제 새로운 미지의 땅에서 앞으로 내가 살아가는데 어떠한 목표가 있어야 했고 어떠한 방향으로 나침반을 정해야 한다는 상념이 나의 머리에서 떠나지 않았다. 62세의 초로이지만 다행히 건강한 신체를 가지고 있는 것이 나에게는 재원이었다.

1992년 내가 한국을 떠날 때 한국의 형편은 오늘날 같이 발전된 수준이 아니었다. 오늘날의 한국은 캐나다나 미국에 비해서 하나도 차이가 없다고 본다. 슈퍼마켓이나 의류 등은 오히려 이들 나라보다도 앞서고 있다.

이민 온 후의 여기 생활은 우리에게는 다시 시작하는 생활이었다. 내가 가지고 온 재산만 해도 한국에서는 큰 불편없이 생활할 수가 있었는데 여기서는 여생을 보내기에 따분하다는 선입감이 들었다. 부산에서는 선박회사에 나의 일자리가 있었고 IMC에서도 나의 건강에 이상이 없는 한 일을 할 수가 있었다.

아내와 나는 우선 건강을 유지하기 위해서 매일 아침 6시에 일어나서 약 1시간 예정으로 산보를 시작해서 일과를 시작했다.

아침 식사 후에는 며느리 출근시키기 위한 운전수 노릇을 해야 했다. 그리고 큰 손녀 학교 데리고 가는 일로 참으로 따분한 세월의 시작이었다. 아들은 얼마 후에 새로운 주택을 구입해서 분가했고 둘 다 출근하고 나면 손녀들을 돌보아야 했다. 나는 금, 토, 일 3일간은 재활용품 처리장에서 아르바이트를 시작해서 월 600불 정도의 용돈을 손에 쥘 수가 있었다.

밴쿠버의 여름철에는 오후 9시까지도 밝다. 이런 충분한 시간을 이용해서 집의 뒤뜰에 텃밭을 만들기 시작해서 약 200평의 밭을 만드는데 3년이라는 시간이 소요되었다. 이 텃밭에서 재배한 채소를 아들딸 집에도 전해주고 친구들에게도 나누어 주었다. 아내도 유난히 작고 고운 손으로 풀도 매고 부추, 상추, 호박, 고추 등을 준비해서 아들딸에게 갖다 주는 재미에 만족하는 것이다. 원래가 부지런한 아내였기에 불평 한마디 없는 아내였다.

이제부터는 내가 아내를 위해서 헌신해야 한다. HONDA CRV 신차를 구입해서 계절적으로 온천여행을 하는 것도 우리에게는 하나의 여가를 즐겁게 하는 것이다. 여름에는 밴쿠버 섬으로 2박 3일의 Camping도 하고 캐나다인 집에서 민박도 하며 망중한의 시간을 즐겁게 보낸다. 특히 아내는 나와 같이 Drive하는 것을 아주 좋아한다. 아침 7시에 집을 나와서 친구들과 보행운동을 하고 10시에 귀가하는 것이 우리의 일과다.

<주거 문제>

나는 금전적인 문제에 대해서는 그냥 아내가 하자는 대로 했다. 이민오기 전에 아들 내외에게는 One Area(약 1,224평)의 대지가 있는 주택을 마련해 주었다. 이민을 오기 위해서 재산을 정리하면서 아내가 거래한 은행에 가서 구좌를 처음 보았다. 1억2000만 원의 잔고가 찍혀 있었다. 그리고 신축한 지 5년된 6,000만 원 짜리 집이 남아 있었다. 나는 한번도 아내에게 돈이 얼마나 있는지 물어보지 않았다. 내가 필요한 용돈을 아내에게 이야기하면 요구하는 대로 주는 것이다. 내가 이민 와서 2년 후쯤 지나서 1994년 아들 내외는 30만 불짜리 신축주택을 구입해 학교 근처로 이사를 했다.

내가 사준 집은 우리 내외가 지금 살고 있다. 딸 내외도 1995년 이민을 와서 우리 가족 전부가 밴쿠버에서 살게 된 것을 아내가 제일 좋아했다. 착하고 검소한 생활과 절제가 있는 미덕의 소유자이다. 결혼생활 내내 우리 부부는 싸움이나 말다툼 한 번 한 일이 없다. 그리고 52년을 동거하면서도 나에게 당신이 왜 그러하냐고 하면서 싫은 소리 한번 한 일이 없었다. 우리 엄마 아빠는 싸움하는 것 못 보았다는 것이 딸의 자랑거리다

<캐나다에서의 일상생활>

아들 내외가 거주하는 집에 동거하기로 하고 귀여운 손녀들과 같이 등하교의 동반자가 되었다. 09:00시에 시작해서 14:30시에 수업이 끝나는 대로 마중을 가야 했다. 08:45시에 해당 교실 밖에서 교실 문이 열릴 때까지 기다리면 09:00시 정각에 선생님이 교실 문을 열고 생도들의 이름을 하나하나 호명하면서 선생님이 학생

들에 먼저 인사하는 것이다. 만약에 결석하는 학생이 있으면 즉시 학부모에게 전화 연락해서 왜 결석을 했는지 사유를 확인하는 것이다. 아이들이 결석할 경우에는 반드시 학교에 그 사유를 통보해 주어야 한다.

14:30에 학교 수업이 끝나면 담임선생이 교실 문 앞에서 학생 한 사람 한 사람의 이름을 부르면서 내일 다시 보자는 인사를 한다. 5세가 되면 학교에 입학한다. 보호자가 아동들을 pick up하는 것을 확인하는 것까지 친절하게 보살펴 주는 것이 여기 초등학교의 현실인 것이다. 아이들의 뒷바라지를 하면서 운전면허 시험공부를 했다. 가장 필요한 것이 운전면허였으며 생활의 필수품인 자동차이기에 교재를 구해서 공부를 시작했다. 1993년도 1월 경이라 생각된다. 필기시험을 보았다. 보기 좋게 미역국을 먹고 1주일 후에 2차 시험에 합격했고 Road Test를 하기 위해 운전교습소를 이용했다. 필기시험 합격 후 3개월간 매일 1시간씩 도로주행연습을 했다. Student Drive란 표시를 하고 운전하면 운전자들이 많은 양보를 해 주는 것이었다. Road Test는 1차에 합격했다. 대개 2, 3회 또는 7회까지 Road Test를 해서 패스한다. 첫 번 테스트에 패스한 것도 운이 좋았다고 해야겠다.

우선 손녀들 등하교를 시키는 일과가 나에게 주어졌다. 8시 45분까지 학교에 가서 선생님에게 인도하고 오후 2시 30분에 끝나는 시간에 맞추어 선생님으로부터 아이를 데려오는 것이다. 특히 어린 학생들은 보호자를 확인하고 학생은 보호자에게 동행하게 한다.

<캐나다 소개 / 이민정보>

여기 캐나다의 인구는 3천만이고 호수가 3천만개라고 한다. 캐나다의 호수는 오염이 없는 아주 깨끗한 물이라고 한다. 이곳 캐나다는 지하자원이 100년, 원목채취 가능이 100년, 호수의 물을 100

년(중동의 기름과 같이 물을 수출한다고 함) 캐나다 국민이 300년간을 쓸 수 있는 자원이라고 한다. 이 물을 수입하겠다는 중동의 제안을 거절했다고 한다. 여기에 이민 온 한국인들의 80%가 식당업과 편의점을 운영하고 있으며 제조업을 하는 사람은 극소수이다. 대표적인 이민 인구를 보면 중국인이 제일 많고 다음이 인도, 일본, 한국인 것 같다. 중국사람들은 어디에 어떠한 project가 있으며 어떤 규모인가? 철저한 조사를 해서 경제성이 있다고 의견이 일치하면 집단적으로 투자를 하는 것이다.

인도인들은 대부분이 영어를 잘해서 취직하기가 쉽다고 말한다. 그래서 인도인들끼리 모이면 어디에 어떤 일을 할 수 있다는 정보를 서로 교환하며 상부상조하는 것이다. 한국사람들은 모이면 골프이야기부터 먼저 하는 것이다. 이민 와서 제일 먼저 준비하는 것이 골프 세트라고 했다. 골프를 치기 위해서 이민 온 것 같은 분위기다. 여기에 이민을 오면 고생문이 열린다. 첫째가 언어 장벽이다. 영어를 잘 못하니 취직하기 어렵고 취직이 어려우니 경제적인 부담의 가중으로 가족불화가 생기게 된다. 이민 와서 우선적으로 해야 할 일은 형편에 따르는 주택구입 문제다. 중개업자의 말만 듣고 아무 곳이나 적당한 곳에 주택을 구입할 것이 아니라 앞으로의 생활 설계를 잘해서 그 설계에 의해서 주택을 구입해야 한다.

자녀들의 학교 문제를 해결해야 하기에 가급적이면 학교 근처 교통이 편리한 곳을 고려해서 집을 구해야 한다. 두 번째는 빠른 시일 내에 영어를 습득하기에 노력해야 한다. 영어 습득 기간은 대개 4년 정도가 필요하며 정부에서 운영하는 ESL을 이용하면 저렴한 비용으로 영어를 배울 수 있다. 그리고 시간을 잘 이용해서 Side Job을 구하면 생활에 도움이 될 것이다. 어느 정도 영어가 숙달되고 의사소통이 잘 된다고 생각될 때 자격증을 취득하면 이민생활에 도움이 될 것이다. BCIT(British Columbia Technical Institute) 기술학교에 입학하면 자신의 적성에 맞는 자격을 취득할 수 있다.

한국인 이민자들이 하는 업종은 주로 식당이고 소형 편의점이 그 다음을 이룬다. 스시 간판의 90%는 한국 이민자들이 운영한다. 근래에는 UBC나 기타 대학에서 치과의사, 약제사, 가정의 등 고급인력이 많이 진출해 있다. 이런 분들은 말 한 마디라도 점잖게 하고 품위가 있다. 그리고 BCIT에서 정규과목을 이수하고 면허를 취득해서 자동차 수리, 목공, 용접공, X-ray 기사 등의 직종에 많이 진출하고 있다.

자원이 없는 우리나라에서는 해외의 넓은 곳에 이민을 많이 해야 한다고 생각한다.

<캐나다의 교육제도>

어린이가 3, 4세가 되면 주택 근처에 있는 Preschool(유아원)에 간다. 대개 3시간 정도 오전, 오후로 나누어서 수업을 진행하며 어린이 놀이터가 구비되어 있고 기초적인 문자공부를 한다.

막내 손자 민상은 3세 때 유아원에 입학했다. 유아원에 보낸 첫날 선생님은 유아원 선생의 자격증 소유자라고 자기 소개를 하고 아이를 잘 지도하겠다고 책임 있는 자세로 보호자를 안심할 수 있도록 믿음을 주었다.

민상은 3세 때까지 영어를 한마디도 못했다. 아빠, 엄마, 할머니, 할아버지 등의 한국어를 구사할 뿐이었다.

내가 매일 9시에 동행해서 유아원 선생에게 인계했다.

첫날부터 남녀 원생과 친구가 되어 서로의 이름을 부르면서 첫날이 끝났다. 3시간 후에 떠날 때는 선생이 "죠슈아 bye bye" 하니까 "댕큐" 라고 말했다. 집에 와서 재미있게 지냈다고 했다. 원생 생활 1개월 지나니까 친구가 많아지고 제법 영어도 잘했다. 그로부터 6개월이 지난 후에는 누나 둘과 영어로 대화는 가능했으나 글은 잘 쓰지를 못했다. 유아원 친구들과 대화는 물론이고 식당에서 주문하는 것과 Shopping 하는 데는 아무런 지장이 없었다. 5세가 되어 초등학교의 유치원에 입학했다. 그때부터는 본격적인 글쓰기, 읽기를 해서 1학년에 입학하는 데 지장이 없었다.

젊은 어머니들 대부분이 직장 생활을 하므로 아이들을 주로 Preschool에 보내게 되고 정해진 시간이 끝난 후에는 선생님이 어머니가 퇴근할 때까지 보호하고 시간 당 얼마인가를 수당으로 지급하는 것이다. 5세가 되면 초등학교(Elementary School)에 입학하게 된다. 바로 1학년에 입학하는 것이 아니고 유치원(Kinder Garden)에 입학하게 된다. 1년간의 유치원 교육을 받은 후에 1학년(Grade One)에 입학하는 것이다. 캐나다에는 사설 유치원이 없고 유치원부터 의무교육제도이다. 캐나다 초등학교에서는 선생님에게 선물이란 것은 전혀 없다. 다만 크리스마스 때에는 5불 미만의 초콜릿 한 상자를 포장해서 선물하는 정도이다. 이것도 한두 명의 학부모가 선물하는 것이지 많은 학부모가 선물하지 않는다. 선생과 학부모가 만나면 크리스마스 인사하는 것이 선물이다. 방학 중에는 선생에게 월급이 없다. No work No pay 정책이다. 방학 중 선생들은 아르바이트를 한다. 교원노조가 파업하면 그때부터는 급여가 없다. 6년간의 초등학교가 끝나면 Grade Six라고 학급을 호칭한다. 이후 5년제인 Secondary School에 진학하게 되며 11학년 즉, Grade 11이라고 자기 학급을 호칭한다. 아이가 태어나면 18세까지 180불의 우윳값을 매 월말에 자동적으로 송금해

준다. 아이들이 많으면 많을수록 지급되는 수당이 많아진다. 유급 출산휴가는 6개월에서 1년으로 변경된다.

<의료보험을 신청하다.>

이민자는 의료보험을 신청해야 하고 운전면허 취득이 필요하다. 의료보험은 소정의 양식에 의해서 신청하면 늦어도 4주 후 집으로 의료보험증이 송부되어 온다. 65세가 되면 의료보험 카드가 금색인 Golden Card가 발급되며 대중교통 요금이 할인되고 Ferry 요금은 월, 화, 수 목 4일간 무료다. 의사가 처방하는 약값도 혜택을 받는다. 나는 6.25 참전자로서(U.N군 참전자로 간주) 캐나다 보훈처(Veterans Affairs Canada. Health Identification Card)에 등록되어 의사가 처방하는 처방전의 약은 무료이고 안경, 치과, 집 안청소, 제설작업 비용, 휠체어 공급 등 14가지를 정부에서 보조해 준다. 5,000불 하는 보청기도 무료 제공해 주고 백내장 수술 등도 전액 무료다.

<운전면허 시험>

운전면허는 일상생활의 필수품이다. 우리의 발이다. 운전면허의 발급, 자동차에 관한 보험, 운전시험관리, 벌금 납부 등을 ICBC에서 전부 관리하고 있다. ICBC에서 발행한 운전면허용 교재가 무료로 제공한다. 시험은 Knowledge Test와 Road Test가 있다. 교재를 면밀히 공부하면 별 어려운 것은 없다. Knowledge Test는 Screen Test로 5문항 중 맞는 답 하나를 Screen touch하는 방식이었다. 나는 1주 간을 공부해서 시험을 보았다. 보기 좋게 미끄럼을 탔다. 다시 1주일 후에 신청해서 시험을 쳤다. 이번에는 하나하나 문제를 확인했다. 시간의 제한은 없다. 문제는 사전에 열

람되기에 꼼꼼하게 볼 수 있었다. 시험관이 합격이라고 했다.

간단한 신체검사를 하는데 색맹, 눈 색깔, 신장 등을 기록하고 임시면허증을 주었다. 1개월 후에 Road Test를 받을 수 있다고 했다. Road Test를 위해서 유료 교습차를 소지한 교관이 있다. ICBC에 등록되어 있어야 한다. Student Driver이란 Sticker가 붙어 있는 교습용 차를 Charter해서 교관이 반드시 동승해서 교습을 받도록 하는 것인데 1주일에 3시간씩 연습했다. 교습 중에는 반드시 면허소지자 1명이 동승하여야 한다. Student Driver Sticker를 부착한 교습용 차량에 운전자는 양보해 주며 운전 교습차에게 지장을 주지 않는다.

지금은 규칙이 변경되어서 Knowledge Test에 합격하면 녹색의 L 글자를 차 뒤편 유리에 부착하고 2년간을 Road Test를 위한 운전실습을 하고 Road Test해서 합격하면 N 글자를 부착하고 1년간을 주행교육을 받은 후 합격하면 면허를 발급해준다. 나는 첫 번째 학과시험에 실패하고 두 번째는 2시간 여의 시험시간을 소모하여 Knowledge Test에 합격하여 임시 운전면허증을 받았다. 교습용 차 영업자와 1개월간 계약을 하고 1주일 3시간씩 주행연습했다. 반드시 교관이 오른쪽 자리에 자리 잡는다. 즉 면허를 소지한 자가 동석을 해야 한다. 학과시험 후의 주행시험은 1개월후라야 신청할 수 있다. Road Test는 운전면허 업무를 취급하는 사무실 부근의 도로에서 한다. 운전연습을 하던 Course를 시험 당일에도 같은 Course를 주행해서 별로 어려움이 없었다.
가장 중요하게 점검하는 항목은 차선을 변경할 때 Shoulder Check 하는 것을 중점으로 점검했다. 양보운전을 하는 것이 중요하다고 했다. Parallel Parking도 서둘지 말고 천천히 안전하게 하고 있는지 점검했다. 특별한 지적 없이 Road Test도 무난히 통과했다. 특별한 문제가 없으면 합격시킨다. 운전면허를 주기 위한 시험이다.

운전면허 시험관이 말하기를 한국인은 운전을 잘한다고 했다. 하지만 그것은 한국식 운전이지 캐나다의 교통법규에 맞는 운전방식이 아니라고 했다. 예를 들면 Parallel Parking을 하는데 아주 빠른 속도로 주차를 해 놓고 시험관에게 OK? 하니까 시험관이 No라고 대답을 하면서 불합격 판정을 하는 것이다. 위험한 운전을 했다는 것이다. 왜 안전한 운전을 해야 하는가에 중점을 두는 면허취득시험이다.

운전면허를 취득한 다음 첫째 일요일 교회에서 내 운전면허 취득이 화제가 되었다. S 집사는 7번의 Road Test에서 합격했다고 했다. "내가 당신하고 나하고는 사람이 다르다." 고 해 주었다. 23,000톤급의 대형선 선장 출신이 다르기는 다르다는 것이 중론이었다. 운전자는 음주운전 또는 난폭운전을 하는 차량을 발견하면 경찰에 신고를 잘한다. 고발 문화의 나라이다. 면허취득을 하니까 내가 해야 할 일이 하나 더 늘었다. 8시까지 Sky-Train 역까지 며느리를 출근시키고 9시까지 손녀를 등교시키는 63세의 운전수가 되었다. 초청이민으로 온 부모들은 손자들 뒷바라지를 해야 하는 공통점이 이민사회의 관습인 것 같다. 우리 내외도 예외일 수 없다.

<중고자동차 수난사>

운전면허를 취득 후 며느리가 운전하던 Pony 차를 내가 받아서 사용했다. 일본제 차가 대개 10,000불을 호가했을 때 현대에서 처음으로 Pony차를 수출했다. 아들 내외가 새 차를 사 주겠다는 것을 거절했다. 초보 운전자이니 이것으로 충분하다고 했다. 이

Pony의 엔진은 일제였다. 고무벨트 대신에 Chain Belt로 조립된 것이었다. 그 당시 Pony를 운전하고 다니는 사람은 교민사회에서 나 하나뿐인 것 같았다.

재향군인회나 어떤 모임에 가면 주차장에 Pony 차는 내 차 밖에 없었다. 모임 후에 주차장에서 누가 pony의 주인인지 쳐다 보는 것 같았다. 내가 pony를 운전하고 떠나면 다른 사람들도 떠나는 것이었다. 내가 운전하고 2년 후쯤 엔진에서 요란한 소리가 났다. Pony 차가 자주 고장을 일으켜 TOYOTA CARMY 중고차를 8,000불을 주고 샀다.

이 중고차를 구입한 6개월 후쯤 자주 고장이 나기 시작했다. 차량 도둑을 두 번이나 맞기도 했다. Pony를 운전할 때보다 더한 고난의 세월이었다. 그 당시 TOYOTA CARMY의 도난이 심한 것은 비슷한 열쇠를 사용해서 조작하면 잘 열렸기 때문이다. 차량 도난을 많이 당하는 것을 중고차 시장에서는 TOYOTA CARMY가 성능이 좋기때문에 도적의 표적이 된다는 식으로 어거지 선전을 했다.

TOYOTA CARMY 중고차가 고장 나기 시작하고 Shock Absorber 와 Spring 작동이 제대로 되지 않아 승차감이 형편없었다. 수리비가 1,200불에서 1,300불까지 올라가 수리비 감당이 안 되었다. TOYOTA CARMY를 결국 2,100불에 팔았다. 38,000불을 주고 HONDA ACCORD를 구입했다. 3년이 지난 어느 날 며느리 퇴근 시간에 맞추어 며느리를 퇴근시키다가 신호대기를 기다리고 있었다. 마침 뒤에서 달려온 차가 내 차를 들이 받아 12,000불의 수리비를 ICBC보험회사에서 지급해 주었다.

한 번 사고 난 차는 이상하게 핸들 조작도 불안정하고 눈길에서 운전은 방향조작성이 떨어져 불안했다. 진동도 심했다.

하는 수 없이 그 차를 매각하고 2008년 4월 15일 지금의 CR/V를

42,000불에 구입했다. 도난 방지 장치도 잘 되어있고 보험을 Full Pay로 했다. Road Side란 보험도 추가하여 가입하였다. 번호판은 캐나다 재향군인회 전용 655VBL이다. 사륜구동이라 눈이 많이 올 때는 아주 편리하지만 고속도로에서 과속은 위험하다고 본다. 중고차는 구입할 때는 저렴한 비용으로 구입하지만, 조금 운행해 보면 하나둘 고장이 나기 시작하면 감당이 안 된다. 중고차 시장에는 겉으로 보기에 좋은 차가 많다. 대개의 중고차는 사고 경력이 있다고 보면 된다.

유학을 오거나 단기 또는 장기 체류자는 주로 중고차를 원한다. 하지만 나는 그 결정에 찬성하지 않는다. 내가 경험을 독특히 해봤기 때문이다. 그래서 조카 며느리와 두 아이들이 캐나다로 유학 왔을 때 TOYOTA 차를 Lease했다. 3년 6개월 동안 매월 Lease 비용을 지불했고, 귀국할 때는 반납했다. Lease 기간 중에 사고가 나거나 고장이 나면 TOYOTA회사에서 보험처리를 해 준다.

\<ESL\>

운전면허는 일상생활에 도움을 주는 생활의 필수품이었다. 따라서 활동범위도 넓어졌다. 이민 온지 1년이란 세월이 지났다. 대개의 이민자들은 ESL에서 영어공부를 수강하는 사람들이었다. ESL에 등록 신청서를 제출한 1주일 오라는 연락을 받았다. 책임자는 Mr. Yom 유태인이라고 자기를 소개했다.

수강과목은 문법, 영작, 시사의 3과목으로 신청했다. 오전반으로 해 달라고 했다. 오후 시간에도 수강할 수 있다고 했으나 손녀들의 하교 시간 때문에 오전반만 하게 되었다. 캐나다는 오후 2시면 학교 수업시간이 끝난다. 직장인들도 아침 6시에 출근하는 사람들은 오후 3시에 퇴근하고, 아침 9시에 출근하는 사람들은 오후 5시에 퇴근한다. 교통혼잡을 피하기 위한 합리적인 방법이라고 생각한다.

아들은 아침 6시에 출근하고 며느리는 아침 8시에 출근해서 09:00 ~17:00의 근무를 했다. ESL의 교육비는 무료였다. 60년대에 이민 온 이민자들은 ESL에 등록하면 1인당 60불씩의 생활비를 지원했다고 한다. 우리에게는 해당되지 않았다. 지금은 년 27,000불의 수강비를 수강생들이 ESL에 내야 한다. 시사영어 담당자는 영국에서 이민 온 분이었는데 전날 밤 방영된 TV News를 녹화해와서 설명하고 하나하나 분석해서 교육하는데 신문을 읽을 수 있는 토대를 세우기 위한 것이다. 문법은 일본 여자 선생이었다. 재미있게 강의를 했다. 영작은 Mr. Yom ESL책임자였다.

ESL의 대부분 교수진은 거의 이민자였고 특히 인도에서 이민 온 선생들은 인도 법학박사, 경제학 박사 등 박사학위 소지자가 많았다. 1년 간의 ESL 교육기간에는 재미있는 일도 많았다. 중국인, 인도인, 일본인 중동의 이민자들로 인종 전시장 같은 분위기였다. 한 달에 한 번씩은 주로 금요일에 음식을 각자 한 접시씩 준비해서 점심시간에 ESL 전직원과 선생들과 같이 각국의 요리를 전시해서 설명도 하고 시식도 하는 것이다. 우리나라의 김치는 당연히 인기가 있었고 김밥, 잡채, 비빔밥 등도 대인기였다.

여기 ESL에서는 여러 인종과 유대함으로써 많은 친구를 사귀고 새로운 관계가 형성되는 것은 이민자로써 잘 정착할 수 있게 하는 길잡이인 것이다. 민족적인 갈등도 없애고 현재의 시간을 유용하게 사용해서 미래의 이민생활을 잘 영위하는 방법을 배움으로 서로 일치하게 하는 것이라 생각되었다. 이민자로 인구가 늘고 경제도 성장했다고 한다. 그래서인지 국가 지원하에 이민자에게 교육의 기회를 제공하는 것이라 본다.

<교육제도>

캐나다에서는 18세가 되면 대학에 입학한다. 철저한 고교내신성적으로 입학하게 된다. 1학년은 거의가 기숙사 생활을 하게 되는데 1년 동안은 여러가지 1학년 미팅 프로그램에 참여해서 우정을 나눈다. 공부도 아주 열심히 한다. 4월에 방학을 해서 9월에 개학을 하는데 방학 동안 아르바이트를 해서 다음 학기 등록금을 마련하는 것이다. 1학년 때 학점이 미달되면 가차없이 퇴교 된다.

방학 동안에 선생들에게는 급여가 지급되지 않는다. 무노동 무임금 원칙이다. 캐나다는 세계에서 8위의 무역 규모라고 다른 나라들이 부러워한다. 하지만 교육환경은 배금사상이 만연된 최하위라고 생각한다. 이곳의 이민생활에 인종차별도 있다. 인종차별을 극복하기 위해서 실력이 우월해야 하며 실력이 우월하기 위해 우선되는 것은 교육이다. 여기 고등학교는 졸업생이 학점이 미달하면 졸업증 대신에 수료증을 준다. 철저한 학사관리를 하는 것이다. 나는 가정형편과 시대의 혼란으로 인해서 고등교육을 받지 못했다. 그래서 손자들 교육에 전념하는 것이다.

큰 손녀는 SFL 대학원에 재학 중에도 교수의 조수를 하면서 학비를 면제받으며 졸업했다. 현재 Victoria 대학의 법대에 재학 중이고 둘째 손녀는 Victoria 대학 교육과에 재학 중이며 큰 외손자는 UBC 경제과를 졸업하고 다시 UBC 법대에 재학 중이다. 둘째 외손자는 UBC 약대에 재학 중이다. 백인사회에서 그들과 동등한 대열에서 앞서기 위해서 그들보다 월등한 실력을 갖추어야 하는 것이다. 이민자로서 그들을 가르치는 선생도 되어 학생을 존중하고 법률에 의한 준법정신이 확고하면 그 인품도 존경받을 수 있다고 생각한다.

<영어>

ESL의 영어교육방침은 학생이 자유로운 표현의 영어를 구사하는 것이다. 영작시간에는 영작을 개개인이 하게한다. 자기자신이 알고 구사할 수 있는 영어를 표현하게 하는 것이다. 내가 작문한 것을 흑판에 쓰면 선생이 이런 경우에는 문법적으로 이렇게 해야 한다며 고쳐준다. 그리고 여러 학생 앞에서 어떠한 영어라도 한 마디씩 하도록 한다. 내가 English is crazy language라고 했더니 전부가 웃었다. 단어 하나에도 전혀 발음이 되지 않는 철자들이 많다.

2항사 때 처음 왔을 때 상점에서

"How much?" 물었다. 대답이 5박스라고 했다.

"Five dollars?" 했더니 맞다고 했다. 점원이 말했던 Five Bucks 란 Slang이었다. 여기는 Slang를 많이 사용하고 있다. Stick' em Up!은 Stick them up의 준말이다. 즉 Put your hands up이다. 여기는 Have동사를 많이 구사한다. McDonald에 가서 주문할 때는 "Can I have?" 하고 주문을 한다. Hamburger, French, Fries, Milk를 주문하면, 점원이 "Will that be all? ; Say Again Please." 물어 본다. 이때 "Will that be all." 또는 "That' s all." 이라고 대답한다. 이렇게 하나하나 영어를 배우게 되는 것이다. 나는 담배를 끊은 것을 작문해서 발표했다.

미국 New Orleans에 있는 Mississippi River에서 화물을 적재하기 위해서는 7~8시간을 Pilot (水先案內人 또는 水路案內人)가 반드시 승선하여 선박을 조종하며 화물을 적재하는 부두까지 안내한다.

이 Pilot가 승선하면

"Captain may I smoking here?" 하고 허가를 받는다.

"Please go head yourself." 한다.

그리고 커피와 간단한 간식을 제공한다. 대부분의 Pilot나 선장들은 담배를 피운다. 담배를 한 대 피우고 난 Pilot가 Captain은 담배를 안 피우냐고 물었다.

Pilot : Are you no smoking?

Capt : Yes, I am no smoking.

Pilot : When stop your smoking?

Capt : When I was born.

이런 이야기를 ESL 학생들에게 작문하여 발표했더니 모두들 재미있다고 웃어 주었다. No smoking 대화 이후에 세월이 지나 6개월 후에 다시 New Orleans에 입항할 때 George란 Pilot가 우연히 나와 또 만났다.

"Hi Captain!" 하고 반가워 했다.

Capt : Mr Pilot. Please smoke here and take coffee and some sandwich.

Pilot : I' stopped smoke. I did stop smoke when I was born. 하며 웃었다. Mississippi River의 Pilot 들이 내가 한 농담으로 담배를 끊은 경우가 많았다고 했다. 1년이란 ESL 교육기간은 참으로 나에게 유익했다. ESL에서 수강생이나 강사들도 나를 보면 Hi Capt. Kim 하고 인사를 했기에 Capt. Kim으로 통했다. 졸업증을 주면서 취직할 때 졸업증을 제시하면 유리한 점이 있을 것이라고 했다.

<일본식 영어>

일본 냉동어선 52다이에마루(大榮丸)에 1기사로 승선했을 때 갑판장이 "Morring Line"을 일본식 선박용어로 '모야' 발음하던 에피소드를 이야기했다. 여기 캐나다에서도 자동차에 관한 용어는 일본식으로 사용하는 한국인들이 대부분이다. 자동차 수리하는 곳에서도 태연하게 사용하고 있다. 통하니 다행이라 하겠다.

예를 들면 '운전대'를 우리 한국 사람들은 대개 '핸들'이라고 하는데 Wheel이다. '빽미러'는 Rear Mirror이며 '핸드 브레이크'는 Parking Break이다. 어느 한국인 여자분이 운전 중 운전대가 이상했다. 주유소에 들러 주유하면서 '핸들'이 이상하니 점검해 달라"고 캐나다인 주유소 직원에게 말하고 화장실에 다녀왔다. 주유소 직원은 당신 차의 'Handle'은 이상 없다고 했다. 고속도로에서 운전대의 이상으로 사고 난 후 경찰관 조사에 주유소에서 수리를 부탁했는데 이상 없다고 해서 운전했다고 진술을 했다. 그 주유소 직원이 말하기를 Handle는 이상 없다고 말했다. Handle은 자동차의 문을 열고 닫을 때 필요한 손잡이가 Handle이다.

\<Part Time을 하다\>

내가 구입한 집의 대지가 1200평 (One Acre)이었다. 1/4 Acre는 이층집이고 우리가 사는 집터를 제외한 공터는 산딸기 숲이었다. 시간 나는 대로 개간을 시작했다. 그리고 허송세월하기가 심심해서 아들 친구가 운영하는 재활용품 처리하는 곳에서 금, 토, 일 3일 Part Time을 시작했다. 아들 친구의 부친이 나보다 2세 연상이었다. 말벗도 되었고 그분은 운전을 못 해 가끔 내 차에 타고 같이 외유도 했기에 다정한 친구가 되었다. 9시에 시작해서 6시에 끝나니까 10시간의 근로시간이었다. 시간당 7.5불. 월 3,000불 받아온 선장 월급에 비교하면 새 발의 피지만 이것도 나에게 주어진 인생의 역정이라고 생각되었다. 월 200불 정도의 기름값을 충당할 수 있었고 적으나마 용돈이 된다는 데 만족해야 했다. 그리고 매주 목요일 7시에 친구와 같이 내 차로 Caliano란 섬으로 낚시를 가기 시작했다. 아침 8시에 Ferry에 승선하여 1시간의 항해 후에 섬에 도착해서 내가 한 시간 정도 운전해 낚시터에 닿면

Indian 원주민이 소형 낚시 배를 빌려주는데, 4시간 이용하는 대가가 200불이다. 4시간 이상의 낚시는 금지되어 있다.

<자연보호 법규가 엄격한 캐나다>

낚시하는 법규는 아주 엄격하다. 반드시 낚시 면허를 소지해야 한다. 낚시 면허를 구입하면 책자를 무료로 준다. 법률적인 규제 사항과 주의사항이 상세히 설명되어 있다. 바다와 민물낚시의 규칙이 따로 있어 별도의 면허를 구입해야 하고 잡은 고기의 Size도 정해져 있으며 Size에 미달하면 놓아주어야 한다. 낚시대는 한 사람이 하나만 사용해야 한다. 조개 종류에 따라 채집할 수 있는 수가 정해져 있다. 강에서 하는 낚시도 규칙이 있다. 어디서나 낚시대를 하나만 사용해야 하고 이늘이 없는 낚시를 사용해야 한다.

게를 잡을 때도 반드시 크기를 확인하는 자를 꼭 지참해야 하며 암컷은 무조건 놓아주어야 한다. 게를 놓을 때는 그 장소에 부표를 달아야 한다. 부표에는 전화번호와 성명을 꼭 기입해야 한다. 대개 3~4시간 후에는 회수해야 한다.

<한국인의 불법 낚시>

어느 때인가 강 지류에서 낚시하는데 어느 한국인이 낚시대를 두 개 사용하는 것을 보고 하나만 사용하라고 했다. 두 개 사용하면 벌금을 부가한다고 했더니 기분이 나쁜 조로 "벌금을 내라면 내지 뭐!" 하고 말했다. 이렇게 주고 받은 이야기를 옆에 있는 캐나다인이 주시하고 있었다. 미지의 한국인은 계속해서 두 개의 낚시대를 사용하는 것을 본 Canadian이 슬그머니 낚싯대를 거두어 갔다.

조금 후에 경찰관이 나타나 아무 말 없이 우리 낚싯대를 걷어 올려서 검사하는 것이다. 그리고 두 개의 낚싯대를 사용한 한국인에게 가서 주소, 성명, 운전면허를 확인하고 120불의 벌금 Ticket을 발급했다. 그것으로 끝난 것이 아니었다. 후에 시민권을 신청하니 캐나다 법규를 위반한 당신에게는 시민권을 줄 수 없다고 거절당했다는 사실이 신문에 보도되면서 교민들에게 주의를 당부했다.

<나의 낚시>

나는 낚시를 해도 고기를 잡는 것이 목적이 아니라 해상생활을 오래 한 나에게는 잠시라도 물 위에 있는 것이 기분 전환되기 때문이었다. 어느 날인가 낚시를 던져 놓고 저 멀리 지나가는 대형 상선을 보고 옛날을 회상하는 그리움에 수평선을 바라보고 있는데 낚싯대가 휘어졌다. 거의 15분간의 실랑이 끝에 올라온 것이 거의 30LB의 대형 Rincord라는 대구과에 속하는 물고기였다. Rincord란 생선은 62cm이 되기까지 20년이 지나야 한다고 했다. Size가 작으면 무조건 바다로 보내야 한다.

<Camping>

Camping을 가도 아무 곳에서나 천막을 치지 못한다. 정부가 운영하는 곳과 사립으로 운영하는 캠핑장을 이용해야 한다. 무허가 캠핑장은 없고 수시로 안전요원이 방문을 한다. 캠프 파이어용 화목은 관리사무소에서 판매하는 화목을 사용하여야 한다. 주위에 있는 나무를 주워서 사용할 수 없다. 2013년은 유례없는 건기로 산불 방지를 위해 캠프파이어를 금지하는 공고문을 냈다. 시, 군 주정부에서 관리하는 관리공무원이 화장실, 급수, 전화시설 등의 점검과 이상유무를 확인하며 이용자의 안전을 위해서 수시로 순찰하고 위법자를 단속하는 곳이 산재해 있다.

<밭 가꾸기>

7월 1일은 Canada day 라고 해서 여기서 말하는 Long Week End 에는 가족과 같이 2박 3일 일정으로 밴쿠버 섬의 Deep-Bay란 Camping장에 가는 것이 매년 가는 것이 연중행사다. 아이들은 조개를 잡고 굴도 잡아서 요리하고 자연을 벗 삼아 망중한을 보낸다. 시간이 나는 대로 개간한 200평 정도 채소밭에 상추, 쑥갓, 파, 열무, 배추, 오이, 토마토 등을 심어서 아들딸 집에 배달한다. 성당의 교우들과 이웃집에도 나누어 주면서 여름 한 철은 채소 걱정을 하지 않아도 되었다. 부추는 우리 집 명물이 되었다. 들깻 잎은 큰 손녀가 좋아했다. 여름에는 저녁 9시가 되어도 어둠이 없어서 잔디도 깎고 채소밭의 풀도 뽑으면서 건강한 세월을 보냈다.

<고발정신이 투철한 캐나다>

나는 20년 동안 운전을 했다. 학교 앞과 운동장 부근은 반드시 시속 30km의 속력을 유지해야 한다. 나는 꼭 한 번 캐나다에서 교통 범칙금을 내어 보았다. 학교 앞 규정 속도 30km 위반이었다. 음주운전은 경찰관이 적발하기 이전에 주위 운전자가 신고하는 예가 더 많다.

이미 세상을 떠난 내 친구 강신창이 골프장에서 한잔하고 귀가하던 중 경찰 순찰차 사이렌 소리에 멈추어서 음주운전으로 적발되었다. 유치장에서 하룻밤을 새우고 1주일간 운전금지와 상당한 벌금을 내었다.

다음 날 아침에 경찰서로 찾아온 캐나다인이
"미스터 강, 내가 당신을 신고했습니다." 하더라고 했다. 내가 당신 뒤에서 따라가면서 관찰해본 결과 음주운전이 확실해 보이므로 경찰에 신고했습니다. 당신의 생명과 재산을 보호하기 위해서입니다. "이것이 캐나다의 고발정신이다. 그 뒤로 두 사람은 대단한 친구가 되었다.

<교통법규 위반자에 대한 강한 규정>

특히 미국이나 캐나다에서는 한 번 범죄 기록은 평생 지워지지 않는다. 미국에서는 더 철저하다. 얼마 전 미국 LA 공항으로 입국하는 한국인이 2차 입국 심사장으로 보내졌다. 아무런 영문도 모르는 이 한국인 입국자는 무려 세 시간 동안 별도의 보호소에서 대기를 해야 했다. 이 사람은 14년 전 미국에서 체류 중 음주운전으로 벌금을 낸 기록 때문에 3시간 동안 유치되어 그 신상기록을 검토한 후에 입국이 허가된 것이다. 캐나다에 이민을 신청할 때도 호적등본(원본)을 첨부하는데 음주 운전자는 여기에서는 전과자로 취급해서 이민을 받아들이지 않는다. 캐나다에서는 보행자에게 절대 권한이 있다. 운전자는 보행자를 먼저 보호해야 하고 건널목이 아닌 곳을 보행해서 사고가 발생했을 때는 사고를 분석해서 누구의 잘못인가를 판정한다. 혹시 보행자의 잘못이라는 판정이 나도 운전자의 경력에는 그 기록이 영구히 남는다.

<노인연금 신청하다>

어느 날 집에 와보니 주 정부에서 발급한 공문서가 있었다. Old age pension plan에 따라서 제출하라는 것인데 노인연금을 신청하라는 것이다. 62세에 이민을 와서 벌써 10년이란 세월이 흘러 내 나이 72세가 된 것이다. 캐나다는 65세가 되면 노인연금을 지급한다. 이민지(영주권)나 시민권자를 막론하고 캐나다에서 10년 이상을 영주한 자에 해당이 되면 주 정부에서 매월 마지막 주 수요일에 은행 계좌로 자동 입금된다. 현재 아내와 나에게 각 1,002불이 지급되어 나온다. 이민 온 연도에 따라서 차이가 있다. 최소한도의 생활 보장을 해 주는 것이다.

\<이민자들의 골프 사랑\>

1993년 Lions Club이 결성되어 여러 차례 가입을 권하길래 300불의 회비를 내고 가입했다. 약 32명의 회원이 있었다. 지식인들이 많았다. 대부분 영어가 능통했다. 첫 번째의 공식 모임이 끝나고 처음 모임이 골프 모임이었다. 나는 골프 장갑조차도 없어서 구경만 했다. 라운딩 후에는 꼭 한 잔씩 했다. 계산이 끝나고 보니 약 120불 정도가 나왔다. 내 형편으로는 계속 참가가 불가능했다. 우선 장비를 사기 위해서 상당한 돈이 필요했다. Wood 클럽 하나가 약 200불 정도였다. 그것도 내기하고 막판에는 술집에서 한 잔하는 것이 일상이다. 그래서 골프는 나의 생활에서 경제적으로나 환경적으로 적합하지 않았다.

\<나의 골프\>

첫 골프 경험은 진해 고문관실의 친구를 통해 미군 부대에서 골프를 친 것이다. 아무 것도 모르는 문외한이었다. Wood가 무엇인지 Iron이 무엇인지 전혀 몰랐다. 그저 하라는 대로 따라 해본 것이 다였다. 처음에는 공이 몇 발자국 앞에 굴러가는 것이 고작이었다. 미해군 친구가 자세를 가르쳐 주고 인도해 주는 대로 따라해보았다. 그리고 공 몇 개와 Wood 클럽 하나를 내게 선물로 주었다. 이것을 가지고 일요일에 훈련소 연병장 잔디밭에서 심심풀이로 쳐 보는 것이 다였다. 골프공을 치면 포물선을 그리며 날아가는 것이 치면 칠수록 재미가 났다. 여기 밴쿠버에서 심심하면 탁구공을 골프 공 대신으로 우리집 잔디밭에서 스윙을 한다. 일종의 운동이다. 골프 도구 일습은 정영호란 후배가 마련해 준 것이다. 중고품이다. 이것만 해도 충분하다. 골프도 어디까지나 건강을 위해서 하는 것이지 사치품이 아니고 명예가 아니다. 여기의 시니어들에게는 특별히 할인을 해 준다. 정해진 시간의 회원증은 아주 저렴해서 한 달에 몇 번을 방문하는 조건으로 60불이면 충분하다. 골프장에는 식당이 있으며 저렴하고 맛있는 저녁식사를 할 수 있다.

<이민자들의 종교생활>

이곳 밴쿠버 지역에는 불교, 개신교, 천주교, 여호와의 증인 등이 있다. 불교는 두 개의 종파가 있으며 개신교 교회가 제일 많아 대부분이 개신교 신자다. 개신교 교회는 신문지상에 공표된 것만 보아도 150개가 된다. 신자수가 20명, 30명, 50명의 소형교회도 있고, 600명, 700명의 대형교회도 있다. 전체적인 교인의 수는 나 같은 3자가 파악하기는 곤란하다. 개신교가 이민사회에서 교회개척을 제일 먼저 시작한 것은 사실이다. 또한 교회 개척자들이 초기에 이민사회를 위해 많이 헌신한 것도 사실이다.
초창기 이민자들은 지금도 그렇지만 언어 장벽, 외로움으로 교회를 찾았다. 영어 통역의 도움이 필요할 때 교회를 찾았다. 대개의 목사들이 영어가 능통하니 기독교 비신자라도 교민들은 자연히 교회를 찾게 되었다. 초창기 교회들은 재정이 빈약하니까 교회 건물을 단독으로 소유할 여력이 안 되었다. 캐나다인들의 교회를 세를 주고 빌려서 예배를 보는 것이 초창기 이민자들의 종교생활

실태였다. 이민자가 많아짐에 따라 재정이 향상되고 어느 정도 자금이 확보되면 은행융자를 받아 교회를 신축하는 것이 상례였다.

대부분의 이민자 교인들은 영업을 한다. 자동차 판매업, 식당, 여러 가지 상업을 한다. 전반적으로 교회 교인들의 도움 없이는 장사가 불가능하다. 예를 들어 식당을 개업해도 교회의 후원이 있어야만 교인들 즉, 손님들이 찾아온다. 자동차 수리업도 교인들의 협조에 의해서 영업을 시작하는 것이 보편적이다. 이민자들은 대부분 교회 중심으로 생활하고 있으며 크고 작은 불미스런 사고도 끊이지 않는다. 진실한 신앙을 가진 선량한 교인들에게 교묘하게 사기행각을 하다가 탄로 나서 본국으로 도피했다가 체포되어 10년 형을 선고받고 복역 중인 자도 있다.

\<해군에서 기독교 세례를 받다\>

내가 개신교에 입교해 세례를 받은 동기는 1953년 PF61에서 신병훈련소로 발령받았을 때이다. 교수부 내에서 16기생 문경인이란 갑판 교관과는 아주 친밀한 사이였다. 아주 미남자에 허우대가 좋은 대원이었다. 성품도 온화해서 나와는 각별한 사이였다. 6.25 개전 이후에 부모님들과 남으로 이주해서 서울에서 정착했다. 전가족이 독실한 기독교인이었다. 부친은 어느 교회 장로라고 했다. 이 문경인의 권유로 교회에 입문했다. 진해 해군 통제부 입구 동문에 군인교회가 있었다. 일요일 아침 9시부터 10시까지는 천주교 미사시간이었다. 미사가 끝난 11시부터 12시까지는 개신교 예배시간으로 나누어져 있었다.

문경인과 나는 형제와 같은 기분으로 교감했고 술, 담배를 하지 않는 공통점도 있었다. 교회를 나간 지 1년 후에 차몽구 목사님에게 세례를 받았다.

"김재수 형제여, 성부와 성자, 성신의 이름으로 세례를 주노라" 머리 위에 찬물 한 방울이 떨어졌다. 그때 어떤 생각을 했는지 기억이 없다. 교회에 다니며 틈틈이 성경을 읽어 보았다. 성경구절대로 모든 사람이 따른다면 항상 평화스러운 삶을 살겠구나 생각했다.

<캐나다 교민 교회>

캐나다에 이민 와서 아들 내외와 사돈 댁 내외분이 출석하는 교회에 자동적으로 인도되었다. 교회 이름은 밴쿠버 제일장로교회였다. 이민 초창기에 창립해서 한때는 신도 수가 200여 명이었는데 1992년에는 약 40~50명 정도였다. 밴쿠버 제일장로교에서 분리되어 나간 교회는 중앙장로교회로 신도수는 200명 정도이다. 2013년 현재 자립하여 Surrey에 자기 교회를 신축했다. 기존의 제일장로교회는 분리되어 WESTMINSTER 교회명으로 바뀌어 현재 교인 수는 30여 명이다. 신문에 광고하는 교회 수만해도 150여 개이다. 이민자 수는 약 7만 명이다.

일요일 10시에서 11시의 예배시간을 공고하는 교회는 자체교회이지만 오후 2시에 예배시간을 공고하는 교회는 캐나다인이나 기타 타민족의 교회를 임대해서 사용하는 것이다. 저녁 예배시간은 오후 4시부터 5시로 되어있다. 한인 천주교회는 밴쿠버에 '성 김대건 성당' 하나뿐이다. 등록된 신도 수는 6천 명 정도이다. 불교는 서광사, 달마사 두 곳이 있다. 여기는 개신교의 교회가 너무 많기 때문에 서로 만나면

"어느 교회 나갑니까? 나는 어느 교회 장로입니다. 나는 집사입니다." 인사하는 것이 보통이다.

<선장 생활과 종교>

나는 군대 생활 중에는 종교에 심취하지 않았다. 그저 그런 것이 구나 하는 정도였다. 토, 일요일이면 외박으로 영내가 거의 공백 상태였다. 교회에 출석을 하다 보니 목사님의 설교는 좋은 교육 이었다. 나 자신을 돌아보게 되니 양심적인 삶이 나에게 주어지 는 것 같이 느껴졌다. 군대 생활이나 선원 생활 때에 거주가 일 정하지 않으니 한 교회에 적을 두고 깊이 신앙 생활을 할 처지가 못 되었다.

선장 생활을 하게 되니 항해의 안전과 선원들의 무사에 관심이 많아졌다. 대부분의 선원이 교인이면 서로 종교에 대한 대화를 하면서 종교에 의지하는 모습이 보기 좋았다. Maritime inner 1기 사, 1항사 통신국장 등의 Saloon 사관들은 자발적인 신앙 모임으 로 일요일이면 녹음 테이프 목사의 설교집을 이용해서 주일 예배 를 이끄는 좋은 분위기였다. 나도 그들과 같이 참석했으며 선장 님도 참석하니 모두 예배에 참석하라는 권유를 했다. 비신도들도 참석하는 사람이 많았다. 선상 예배가 끝나고 나면 간단한 다과 를 제공했다. 일요일 대화의 광장이 되어 좋은 분위기가 형성되 었다.

<개신교에 대한 생각>

여기 밴쿠버에 이민 와서 4년간 개신교에 출석하면서 느낀 바는 내가 생각하는 종교의 방향은 이것이 아닌데 하는 것이다. 첫째 가 몇 명 되지 않는 교인 중에 끼리끼리 문화가 형성되어 있었 다. 장로는 물론이지만 젊은 청년들은 소외되어 있었다. 그리고 십일조다 뭐다해서 금전적인 강요가 보편적이었다. 헌금 봉투란 것이 있는데 이름과 금액을 표시하는 봉투가 배분된다. 누가 헌금을 얼마나 하는지 차별이 보였다. 또한 목사의 심방이 있다. 장로란 사람이 사전에 날짜와 시간을 통보해 준다. 주로 저녁 시간이나 점심 시간에 심방을 한다. 목회자가 아니라 교인들에게 종교를 빙자하여 군림하려는 것 같이 보였다.

여호수아 전도회를 만들라고 했다. 65세 이상의 노인 교인들의 모임을 만들라는 것이다. 사돈 영감이 여호수아 전도회 회장을 맡게 되어 나에게 총무를 하라고 했다. 사돈의 부탁이니 총무를 하는데 회비 10불을 징수하는 것이다. 이렇게 모인 회비 중 100불을 한국에 있는 '양백교회'에 송금했다. 양백교회는 새로 개척하는 교회이며 신도 수 100명을 전도 수용한다는 뜻에서 양(教人) 백 마리를 상징하는 뜻이라고 했다. 제일장로교회에서 100불의 헌금을 송금하던 것을 여호수아 전도회에서 담당하게 된 것이다. 우선 첫 번째 송금을 했다. 1개월 후에 후원금을 잘 받았다는 회신이 왔다. 양백교회에서 온 회신을 전 교인들에게 읽어 주라고 나에게 말했다. 송금된 금액을 잘 받았다는 내용이며 덧붙여 우리 양백교회는 신축을 했으며 새로운 사업으로 교육관을 신축하기로 했으니 많은 후원을 바란다고 했다.

이것을 읽은 내가 가만있으면 김재수가 아니다. 전 교인 앞에서 "우리들은 셋방살이를 하고 있다. 우리의 교회를 가지기 위한 저축된 돈이 없다. 이것을 여러분은 어떻게 생각하느냐. 노인들이 무슨 돈이 있다고 여호수아 전도회를 만들어서 회비를 각출하게 하는가?" 했다. 그다음부터 나에게 쏠리는 눈초리와 태도가 이상했다. 애매하게 내 아내까지 따돌림을 받는 분위기였다. 누가 그런 분위기를 조성하는지 짐작은 하지만 말할 처지는 못되어 딸 내외와 우리는 그 뒤로 교회출석을 하지 않았다.
세상에 착하디 착한 내 아내를 따돌림하는 것은 참을 수가 없었다. 그 뒤로 장로와 권사들이 집으로 찾아 왔다. 나는 내가 생각하는 바를 말하고 두 번 다시 교회에 출석할 마음이 없다고 했다. 고교에서 여선생까지 한 권사가 "그것도 하나의 시련이라고 생각하시라." 했다. "교회란 곳이 시련이 있는 사람에게 시련을 없애주고 위로와 위안을 주는 곳인데 착한 사람에게 시련을 주게 합니까?" 이렇게 대답하고 4년간의 개신교를 졸업했다.

<천주교에 입문>

우연한 기회에 해군 신병 50기 군악대 출신 정태훈 후배를 만난 것이 인연이 되어 천주교에 입문하게 되었다. 언제 이민을 왔으며 가족사항 등 궁금한 것을 서로 물어보다가 종교 문제가 화제가 되었다. 정태훈 후배는 천주교인으로 신앙심이 강하고 밴쿠버 천주교 성당에서 관리자로 직분을 맡고 있었다. 정태훈 후배의 권유로 6개월간 교리수업을 받고 1999년 11월 말일에 천주교 세례를 받았다. 개신교를 떠난 지 3년만이었다.

세례명은 Paul이었다. 아내는 Paula였다. 그런데 천주교 역시 강조하는 것이 헌금 문제이고 헌금 종류도 다양했다. 주일헌금, 교무금, 감사헌금, 특별헌금, 교구 발전기금. 내가 천주교 세례를 받았을 때 신자 번호가 1255였으니까 그때 신도수가 1300명쯤 되는 것 같았다. 성당은 폐교된 학교 교사를 빌려서 사용하고 있었다. 성당 신축을 위해 대대적인 모금운동을 하고 있었다.
세례를 받고 난 후 새 신자 모임이 있었다. 반 및 구역으로 편성되어 있었다. 구역모임은 년 1회 정도이고 여름 야유회와 크리스마스 파티 모임이 있었다. 반 모임은 1개월에 한 번씩 반원들의 친목을 도모하고 본당에 건의사항과 본당에서 교시(敎示)적인 모임이었다. 각 반원들의 자택에서 간단한 식사 대접을 하는 것이

상례였다. 그 반 모임에서 나에게 성당 신축 헌금할 것을 요구했다. 약정하라는 것이다. 내가 가지고 있는 돈이 없으니 차차 지내면서 헌금하겠다고 했다. 내가 약정을 해 놓고 실행하지 못했을 경우 하느님에게 거짓말을 하게 되는 것 아닌가? 내 일은 내가 알아서 하겠노라고 했다.

그 후에 재활용품 처리하는 곳에서 금, 토, 일요일 Part Time 노동의 대가를 저축해서 500불의 현금으로 헌금했다. 내가 헌금한 것이 그 주의 주보에 공시되니 아무 이의가 없었다. 2001년에 600만불의 건축비용으로 Surrey에 새로운 성당을 신축하였다. 2013년 현재 신자 수가 등록된 사람만 6,000명으로 추산되며 주일에는 2,000명 정도가 출석한다. 이태효 주임 신부님이 부임하여 자체적인 성당을 갖게 되었다. 신부님들은 대개가 4년이면 교대를 한다. 여기 교구청의 요청으로 교대 없이 계속해서 성업(聖業)에 종사하고 있다.

\<Wall Mart Coffee科\>

밴쿠버에도 한인회, 노인회, 재향군인회, 6.25 참전유공자회, 해군 동지회 등 많은 단체가 있다. 이민 와서 처음에는 각 단체에 참여했으나 하는 것을 보아하니 '먹자주의' 이고 발전성이 없어 보였다. 그래서 그런 회에는 일절 참여하지 않았다. 가끔 후배나 나를 잘 아는 친구가 전화 연락을 해서 안부를 전하고 대화를 한다. "김형 요즘 뭐하고 지내느냐?" 고 물어서 Wall Mart 대학에 다닌다고 했다. 그런 대학이 어디에 있냐고 무얼 배우느냐고 묻는다.

우리 친구들은 아침 7시에 Giuld Fort에 있는 대형 Mall에 모인다. 노인들을 위해서 아침 8시에 출입문을 개방해서 보행운동을 하는데 많은 노인의 운동장이다. 보행운동이 끝나면 Wall Mart 내에 있는 Coffee Shop에서 Coffee를 마시면서 건강에 관한 이야기, 시국에 관한 의견을 표하면서 재미있는 시간을 보낸다. 그래서 내가 지어준 이름이 Wall Mart 대학의 Coffee과라고 해서 모두가 그렇게 호칭하는 것이다. 오늘도 비가 주룩주룩 왔는데 7시에 집을 나가서 우동을 먹고 Coffee를 마시고 왔다. 이것이 2012년 12월 3일 일과였다.

<밴쿠버 한인사회의 이모저모>

1992년 9월 28일 밴쿠버에 도착한 3일 후에 사돈 어른의 안내로 Sky Train의 교통편의 이용방법 등을 들으면서 도착한 곳이 한인 회관이란 간판이 붙어 있는 건물이었다. 우중충한 외관으로 첫 인상이 별로였다. 화장실에 들어가 보니 지린내가 코를 찔렀다. 용변 후에는 손잡이를 오른쪽으로 밀고 물이 나가면 다시 왼쪽으로 돌려서 제자리에 가게 한 임시조치의 시설이었다. 화장실의 문화를 보면 그에 대한 생활환경을 알 수 있다고 했다.

2000년도에 한인회관을 다시 방문했을 때도 화장실은 하나도 변하지 않았다. 노인회는 한인회와 같은 건물을 사용하고 있었다. 방문한 그날은 주로 노인분이 대부분이었다. 담배 연기 자욱한 실내에서 장기, 바둑, 마작, 화투 등의 오락을 하고 있었다. 기품이 있는 분위기를 느낄 수 없었다. 바둑을 두시는 분이 제일 조용하고 젊잖아 보였다. 망망대해에서 24명의 선원들과 같이 동료애를 느끼던 것을 밴쿠버의 고독한 생활환경에서 동년배와 함께 어울리려 했던 희망을 저버리고 돌아섰다.

<한인회장 선거>

육군중령 출신 S란 분이 한인 선거에 동행해 주기를 부탁해서 거절하지 못하고 선거에 참여하기로 했다. 별로 참여하고 싶은 생각은 없었다. 왜냐하면 S란 한인회장은 '서편제' 영화를 구입해서 상영했는데 수익금을 어떻게 했다 안했다 해서 법정문제까지 간 적이 있었고 한인사회에서의 한인회는 좋은 평을 받지 못하고 있었다.

한인회(투표장소)에 가기 전에 장모집인가 하는 식당에 가는 것이다. 점심 식사를 하고 투표장에 간다는 것이다. 점심 식사 후 식비를 지불하니까 식비는 선불로 받았다고 했다. 한인회장 선거에 투표권을 행사할 수 있는 조건은 회비를 반드시 납부한 사람에 한한다는 것이다. 65세 이상의 노인들은 연회비가 5불이고 다른 사람은 20불이었다. 나는 회비를 납부하지 않았으니 투표권이 없다고 했다. 하지만 접수하는데 가서 누구를 지지하기만 하면 된다고 했다. 접수하는 테이블 앞에 서니 누구를 지지합니까 하고 물었다. 나는 G라고 했다. 그리고 회비를 납부하지 않았다고 했다.
"성함을 말씀해 주십시오" 했다. 접수계원은 확인해 보더니
"회비는 납부되어 있습니다." 며 투표용지를 나누어 주었다.
선거가 끝나고 한인회장으로 당선된 이는 G 씨였다. 한인회장 선출의 주도권을 행사하는 것은 한인노인회였다. 노인회원은 연회비 5불이기에 100명을 포섭하는 데는 100명 곱하기 5불이면 되고 그 노인들을 유도하기 위해서 점심 한 끼를 미끼로 하는 것이다. 그 이후의 한인회장 선거는 아예 버스를 대절해서 노인들을 식당으로 데려가고, 투표장으로 데려가는 짜여진 순서였다. 적어도 한인회장의 자격은 준외교관은 되어야 한다고 생각한다. 미국이나

캐나다의 한인회장은 대개가 재력이 있는 분이고 영어를 능숙하게 구사할 수 있는 분이 대부분이다.

<교민사회의 민폐>

본국 정부의 어느 높은 직위에 있는 분이 밴쿠버를 방문한다는 정보를 입수하면 벤츠 승용차로 공항으로 마중해서 호텔에 기숙하는 동안 수행하고 뒷바라지 한다. 자신의 존재를 과시하는 사람들을 보면 꼭 저렇게 해야 하나 싶은 생각이 가끔 든다. 밴쿠버에 결성된 몇몇 한인모임에서는 추석, 구정, 년말 송년회 등 여러 종류의 행사를 교민이 운영하는 업체를 방문해서 찬조금을 요구한다. 대형 식품회사 업체는 물론 소소한 구멍가게까지 빠짐없이 찬조금을 요구하는 것이다.

<재향군인회>

1992년 9월 28일 이민 왔을 때는 재향군인회란 존재도 없었다. UN군의 일원으로 6.25에 참전한 군인들 KVA(Korea War Veterans Association)을 위문하고 감사한 마음으로 우정을 표시하는 뜻에서 결성된 6.25 참전한 한국군 출신들의 모임이 있었다. 점점 이민자가 많아지고 모임의 인원도 많아지게 되니 한국의 재향군인회에 상신해서 1997년 2월 26일 서부 캐나다 재향군인회 지회란 명칭으로 창립총회를 갖게 되었다.

<캐나다에서 해군동지회 결성>

이민 온 대부분의 교민은 항상 조국을 생각하고 있는 것이 공통점이라고 생각한다. 주정부나 연방정부의 정치에는 관심 없어도 본국의 정치에 관해서는 대단한 관심을 가지고 있는 것이 현실이다. 특히 해군 순항훈련함대의 방문 시에는 대단한 환영계획을 짜고 환영행사에 적극적이 된다.

내가 이민 왔을 당시, 해군예비역들의 모임이 없었다. 1993년 11월 10일에 해군 순항훈련함대가 기항한다는 소식을 접하고 1993년 10월 10일 해군예비역 33명이 모여서 해군동지회를 결성해 창립총회를 했다. 동년 11월 10일 〈해군 순항훈련함대환영〉이라는 Banner을 크게 만들어서 부두에 게양하고 환영행사에 참석했다. 나 개인적으로 몇몇 후배들을 초청해서 저녁식사와 관광을 시켜주고 정담을 나누었다. 한 가지 섭섭한 것은 군악대는 왔지만 내가 아끼고 키웠던 해군의장대가 오지 않아 매우 섭섭한 마음이었다. 함대가 떠날 때까지 해군 후배들과 함께 한 것만으로도 만족하며 아쉬움을 달랬다. 2004년과 2006년에는 해군의장대가 같이 왔다. 나는 특별한 의미를 부여하고 의장대원들을 한국식당에 초청해서 점심식사를 같이하며 그들을 위로했다. 특히 2006년 10월 6일에는 의장대 중대장과 대원들과 예약된 식당에서 만찬을 같이 했다. 그날은 추석이라 송편과 떡을 만들고 맥주도 한 잔씩 하면서 후배들과 환담을 했다.

513기 김정호 일병의 부친도 해군의장대에서 근무했다고 했다. 내가 13기생이니 무려 500기란 차이가 있었다. 하기야 내가 해군을 떠난 지 40여 년이 되었으니 무정한 것이 세월인가 보다. 마침 지역 한인신문기자가 기사화해 주었다.

신문의 사진 설명에는 이렇게 설명되어 있다.
〈지난 10월 6일 노스밴 한식당에서 해군 13기로 해군 의장대를 창설해 1958년부터 1966년까지 경남 진해에서 의장대를 맡았던 김재수 병조장(당시 계급, 1949년 입대) 부부가 '기수를 따지면 끝도 없고 계산도 되지 않는' 해군 513기인 막내 김정호 일병 (2005년 입대) 등 의장대(중대장 원사 정성모)후배 12명을 만나 푸짐한 'manna'를 대접하는 등 즐거운 한가위 오후를 보냈다. (글/사진 : 토마스 박 기자)>

바다가 보입니다 미래가 보입니다
"선배님 잘 먹었습니다"

지난 10월 6일 노스밴 한식당에서 해군 13기로 해군 의장대를 창설해 1958년부터 1966년까지 경남 진해에서 의장대를 맡았던 김재수 병조장(당시 계급, 1949년 입대) 부부가 '기수를 따지면 끝도 없고 계산도 되지 않는' 해군 513기인 막내 김정호 일병 (2005년 입대) 등 의장대중대장 원사 정선모) 후배 12명을 만나, 푸짐한 '만나 manna'를 대접하는 등 즐거운 한가위 오후를 보냈다. (글/사진 토마스 박 기자)

<6.25참전기념비 동상 건립>

2004년 10월 서부 캐나다 재향군인회에서 캐나다군이 한국전쟁에 참전한 보은의 뜻을 표현하기 위한 동상 건립 이사회 결의가 있었다. 2006년 6.25에 동상을 제막할 계획으로 모금운동을 시작했다. 2004년 11월 한국 해군사관생도의 순항훈련대가 밴쿠버에 기항했을 때 처음으로 생도와 승조원의 성금이 입금된 것은 뜻깊은 일이었다. 12,000불 정도라고 생각된다. 각 단체나 개인으로부터 모금된 성금이 신문지상에 공개되었다. 그런데 모금만 강조했지 동상을 건립할 구체적인 계획 즉, Master Plan을 제시하지 않아 자세한 계획을 알 수가 없었다.

2005년 6월 25일 본국 재향군인회가 매년 해외에 있는 6.25 참전 자를 초청하는 행사에 참가하기 위해 모국을 방문하는 기회에 본 국 재향군인회 국제본부장과 면담했다. 캐나다 밴쿠버에서 왔다 고 하니까 밴쿠버 지회에서 추진하는 참전 기념동상 건립에 관해 서 본국에서도 관심을 가지고 있다고 했다. 소요 건축비가 230,000불 든다고 하는데 보훈처에서 100,000불을 지원하기로 했 다고 했다. 나는 처음으로 소요 건립비가 230,000불이 책정되었다 는 것을 알았다.

<6.25 참전자란 용어>

나는 이 회고록에 6.25참전자란 용어로 통일하고 있다. 여기 캐나 다 어느 모임은 '6.25참전용사회' 라고 '용사(勇士)' 라는 단어 를 모임의 명칭에 넣고 있다. 원래 용사란 일본인이 만들어 낸 것이다. 중국과 소련을 상대로 일본이 고전하고 있을 때 소련군 이 구축해 놓은 콘크리트 장벽을 돌파할 수 없어 육탄 3용사가 폭약을 메고 들어가 콘크리트 참호를 폭파한 것이 그 유래다. 이 들이 떠날 때 천황이 내리는 담배라며 이별의 담배를 주었는데 아편 담배였다. 6.25 때의 국난은 전국민이 고생을 했고 그때의 적령기의 청년들은 대개 군대에 가야했으므로 6.25참전자이지 참 전 용사가 아니라고 말했다.

<한국과 캐나다의 6.25 참전자에 대한 처우비교>

2015년에 들어와서 한국 정부는 6.25 참전자에게 매월 15만 원씩 주던 수당을 월 12만 원으로 줄여서 지급했다. 통계에 의하면 생존해 있는 6.25 참전자는 약 10만 명이라고 한다. 그 중에서 1927년 ~ 1930년 생은 이미 사망한 사람이 많다고 한다. 내가 알고 있기로 육군은 1931년 생까지, 해군은 16기생이 3년간 6.25 전쟁에 참전했는데 입대해서 신병 교육 중에 전쟁이 나서 바로 포항 전투에 참전했다. 해병대 5기생은 훈련소 교육이 끝나는 날 휴전이 되었기에 총 한 방도 쏴보지 못한 6.25 참전자가 되었다. 2005년 내가 방한했을 때 13기생들의 모임이 있었다. 그때 서울 지역 및 경기도 일원과 수도권 주변에서 모인 동기생들이 약 120명이었다. 그 후 소식에 의하면 약 70명이 생존해 있다고 한다.

본국에 있는 6.25 유공자회와 재향군인회에서 보훈처에 항의하기를 기초노인 연금은 20만원 씩 지급하면서 6.25 참전수당을 15만 원에서 12만 원으로 하향 조정하는 것은 어느 법에 근거한 것이 냐고 항의했다는 것이다. 보훈처장에게 6.25를 알고 있는가 항의 했다. 2016년부터 월 20만 원으로 노인연금과 동일하게 지급하게 되었다.

캐나다의 6.25 참전에 대한 복지사항을 알아보자. 의사가 처방하 는 약값은 무료이다. Wheel Chair이 필요한 사람에게 무료 지급 된다. 보청기, 치과 치료, 년 1,482불의 House Keeping, 년 3,200 불의 식대 등 14가지를 무료로 해 준다.
캐나다에 살고 있는 6.25 참전 이민자들도 시민권이 있고 전과가 없는 자에 한해 캐나다인 6.25 참전자와 동일한 대우를 해 주고 있다.

연로해서 숙식 해결이 어려운 처지에 있는 6.25 참전자들 중에는 그 분들의 신변을 돌보아 주던 필리핀 출신의 여자들과 결혼한 사람도 있다. 필리핀 여자들은 대개 영어를 잘한다. 캐나다인 6.25 참전자가 사망하면 필리핀 부인에게 죽을 때까지 6.25 참전 자의 연금을 캐나다 정부에서 지불해 준다. 그 미망인에게 캐나 다 정부가 감사하다는 예의 표시하는 것이라고 한다. 캐나다 보 훈처는 나에게 1년 간의 수당을 지불하는 편지와 돈은 수표를 보 낸다.

<Tofino란>

세계 각국은 재난, 태풍, 토네이도, 폭설 등으로 아우성인데 이곳 밴쿠버는 그러한 기상으로 인한 피해는 없다. 인천에서 출발해서 밴쿠버까지의 항로는 동해를 거쳐 일본 본토와 북해도 사이의 해협을 통항한다. 대권항해 항로는 Aleutian Island 북쪽의 코스로 Unimak Pass로 통과해 밴쿠버로 코스를 정한다.

밴쿠버에 가까워지면 Tofino Traffic에서 호출한다. 밴쿠버 연안 50마일 선에 접근하면 선명, Call Sign, 대리점 이름 등을 보고하는 절차이다. 9월경에 캐나다 연안에 접근하면 높은 산정에는 백색의 설경을 볼 수 있다. 고산지대에는 9월부터 눈이 내리고 태평양 연안과 부근에는 매일같이 비가 내리는 것이 상례이다. Mexico 부근에서 흐르는 난류가 태평양을 통해서 Unimak Pass를 통해서 빠져나가는 난류로 인해서 우기로 접어 드는 것이다. 대개 5월말까지 우기이다.

Tofino는 태평양 연안에 있으며 밴쿠버는 물론 캐나다와 미국으로 입항하는 모든 선박을 통제하는 곳이다. 특이한 점은 한국전에 참전한 캐나다 예비역들은 1년에 한 번씩 Tofino에 모여 캐나다군이 파주전투에서 공산군에게 승리한 것을 기리고 이곳이 파주와 캐나다가 제일 가까운 곳이라고 해서 한국 파주를 바라보면서 과거를 회상하는 것이다. 1992년 내가 이민 왔을 때만 하여도 약 50여 명이던 캐나다 참전용사들이 2013년 6월 25일에는 13명 정도가 생존해 있으며 연로해서 거동이 불편한 분이 대부분이다. 지난해 2012년 6월 25일에도 나의 사비로 그분들을 뷔페 식당에 초청해서 식사를 대접했는데 부인들과 동반했는데 모두 13명이었다. 그분들은 한국의 발전된 경제 성장을 보는 것이 큰 영광이며 자유를 위해서 한국을 도운 것을 참으로 잘했다고 하는 자부심을 가지고 있다.

<캐나다 이민사회의 사건 사고>

사람 삶이 항상 밝은 것만 있는 것이 아니기에 캐나다 이민 사회의 뒷면을 바라볼 수 있는 사건, 사고 몇 개를 적어 보겠다.

<같은 민족끼리 수표 사기>

가끔 교민사회에서 사기 사건이 일어날 때가 있다. 유학생을 상대로 부도수표를 발행해서 사기치는 수법이 한동안 유행했었다. 5만 불 사기 수표 건으로 화제가 된 이야기를 적어 볼까 한다.

어느 한국 이민자가 5만 불 상당의 바다가재(랍스타)를 인수한 후 수표를 부도내어 랍스타를 가로챈 사건이 있었다. 여기 캐나다에서는 발행된 수표의 잔고가 없어서 부도가 났을 경우, 본인에게 수표를 돌려주고 무효화 되었다고 하면 부도수표를 발행한 당사자에게 책임을 묻지 않고 그걸로 끝나는 것이다. 이 수표를 확인하고 추심하는데 1주 간 시간이 소요된다. 이것을 이용해서 캐나다 물정 모르는 어리숙한 동포에게 사기를 친다. 그래서 한국 유학생들에게 수표를 받고 절대 현찰을 주지 말라는 주의 사항을 학교에서 제일 먼저 교육시킨다. 이 랍스타 5만 불 사건은 변호사를 통해서 소송했다. 부도수표를 발행한 장본인이 나타나서 하는 말이 캐나다에서는 부도수표를 발행한 사람에게 법적인 처벌을 할 수 없다고 하면서 피해자에게 약을 올렸다. 그런 내용을 피해자가 휴대전화기로 녹음했고 그것을 이용해서 변호사가 사기죄로 고발을 했다. 캐나다에서 사기죄는 아주 무거운 형벌로 처벌한다. 부도수표는 법원에서 언제까지 변제하라고 주의를 주는 선이지만 사기죄는 손해배상과 동시에 상당한 처벌을 받는 것이 여기 법이다. 이 사기꾼은 하나만 알지 둘은 몰랐던 사기꾼이었다.

<또 다른 수표 사기>

내가 여기 캐나다 밴쿠버에 이민 와 느낀 것은 성심성의 것 열심히 생활하는 이민자들도 있지만 한국 유학생을 상대로 사기치는 얌체 족속들도 상당히 있다는 것이다. 아주 젊잖게 정장을 하고 유학생에게 접근해서 은행수표를 보여주면서 은행 시간이 늦어서 현금을 인출할 수가 없으니 이 수표를 받고 현금을 달라고 하는 것이다. 10대나 20대의 한국 유학생은 순진하게 현금을 주고 수표를 받았으니 은행에 수표를 제시하고 현금 결제를 요구하면 부도수표처리 되어 현금 인출이 안된다고 은행에서 말해 준다. 여기 캐나다에서는 수표를 추심하는데 2주일이 소요된다. 여기 은행에 계좌를 개설하면 1권에 25불짜리 수표책을 10권을 준다. 다른 은행에 가서 계좌를 개설해도 똑같이 25불짜리 수표책 10권을 준다. 사용카드와 현금 인출용 카드도 발행해 준다. 유학생들에게 신문 지상이나 영사관에서 이런 사기 사건을 조심하라고 광고한다. 현금이 필요하면 ATM에 가서 얼마든지 현금을 찾을 수 있는데 개인이 수표를 가지고 개인을 상대로 거래를 하는 것을 악용한 것이다. 정부에 내는 공과금이나 버스나 전철 등의 연간 정기 납부금은 반드시 수표를 동봉해야 하며 전기세, 수도세 오물세, 가스사용료 등은 은행을 통해서 지급한다. TV 시청료, 전화 요금 등을 낼 때도 현금은 받지 않으며 반드시 신용카드로 결제해야 한다. 순진한 젊은 유학생들을 상대로 사기 치는 파렴치한 자들이 같은 동포라는 사실이 참 슬프다.

<캐나다에서 나의 해군 사랑. 몸도 늙으니 마음도 늙는구나>

2013년 11월 3일에 해군사관생도의 실습함대가 파나마 운하를 통항해서 캐나다 몬트리올에 기항 방문한다고 하였다. 한국 해군 함대가 파나마 운하를 통항하는 것도 좋은 경험이지만 캐나다의 몬트리올에 기항하는 것은 처음이라고 생각된다. 나는 항해사 및 선장 생활을 하면서 파나마 운하를 28번 통항했다. 몬트리올 항에도 수없이 기항했고 특히 야간 항해로 퀘벡 항에 입항할 때 퀘

벽의 야경은 천하의 일품이었다. 영화에서나 보았던 고성의 광경을 실제로 보는 좋은 체험을 하였다.

몬트리올에는 해군동지회가 없어 해군을 대표해서 환영해 줄 해군예비역이 없는 것이다. 밴쿠버에도 1993년도에 내가 주동이 되어 해군동지회를 창립해서 기항하는 훈련함대를 환영하는 행사에 참여하였으나 그때는 의장대가 불참하였기에 섭섭했다. 그 후는 제법 행사다운 행사를 하는 데 해군동지회도 적극적으로 참여해서 모군의 발전된 모습을 볼 수 있었고 특히 의장대가 왔기 때문에 나는 적극적으로 그들과 교감했다. 내가 만들어 놓은 의장대를 이국만리 타국에서 보았을 때의 내 심정은 무엇이라 표현할 수가 없었다.

513기 대원은 나와는 500기수가 차이가 있었고 그들은 나를 의장대 할아버지라고 했다. 이런저런 생각으로 몬트리올에 가서 의장대원을 만나기 위한 여행계획을 세워 보았다. 여기 해군동지회에서 주동이 되어 가야 하는데 모아 놓은 회비도 없고 조금씩 모아 놓은 회비도 골프나 치고 유흥에 소비해서 자금이 전혀 없는 상태라고 했다. 나 혼자라도 갈 생각으로 비용을 계산해 보았다. 왕복 항공료가 1,000불, 호텔 숙박비 3일 600불, 승용차 Rent비, 의장대원 접대비 1,200불. 최소한 3,000불이 필요했다. 그런데 막상 떠나려고 하니 집사람의 형편이 문제였다. 특히 보행이 매우 불편했으며 딸이나 아들 집에 두고 나 혼자만의 여행이 나의 마음에 평안하지가 않았다. 식사 수발은 물론 대소변의 처리 등의 수발을 누구에게도 마음 놓고 부탁할 수 없었고 나의 건강도 장거리 비행여행과 낯선 곳에서의 운전도 문제였다. 몸이 늙으니 마음도 늙었고 많이 먹고 못 사는 것이 나이라고 생각하는 자신의 처지를 무엇이라 표현해야 할까.

<서해교전>

특|별|기|고

사망·실종된 하사관 보상 고작 6000만원...

괄시받은 서해교전 전사 해군장병들

얼마 전 아프가니스탄 '바그람' 기지(基地)에서 북한테러에 의해서 사망하고 공장흥 하사에 대해 순직으로 발표했다가 전사(戰死)로 처리했다는 기사를 접했다. 순 하사의 죽음을 기리는 뜻에서 1계급 특진과 무공훈장 추서를 하고, 월남전 파병 이후 직대체력에 의해 처음 순직한 경우로, '전사' 최대의 '소멸' 기준 호봉(2,735,000원)을 적용하여 유족에게 2억 3천여만 원의 사망보상금과 매월 85만 5천원의 보훈연금이 지급된다고 한다.

초계함(F함)을 수병(少兵級)의 기준 호봉으로 급여해서 특별 처우를 했으나 수병(少兵)인 전사하면 대장급(大將級) 호봉을 적용함이 마땅한가?

이에 비교해 지난 2002년 6월 29일 연평도 근해(近海) 북방한계선(北方限界線, NLL)을 넘어 온 북한함 군경비정이 우리 고속정 357호정을

기습공격하면서 발생한 서해교전(西海交戰) 당시 전사한 6명의 해군장병(海軍將兵)에게는 전사자(戰死者) 보상금으로 얼마를 지급했을까?

치열한 교전 끝에 함수라급 고 정장이 침몰했고, 6명의 해군장병이 사망했는데 사망·실종된 하사관 보상금으로 고작 6천만원이 지급된 것으로 알고 있다. 뿐만 아니라 대통령, 국무총리, 국방부 장관도 이들을 홀대하게 외면했고, 영결식에도 정부 고위관료(高位官僚)는 한 사람도 참석하지 않았으며 철저한 푸대접 속에서 오히려 해군장병들의 애도와 추모로 훌륭한 영결식이 거행되었다고 한다.

일부기 추모식도 홀대하듯이 의연 당하기 마련이었다고 한다. 6·25 참전자(參戰者)에 대해서도, 전사자, 부상자들에 대해서 도대체 책임을 어떻게 처우할 것인가?

휴전 협력을 합산해서 21년간의 복무연한(服務年限)이 점산되었는데, 임무연한(任務年限)이란을 정부 6년만에 18년간으로 만들어 연금 수령자 대상에서 탈락시키는 게 아닌가!

아아, 대한민국(大韓民國, 나의 조국애國이여! 그저 유구무언(有口無言)일 뿐이다.

대한민국의 주적(主敵)인 북한군의 기습공격으로 교전 중 전사한 윤영하 소령, 한상국 중사, 조천형 중사, 황도현 중사, 서후원 중사, 박동혁 병장의 명복을 빌 뿐이다. (金永洙/海군 예비역)

사진도 제대(除隊) 때 전부(全部)

'전사한 하사관 보상 고작 6000만 원', '괄시 받은 서해교전 전사해군 장병들' 서해교전 시 전사한 해군장병들에 대한 정부의 처사가 너무나 어처구니가 없기에 위와 같은 내용을 여기 교민신문에 기고했다. 대한민국의 주적인 북한 공산군의 기습으로 전사한 장병들의 장례식에 대통령, 국무총리는 그렇다고 해도 해군 출신 국방장관도 참석하지 않았다는 것은 해군 출신 예비역으로서 참담하다고 아니 할 수 없었다. 이곳 우리 해군동지회에서는 모임이 있을 때마다 그 장병들의 명복을 비는 묵념을 하고 있다. 내가 기고한 기사가 신문지상에 보도된 후 영사관에서 나를 보는 관점이 달라졌다는 것을 알았다.

캐나다 정부에서 지급하는 연금도 수령하고 있으며 노후생활에는 지장이 없는 생활을 하고 있다. 대략 2년마다 한번씩 한국 해군 사관생도들의 순항 훈련함대의 밴쿠버 기항 시에는 후배들에게 선배로서 멋을 내는 재미도 있는 것이다. 육군은 전차를 가지고 오는가? 공군은 제트 전투기를 가지고 오는가? 5대양이 있기에 해군이 있고, 해군이 있기에 후배들을 만나는 기분을 표현할 수

있는 기쁨을 간직하고 있는 것이다.

'역시 우리는 해군이다.' 하고 으스대며 함정이 입항할 때와 출항할 때는 해군가를 소리 높여 합창하는 것이다. 해군의장대 출신들이 제대 후에 복학해서 이곳 밴쿠버에 연수차 왔기에 가끔 우리집으로 초대해서 맥주잔을 기울이며 옛날이야기를 하는 재미도 있고 의장대 출신들의 의리와 단결된 모습으로 옛날을 회상하게 하는 것도 좋은 추억이 된다. 앞으로도 의장대 출신이 이곳으로 많이 오기를 바라는 마음이고 여기에 다녀간 대원들은 440기 권영룡, 442기 김경묵, 450기 김승희 대원이 있었다. 내가 13기이니 엄청난 기수 차이이다. 그만큼 내가 늙었구나 하는 생각이다.

아들 하나, 딸 하나, 두 남매는 아내 혼자서 잘 뒷바라지해서 착하게 자라주었다. 그래서인지 자부도 착하고 예쁜 그야말로 현모양처이다. 사위도 아주 착하고 생활력이 강하고 현실에 충실한 기질의 사나이고 외손자 2명이 그의 희망이다. 큰 친손녀는 대학생이고 둘째 손녀는 아주 영리하고 빈틈이 없이 어떻게 귀여운지. 마지막 손자 놈은 사나이다운 기질을 풍기는 남자다운 풍모로 우리 집안에서 인기만점이다. 그러니까 나는 착하고 아름다운 아내와 아들, 딸 가족들과 행복한 삶을 살고 있으며 보고 싶을 때 보고, 외로움 없이 행복한 여생을 보내고 있다.64)

<아내의 건강이상>

2009년 9월 건강 검진에서 아내한테 당뇨가 있다는 진단을 받았다. 그때부터 걷는 운동을 철저히 했고 건강유지에 신경을 썼다.
아내 나이 77세에 접어들면서 건강이 현저하게 나빠졌다. 고혈압 진단도 받았다. 근래는 두문불출한 상태다.
2015년 8월 27일(음 7월15일 백중날) 아내의 팔순이었다. 숨도 차고 보행도 불편하고

해서 의사의 정밀 검사를 받았는데 3개월을 통원 하며 받은 진단의 결과는 치매증상은 아니고 건망증이라고 했다. 기존의 병에 건망증이란 병이 추가되었다.
기억력이 없어져서 지난 과거를 거의 기억하지 못한다. 아내의 팔순 생일을 맞이해서 가족들이 다 모였지만 나의 마음은 형언할 수 없는 허전함으로 천리만리 떨어진 기분이었다. 아내를 생각하면 저녁으로 잠을 못 자는 불면증의 나날이 계속되었다. 80세에 접어드니 건강에 많은 의문을 갖게 되었다. 걸음을 걷는데 활발하지 못하고 무엇보다도 숙면을 취하지 못하는 것이다.
아내를 위하고 내 건강을 유지하기 위해서 먹는 것, 운동하는 것

---

64) 2008년 첫번째 회고록의 시점이다

그리고 정신적으로 나의 자세가 중요하다. 일주일간의 일과는 대개 7시에 일어나면 아내의 식사준비를 한다. 월, 목요일은 간호사가 와서 목욕을 시켜준다. 일요일 저녁 후에는 1주일 동안 아내가 복용할 약을 약통에 요일별로 준비해야 한다. 당뇨, 혈압약, 콜레스테롤 약.

이제는 내가 아내에게 봉사해야 한다. 하루 세 끼의 식사 준비는 물론 아내가 좋아하는 반찬도 준비해야 한다. 아내가 하던 주방 일을 해보니 남자보다 강한 것이 여자라는 생각이 들었다. 밥만 해서 먹는 것이 아니었다. 반찬을 만드는데 웬 조미료는 그렇게 많은지. 간장, 된장, 고추장, 깨소금, 국 간장 어느 때 어떻게 간을 맞추어야 하는지 도무지 요령부득이다.

남자란 겉멋만 부리고 다녔지 여자에 비하면 무엇을 했는지 실적을 알 수가 없다.

남자들은 냉장고를 마음대로 개방해서 먹고 싶은 것을 꺼내 먹지만 여자들은 부족한 것을 채워주고 청소도 해야한다. 그것 뿐인가? 조금이라도 시간이 나면 집안청소도 해야한다. 임신의 고통, 출산의 고통, 밤 중이라도 우는 아이에게 우유 먹이고 기저귀와 뒤처리. 잠을 자는 둥 마는 둥 아침에 일어나면 부족한 수면으로 무거운 몸을 이끌고 아침 준비를 하고 어린아이를 보살펴야 하고 여자의 몸으로 너무나 많은 노동력이 필요함을 알았다. 이제 내 아내는 아무것도 하지 못하는 80세의 할머니가 되었다.

가끔 아내를 차에 태워 바닷가에서 바람을 쐬운다. 2~3년에 한 번 한국 해군 순항분대가 밴쿠버에 기항하면 환영회에 참석하고 의장대원을 초대해서 점심 식사 대접을 하는 것이 나에게 제일 기쁘고 그들을 만나 해군의장대 마크를 접하게 되면 무엇이라고 감상을 표현해야 할지 모르는 벅찬 감동이 있다. 민간인으로 해군의장대원들에게 "받들어 총!" 예우를 받은 사람이 아내와 나

두 사람 말고 있을까. 그들에게 작은 선물이라도 하나씩 주는 것도 나에게는 영광된 과거를 다시 떠올리게 하는 즐거운 일 중 하나다.

2016년 이민 온 지 24년이 되었다. 너무 빨라서 어떻게 지나간 세월인지 모르겠다. 민상 손자 놈이 금년에 대학 입학했다. 내가 이민 와서 5년 후에 출생했던 손자다. 흔히 옛날에 유수 같은 세월이란 신파적인 말이 있었다. 정말 유수 같은 지난 세월이 언제 어떻게 된지 모르게 벌써 86세가 되었고 조국을 떠나 이역만리 캐나다에 살면서 우리 가족들은 한 도시에 모여 살게 되었으며 내 여생을 이곳 밴쿠버에서 보내게 된 것도 운명이라고 해야 할까.

<나의 건강에 관해서>

여기 친구들이나 나를 아는 사람들은 나를 보고 건강하다고 한다. 80평생을 살아오면서 어릴 때 학질(말라리아)을 앓았다. 군대 생활 중에는 맹장 수술을 했다. 군대 생활과 선원 생활도 특별히 병으로 인해 문제가 된 일은 없었다. 특히 군대생활 중에는 술, 담배를 하지 않았다. 군대식 3:7의 보리밥에 콩나물국의 소찬으로 자연스럽게 식이요법에 적용되었던 것 같다.

군대생활 중에는 거의 외출을 하지 않았다. 당시 군대 보급 물품이란 것은 보잘 것이 없었다. 칫솔, 치약 등의 일용품을 구하기도 어려운 형편이었다.

二曹(지금의 하사) 월급이 3,200환이었으니까, 지금의 미국 달러로 환산하면 100불 정도나 될까? 一等 兵曹가 지금의 중사에 해당할 것인데 일등병조가 군 공무원이 되어 3만 환을 받았다. 형편없는 월급으로 외출해서 쓸 돈이 없었다.

제대 후 선원 생활을 할 때는 매년 신체검사를 해서 이상이 없어야 승선할 수 있으므로 25년 간의 상선 생활에서도 신체적으로 어떠한 결함을 발견할 수가 없었다. 선원 생활 중에도 술, 담배는 물론 커피도 전혀 마시지 않았다. 항해 중 당직근무와 선박 운용에 관한 업무를 공부했으며 외출을 나가서 술을 마시거나 여자 집에 갈 시간도 없었다. 나는 철저하게 지조를 지켰다.

여기 이민 와서 Family Doctor(가정의)를 잘 만났다. 매년 9월이면 정기적으로 종합검사를 하고 이상이 있으면 즉시 Special Doctor를 소개해 주어 조치를 취해 주기 때문에 별다른 질병이 없었고 사전에 예방할 수 있었다. 의사는 혈압약, 전립선 예방약 그리고 위장약을 처방해 준다. 나는 여기 캐나다 보훈처에서 6.25 참전자에 대한 처우로 의사가 처방해 주는 약은 무료이며 치과는 연 1,500불 한도에서 치료를 받을 수 있고 House Keeping이라고 해서 년 1400불로 집 청소, 잔디 깎기 그리고 1일 8.28불의 식사를 주문해서 먹을 수가 있다. 주문하면 1주일에 한 번씩 배달해 준다. 한국 보훈처에서는 월 15만 원 지급해 주던 참전 수당을 2015년부터는 월 12만 원으로 삭감하였다.

나는 79세까지도 신체적으로도 어떤 이상을 느끼지 못하였다. 80세가 되니 완연히 달라지는 것을 느낄 수 있었다. 특히 아내 뒷바라지가 벌써 3년 차인데 나자신의 건강에 대해서 많이 신경 쓰고 있으며 매일 적어도 2시간 정도를 밭에 나가서 제초작업도 하고 잔디도 깎고 하면서 움직인다. 그리고 꼭 수영장에 가서 수영을 한다.

나는 적어도 1년에 한 번씩은 정기검사를 해서 사전에 예방하라고 조언한다. 아내도 당뇨, 고혈압이 있어서 의사 처방에 따라 약을 복용하고 있다. 매 3개월에 한 번씩 혈액검사를 해서 이상이 있으면 의사를 호출하고 조치를 취해 준다. 특히 당뇨가 있는 사람은 3개월에 한 번씩 눈 검사를 해서 치료를 받아야 한다. 나도 예방적으로 백내장 수술을 했다. 정기 눈검사를 받지 않고 있다가 녹내장이 되면 눈이 먼다고 한다. 나이 40대가 되면 정기적인 검사가 인체의 노화로 의한 질병을 예방하는 지름길이라고 생각한다.

<강병훈 교수와의 만남>

나에게는 세 가지의 영광과 행운이 있었다. 첫 번째는 해군 입대의 영광, 두 번째는 내 아내 이창섭을 만난 것과 세 번째는 해군 213기생 출신으로 의장대원으로 복무한 진주 출신 동향의 강병훈 교수를 만난 행운이다.

2005년의 어느 봄날 한 통의 국제 전화를 받았다.
"김재수 중대장님 이십니까? 해군의장대 213기 진주의 강병훈입니다." 했다.
내 고향 진주라는 지명도 반가운데 45년 만에 듣는 "김재수 중대장님" 이란 말에 어리둥절 했다.
"중대장님의 소재를 찾기 위해서 무척 노력했다." 며 자기 소개를 했다.
내가 해군을 떠난 지 45년이란 세월이 지났는데 어찌 내가 여기 있는 줄 알았는가 물어보았다. 밴쿠버에 거주하는 캐나다 사람 Mr. Peter이란 분이 한국에서 진해 해군의장대와 인연을 맺고 있는데 그 분을 통해서 중대장님의 전화번호를 알게 되었다고 했다. 내가 해군의장대를 맡아 군악에 맞춘 관병훈련을 처음 만들 때 함께 한 70기 이민순 선배를 통해 중대장님의 고향이 진주라는 것을 알게 되어 기뻤고 적극적으로 수소문했다는 것이다. 한국을 방문해 주시면 감사하겠다는 요청이었다.
때마침 2005년 6.25를 맞이해서 본국의 재향군인회의 행사의 하나로 해외에 있는 6.25 참전자를 초청하는 행사에 참석할 일정이 정해져 있었다. 2005년 6월 16일 한국을 방문하는 일정을 알려주었다.

"대단히 기쁩니다. 진해 해군의장대의 역사를 찾을 좋은 기회입니다." 강 교수가 말했다. 이상하게도 나에게는 어떠한 문제가 있으면 자연히 해결될 수 있는 예정의 조화와 기회가 주어지는 것이다.

아내에게 소식을 알려주니

"나는 집을 보고 있어야 되고 장거리 여행하기에는 건강이 허락하지 않으니 당신이나 다녀오고 세상을 떠난 어머님, 할아버님 산소에 꼭 다녀오라"고 했다.

아내는 미처 내가 생각지도 않았던 생각을 내게 말해 주었다.

2005년 6월 16일 인천공항에 도착했다. 신장이 180cm가 넘어 보이는 건장한 미남 청년들이 "김재수 중대장님 환영 해군 의장대 예비역 일동"이란 배너를 들고 열 지어 서서 질서정연하게 의장대원다운 모습으로 기다리고 있었다. 면면을 살펴보니 내가 중대장 시절의 대원들은 하나도 없고 일면식도 없는 예비역들이었다. 정렬한 예비역 앞에 서니

예비역 회장이 "차렷!" 하고 "김재수 중대장님께 경례!" 하는 구령과 동시에 "필승!" 해군 구호로 경례를 했다. 주위에 있는 일반인들도 우리의 광경을 신기한 듯 보고 있었다. 한 사람 한 사람과 모두 악수하고 준비된 차편으로 환영 만찬장으로 향했다.

진주에서 올라온 누이동생과 서울 정릉에 거주하는 동생 내외는 일단 동생 집으로 가게 했다. 만찬장에는 불고기, 소주 등으로 푸짐한 음식이 가득 차려져 있었다. 환영 나온 대원들로 방이 가득했다. 충청도, 전라도 등에서 먼 길을 찾아 온 대원도 있었다. 연락이 제대로 되지 않아 참석하지 못한 대원도 많다고 했다. 비행

기 내에서 구매할 수 있는 면세품을, 살 수 있는 한도로 양주 큰 것 한 병, 담배 한 보루, 볼펜 두 타스를 선물로 내놓고 양주병을 들고 대원들에게 일일이 따라 주며 건배했다.

볼펜과 담배를 예비역 회장에게 주고 적당히 나누라고 했다. 담배는 풀어서 중간 중간에 놓고 볼펜은 기수가 낮은 후배들에게 나누어 주는 것이다. 선배가 후배를 배려하는 마음씨가 참 아름답게 보였다. 밤이 늦도록 이야기 꽃이 피었고 어떻게 그러한 관병훈련을 만들었으며 군악 연주에 의한 음악 배열과 삽입 등에 대한 질문도 많았다. 1950년대의 미국 영화 Giant 영화음악이 대유행이기에 그 시대에 맞게 배열했고, '푸른 하늘 은하수', '아리랑 행진곡' 등을 배열하고 태극기 형(形)은 '휘날리는 태극기', 제일 마지막에는 해군가를 K.N에 맞추었다는 설명도 했다. 그 중의 한 구절을 내가 부르니까 대원들 모두가 따라 하면서 박수 소리가 요란했다.

내 청춘을 해군에 바쳤고 해군 생활 18년 중 8년 간을 의장대원과 함께 했다. 진해 의장대원들은 기수에 따른 위계질서가 대단했으며 대원들 전부가 순진하고 근면했다. 내 생에 감동의 한 순간이었다. 6월 24일 재향군인회에서 정해준 호텔에 여장을 풀고 다음날 6.25 기념식에 참석 2박 3일의 일정으로 휴전선 땅굴 등을 관광하는 일정을 마치고 인천공항에 가니 예의 대원들이 환송하기 위해서 나를 기다리고 있었다. 나를 위해 기수와 성명 등의 서명이 가득한 배너를 선물했다. 생각지도 않았던 선물이었다. 짧은 체류 기간이었으나 45년 간 잊어버리고 있었던 의장대를 다시 상기 할 수 있는 일정이었다. "필승!" 하는 구호에 답하고 인천을 떠나왔다. 밴쿠버에 돌아와서 300불을 지불하고 배너를 액자에 넣어서 우리집 거실에 걸었는데 아들이 보고는 이것은 우리집 가보로 보관할 것이라고 했다. 45년 간 정말 기나긴 세월이었다. 내 나이 75세 때였다.

<2008년 두 번째 한국 방문>

국방부 산하 국군방송의 '백년전우' 프로그램에 내가 해군 예비역 중에 선발되어 촬영 차 다시 한국을 방문하게 되었다. 이것 또한 나에게는 대단한 영광이었다. 2008년 8월이었다. 예비역 대원들에게는 사전에 연락되어 가족을 동반하고 많은 대원들의 환영을 받았다. 대원들과 함께 관광을 겸한 모임이었다. 공항에 도착하는 장면부터 촬영이 시작되었다. 내가 해군 의장대 중대장으로 근무했을 때 대원으로 있었던 예비역도 있었다.

그날 인천 공항에 나를 영접한 해군 의장대 예비역은 나이 70대부터 20대까지 세월을 망라했다. 다음날부터는 2함대 사령부를 방문하는 일정으로 연평해전의 상황을 설명하기 위해 중위 한 분이 정복을 입고 나를 마중해 주고 출입증 명패를 목에 걸어 주었다. 참수리호와 전사한 후배들의 동상 앞에서 준비한 화환을 헌화하고 그 날의 일정을 마쳤다.

내 숙소는 해군 178기, 의장대 예비역인 김승철 군의 집으로 정했다. 촬영팀이 김승철 군의 집까지 따라와서 그 사항을 촬영하고 같이 저녁 식사를 했다. 김승철 군은 의장대원 출신이고 김군의 부친은 내 해군 13기 동기생 김영준이었다. 신병교육 기간에는 같은 분대에서 해군생활을 시작했다. 종합학교도 5기생으로 나의 동기였다. 신병훈련소에서는 교관으로 나와는 인연이 깊었다. 이미 작고한 부친을 대하듯이 나를 극진히 대접해 주었다. 부인은 건강하게 생존해 있었다.

다음날은 대전으로 이동해서 현충원에 헌화했다. 의장대원으로 근무 중 하사관으로 지원해 연평해전에서 전사한 402기 조천형 중사의 묘에 헌화하고 거제도로 향했다. 통영상륙작전 기념행사, 충무공 행사 등의 일정을 예비역 대원들의 가족과 함께 버스를 대절해서 즐거운 여행을 했다.

1주일 간의 촬영을 무사히 마치고 아쉬움을 뒤로 하고 예비역 대원들의 가족들과 이별의 환송을 했다.

강병훈 교수가 정리해 준 나의 회고록은 해군 역사기록관리단에 영구 보존되는 영광을 얻었다. 우리 해군 초창기 역사를 직접 현장에 있었던 사람이 글로 남긴 경우가 없어 귀한 자료라고 영구 보존한다고 했다. 그리고 그해 한국을 방문해 촬영한 것은 국군방송의 '백년전우' 프로그램에 2주 간 방영되었다.

프로그램 제목은 "우리 생애 최고의 날" 이었다.

내 생에 이러한 영광은 잊을 수가 없다.

<운명의 날 2015년 12월 20일 오후 2시>

아내의 건강은 78세부터 악화하여 갔다. 걸음도 제대로 걷지 못하고 내가 옆에서 보조해야 겨우 바깥나들이가 가능했다. 간호사가 매주 목요일에 한 번씩 와서 아내를 목욕시키고 청소도 하고 집안일을 도와주었다.

혼다 자동차 판매원인 Y란 사람이 자기 부친도 해군 57기라고 말해서 차를 하나 사주기로 했다. 혼다 Accord CRV를 42,000불에 구매했는데 완전히 잘못된 구매였다. 보증기간이 끝나자마자 Wheel Shaft에서 기름이 새어 나왔다. 2,300불의 수리비가 필요하다는 것이다. 또 차 문을 여닫으면 소리가 빵하고 요란하게 났다. 이것도 수리하는데 300불이 소요되었다. 겨울에는 차 실내 난방도 잘 안 되고 완전히 잘못된 구매였다.

아내에게 이 차를 팔고 다른 차를 사야 하겠다고 했더니 아내는 그러면 차라리 벤츠를 사자고 했다. 노래방을 운영하는 해군 150기 정영호 후배는 해군에서 운전병을 했으며 제대 후에는 현대

정주영 회장의 운전사를 한 경력이 있었다. 나와는 각별하게 지내는 사이였다.

전화 연락을 했더니 아들 친구의 벤츠 판매회사에는 나에게 적당한 차가 없고 Surrey에 있는 판매점에 하나 있으니 가 보자고 했다. 그날로 Surrey 판매점을 방문해서 보니 48,000불짜리 Bluetek이 있었다. 2015년에 출시된 것이었다. 찻값을 45,000불로 하자고 했더니 한 푼도 안 깎아 주는 것이었다. 그만두고 나오니까 차 판매 수수료 500불을 안 받고 찻값을 47,500불에 해 주겠다는 것이다. 그래서 47,500불에 세금을 합쳐 48,000불에 인수했다. 3일 후에 벤츠를 가져와서 아내와 같이 드라이브를 하고 저녁 식사로 중국식당에서 아내가 좋아하는 탕수육을 하나 시켜 둘이서 나누어 먹고 나왔다. 벤츠의 시트에 난방 장치가 되어있고 차에 무게가 있고 안전성이 있어 좋았다. 왜 아내는 벤츠 차를 구매하기를 원했을까?

2015년 12월 20일 그날은 날씨가 좋았다. 연말도 되고 성탄절 선물을 전하기 위해 모처럼 맑은 날씨라 아내를 태우고 딸네 집을 거쳐 친구 집의 손자들에게 선물을 전하고 집으로 돌아오는 도중에 자동차 충돌사고를 당했다. "쾅!" 하면서 Air Bag이 터지고 앞이 캄캄해 아무것도 보이지 않았다. 시간이 조금 지나서 보니 오고 가는 차들이 모여 있었다. 아내는 허리도 아프고 숨이 차다고 했다. 911에 내가 전화했는데 주위에 있는 분들이 이미 전화해서 소방차, 경찰차, 구급차가 이미 와 있었다. 소방서원이 문을 열려고 하는데 운전석 쪽 문이 열리지 않아서 소방대원이 지렛대로 문을 열고 나에게 "어디가 아프냐?" 해서 목이 좀 아프다고 했다. 목을 움직이지 못하게 보호대를 끼우고 팔, 다리의 부상을 확인해 보고 차에서 내리게 했다. 아내도 구급차의 응급요원이 응급처리를 하고 병원으로 갔다. 경찰이 내 운전면허를 기록하고 떠났다.

New Westminster에 있는 Columbia 병원 응급실에서 약 세 시간에 걸쳐 응급처치했다. 저녁 9시쯤 캐나다인 의사가 나에게 찾아와서 "운이 좋으시네요(You are very Luck)" 라고 말해주었다. 아내는 어찌 되었는지 물었다. "역시 운이 좋아요(Also very Luck!)" 라고 했다.

의사의 말은 나이 많은 노인들은 충돌사고가 나면 대개 골절이 심해서 3개월 후면 사망한다고 했다. 노인들의 골절은 치료할 수 없다는 것이다. 그런데 우리 부부는 골절이 없어서 다행이라는 것이다. 아내의 응급실에 가니 며느리와 딸이 와 있었다. 아내는 산소마스크와 각종 수액을 달고 있었다. 담당 의사가 아내는 별 문제 없지만, 오늘은 응급실에 있으라고 했고 나는 집으로 돌아가도 좋다고 했다. 집으로 돌아와 밤 열한 시 경에 며느리에게서 집으로 전화가 왔는데 일반 병실로 옮겼다며 병실 번호를 알려왔다.

다음 날 아침 05:30분에 일어나서 06:15분 첫 버스를 타고 다시 전철로 갈아타고 병원에 도착해서 병실에 가니 며느리가 혼자서 밤샘을 하고 있었다. 내가 병실에 들어가니 자고 있던 며느리가 웃으면서 왜 이리 빨리 왔냐고 했다. 밤샘하느라고 수고 많았다. 빨리 집에 가서 쉬라고 했더니 웃으면서 그러면 가겠습니다 하고 떠났다. 밤샘하고 고단할 터인데 그러한 기색 없이 웃음으로 나를 바라보는 며느리가 고마웠다.

아내는 여전히 호흡 곤란 상태였고 계속해서 약물치료를 받고 있으나 호전되지 않았다. 그날 밤 아내는 중환자실로 이송되었다. 의사가 직접 치료를 하고 있었다. 두 사람의 간호사가 병간호하는데 그 중에 한 사람은 한국인 간호사였다. 아내를 위한 병원 측의 배려였다. 한국인 간호사는 걱정하지 말고 집에 가서 쉬라고 했다. 우리가 24시간 간호하고 의사도 시간 되면 와서 확인하고 있으니 일시적으로 중환자실로 내려와 있으니 염려 말라는 것이다. 다음 날 아침 9시에는 면회가 가능해서 가족들이 전부 아내의 상태를 볼 수 있었다. 아내는 우리를 모두 알아보고는 있으나 호흡이 여전히 곤란했다.

아내는 처녀 시절 결핵을 앓은 적이 있는데 결핵 치료를 위해 대학 진학을 못 했다. 처녀 시절 앓은 결핵의 후유증이 교통사고에 의한 Shock으로 발생한 것이라 했다. 중환자실에서 있은 지 3일 후에 다시 일반 병실로 이송되었다.
아내의 상태는 좋아졌고 식사도 잘했다. 간호사의 도움으로 보조기를 짚고 보행도 할 수 있게 호전되었다. 나는 매일 07:30분에 도착해서 08:00에 제공되는 아침 식사를 수발하고 점심, 저녁도 수발하고 나면 오후 6시가 된다. 그때 딸이 와서 밤 9시까지 수발하는 입원 생활을 1개월여 했다. 2016년 새해를 맞이하니 아내는 말도 잘하고 집에 가자는 것이다.

<아내는 양로원으로>

1월 말경에 담당 의사가 찾아와서 이제 아내는 퇴원해도 좋으나 집으로는 보낼 수 없다고 했다. 나도 나이가 많고 집으로 가면 가족들의 고생이 심하며 넘어지거나 해서 골절되면 회복하기가 어려우니 정부가 운영하는 양로원에 보내주겠다고 했다. 다음날 Social Work에서 왔다는 여직원이 요양원으로 이송할 것이니 기다리라는 통보를 했다. 2월 초에 Surrey에 있는 Old Yail Center 요양원으로 아내를 이송한다는 통보를 받았다. 우리 집에서 걸어서 약 30분 거리였다. 우리 집 주소를 고려해서 집에서 가까운 양로원으로 정해주의 그 배려에 감사한 마음 무어라 표현할 수 없었다.

10시에 양로원에 도착해서 아내의 이름을 말하니 302호실에 입실했다고 하면서 앞으로 출입하는데 필요한 사항을 적은 안내서를 내게 주었다. 아내의 방에 가니 Wheel Chair에 앉아 있었다. 나를 보더니 반가운 표정으로 웃음을 웃었다. 사고 이후 처음 보는 웃음이었다. 아내의 습관은 내가 어디에 다녀오거나 퇴근하면 인사가 미소를 짓는 것이다. Ole Yale Center에서 생활하던 중 3월 28일 Kinsmen Lodge 양로원으로 다시 이송되었다. 4층 건물의 양로원으로 아주 넓고 깨끗한 건물이었다. 조용하고 시설이 참 좋은 양로원이었다. 아내의 방은 108a였고 입구는 2인이 사용하나 내부의 방은 독방으로서 화장실 등 모든 것이 잘 갖추어져 있었다. 일 층의 노인 환자들은 총 21명이었고 대개 할머니 환자가 대부분이었다.

남자 환자는 4명으로 대부분 중풍 환자이고 당뇨로 인한 환자가 많았다. 식당도 아내의 방 바로 옆이고 약제사, 영양사, 간호사 등 환자를 수발하는 직원이 20명으로 식사시간에는 모든 환자의 수발을 하는 것이다. 모두가 친절하며 환자 한 사람 한 사람을 극진히 간호했다. 식사 차림표도 환자 개인의 상태에 따라서 정해진 식사를 일일이 테이블에 갖다 주었다. 약을 먹을 시간이면 약제사가 시간에 따라 꼭 챙기고 컴퓨터에 입력했다. 하나도 빈 틈없는 업무 수행이었다. 입원 비용은 정부에서 지급되는 노인연금으로 지급하면 되고 아내의 경우에는 월 1,080불이 내 계좌에서 자동으로 공제된다. 2015년 12월 20일 이후로 아내는 우리가 살던 집으로 올 수가 없어졌다.

<아내가 양로원에 간 후>

나는 24년간 아내와 같이 행복하게 살던 집을 정리하고 아파트로 이사했다. 내 일과는 아침 9시경에 아침 식사를 하면 계절에 따라 아내가 좋아하는 과일을 준비해서 양로원에 가서 아내를 만나고 점심 식사를 도와주고 양로원 정원으로 Wheel Chair을 밀며 산책하고 일광욕을 하고 나면 오후 2시가 되어 나는 아파트로 돌아와서 점심 겸 저녁 식사를 한다. 하루 두 끼의 식사가 습관이 되었다.

우리 노년에 별거 생활이 시작된 것이다.
아내의 방에서 나오면서
"여보 내일 또 올게." 하면
"왜 혼자 가느냐? 같이 집으로 가자." 고 하면서 "당신하고 집으로 같이 가고 싶다." 라고 했다.
돌아서는 내 눈시울이 뜨거워진다.
아내는 나만 보면 반가워서 항상 웃음으로 맞이해 준다. 양로원에서 말도 통하지 않는 환경에 얼마나 외로울까 싶어 매일 가는 것이 이제는 습관이 되어서 시간이 되면 아파트를 나서게 된다. 아내의 방에 한국 방송 All See Go (얼씨고)를 월 70불을 지급하고 TV를 보게 되어서 다행이다. 그나마도 없으면 얼마나 허전할까 해서이다. 양로원은 냉방이 잘되어 있어서 다행이다.

\<아내가 Benz 구매를 권하지 않았으면?\>

아내에게는 무엇인가 신비한 것이 있을까? 2015년 12월 26일의 교통사고를 가만히 생각해 보면 우리 부부가 무사한 것도 아내의 제안으로 벤츠 차를 산 덕이다. 왜 아내는 느닷없이 벤츠를 사자고 했을까? 사고 후에 ICBC에서 가져간 차를 보면 차의 전면은 상당히 파손되었으나 앞 유리 등은 그대로이고 내 차로 인해서 두 대의 차를 수리해야 했다고 말했다. 만약 그때 아내의 제안으로 벤츠를 사지 않았으면 어떻게 되었을까 하는 생각이 난다.

아내가

"벤츠를 삽시다." 할 때 두말없이

"그렇게 하자." 즉답을 했었다.

"사주팔자에 성질이 급하다고 하더니 정말 성질이 급하네." 하던 생각이 새삼 난다.

하여간 견고한 독일 차로 인해 아내와 나는 비록 별거 생활을 하고 있지만 새로운 노년의 생활을 매일 만나면서 살아가는 것도 아내의 영감이 작용한 것 같고 하느님의 보우가 있었다고 본다.

토요일 오후 7시 30분에는 성당 미사에 참배하고, 일요일에는 양로원에서 11시에 있는 미사에 아내와 같이 참석하는 것이 천주교 신자로서 아내를 위한 신앙생활이다. 양로원에서는 우리 부부가 미사에 참례하는 것도 화제이고 한국인으로서 처음 있는 것이라고 했다. 하느님 감사합니다.

<마무리>

나에게 주어진 시련이라고 생각해서 과거에 지나간 생각과 생활을 태평양 건너오면서 다 버리고 왔다. 선장 생활 등의 영광은 하나의 꿈이었고 잊어버린 세월이라고 자신을 타이르고 현실에 적응하기 위해서 한 달에 600불짜리 Part Time 생활도 만족하면서 살아왔다.

세월이 약이라고 하던가 친손자, 손녀, 외손자들도 공부 잘해서 대학을 모두 졸업하고 직장을 가지고 있다. 큰 손녀는 변호사, 둘째 손녀는 교사, 막내 손자는 올해에 대학 2학년이다. 외손자 둘은 큰놈이 ICBC(정부경영의 자동차 보험회사) 변호사로, 둘째는 약대를 졸업하고 월 7,400불의 급여로 Shoper's Drug mart에서 일하고 있다. 아들딸 내외들도 행복하게 잘살고 있다. 아마 이곳 밴쿠버의 이민자 중에서 내가 제일 행복하다고 생각된다.

<낙엽 같은 인생이 일생일까>

또 한 해가 저물어 가는 시점에 오색이 찬란했던 단풍잎이 비와 바람의 자연적인 현상에 떨어지는 것을 막을 수가 없다. 사라져 가는 낙엽을 치우면서 한 잎, 두 잎 떨어지는 낙엽의 마지막 모습은 살랑살랑 날아서 안무를 추는 것 같다. 떨어지는 낙엽을 보며 내 인생도 낙엽과 같은 인생이라고 생각해 본다. 봄이 되면 움이 터서 잎이 나고 꽃이 피며 녹색의 화려한 젊음을 자랑하고 과시하다가 가을이 되면 낙엽 따라가는 것이라 하겠다. 우리 인생 삶도 이와 같은 역정을 밟는 것은 아닐까.

나는 내게 주어진 운명을 거부할 수 없는 그 시절에, 나라를 위해서가 아니라 군인으로서 임무의 수행이었고, 내 가족을 위한 선장 생활이었다. 국가와 민족의 부름 등의 미사여구를 구사할 계제는 아니었다. 나는 그때그때 나에게 주어진 운명에 순응했다고 생각한다. 어느 자리에서나 열심히 나에게 주어진 임무를 다했고, 목적이 달성되었을 때 그 자리를 떠난 것이 나에게는 좋은 기회와 나의 앞길을 열어 준 것 같다.

아내의 정신과 육체도 쇠잔해지고 나의 육체도 젊은 시절과 같지 않다. 그것도 인생 노년의 숙명이라 생각하면서, 지난날의 업적으로 위로하고 싶다.   2016.10

윗글을 모두 정리한 2017년 2월 11일. 12시 5분.

아내는 영원히 이 세상을 떠났다. 2월 16일 목요일 10시에 장례식을 거행했다. 아내의 장례식 하관할 때까지 비가 오던 것이 하관이 끝나고 조문객들이 돌아가기 시작하니 비가 그치고 햇살이 비쳤다. 고운 마음씨와 예쁘고 착하게 이 세상을 살다 간 아내를 하나님도 슬퍼서 비를 내려 주신 것이라 위안 삼았다.

\<지은이 소개\>

1930년 1월 29일생

경남 진주시 남성동 68번지에서 태어나 1943년 3월 27일 평거심상소학교(平居尋常小學校. 지금의 초등학교) 14회로 졸업했다.

1949년 3월 31일 해군 13기로 1,200명과 함께 입대했다.

1949년 12월 1일, 1등수병으로 진급 발령받았다.

1950년 1월 3일 하사관학교인 해군 공작학교 5기생으로 50명이 함께 입학했다.

6·25사변 즈음에 교육을 마치고 전쟁에 참여했다.

1953년 1월. 2등병조로 진급했다.

1954년 6월 1일부로 1등 병조로 진급했다.(군 공무원이 되어 봉급도 그때 화폐로 3만 환을 받음)

1956년 병조장 진급시험에서 수석으로 합격하여 6월 1일부로 병조장으로 진급했다.

충무중학교 3학년으로 편입해서 공부하고 진학해 충무 상고 4회 졸업생이 되었다.

마산대학 경제학과에 등록했다.

1960년 5월 18일 진해 통제부 군인교회에서 이창섭과 결혼했다.

1961년 2월 14일 아들 종순(鍾舜), 1962년 10월 24일 딸 소연(素姸) 출생했다.

1966년 12월 31일부로 18년간 근무한 해군을 떠나게 되었다.

해군 제대 후에는 MSTS 미해군수송사령부의 LST에서 승선 월남전 병력수송, 보급수송 등의 선원 생활을 7년간 했다.

항해사 시험에 합격하고 일본의 요카이치(四日市)의 니시이조선소(西井造船所)에서 2항사로 1년간, 1항사로 1년간 모두 2년간을 근무한 후 하선하여 을종 선장면허 시험에 합격했다.

1977년 일본 선적의 Blue Tokyo의 선장으로 그리고 1978년 IMC

란 홍콩에 있는 회사에 입사하여 1992년 62세 될 때까지 15년간을 근무했다.

근무하면서 1985년 11월 30일 자 일급 선장 면허장을 받았다. 미국이나 영국 등의 여타 나라에서는 선장하면 "Sir!" 하면서 그 직위를 존중해 주고 인정해 주지만 한국에서는 뱃놈이라 했고 한국에 입항하면 업무 관계 공무원들의 멸시를 잊을 수 없어 이민을 마음먹었다.

아들은 울산공대를 졸업하고 밴쿠버에 있는 교포의 규수와 혼인해 오래전에 거기서 두 자녀를 키우며 살고 있었다.

1992년 2월에 이민 수속을 시작해 1992년 9월 28일 캐나다에 이민했다.

1994년 동거하던 아들 내외는 30만 불짜리 신축주택을 사서 학교 근처로 이사했다.

딸은 부산대학을 졸업했는데 문학에 소질이 있었고 영어도 잘했다. 1995년 이민을 와서 가족 전부가 밴쿠버에서 살게 되었고 아내가 제일 좋아했다.

결혼생활 내내 우리 부부는 싸움이나 말다툼 한 번 한 일이 없다. 그리고 평생을 해로하면서도 나에게 당신이 왜 그러하냐고 하면서 싫은 소리 한번 한 일이 없었다. 우리 엄마 아빠는 싸움하는 것 못 보았다는 것이 딸의 자랑거리다.

나에게는 세 가지의 영광과 행운이 있었다.

첫 번째는 해군 입대의 영광, 두 번째는 내 아내 이창섭을 만난 것과 세 번째는 해군 213기생 출신으로 의장대원으로 복무한 진주 출신 동향의 강병훈 교수를 만난 행운이다.

<편집자의 글>

에스페란토를 통해 강병훈 선생님을 알게 되었습니다.

해군의장대에서 근무한 선생님은 '도대체 누가 이 해군의장대를 만들어 우리를 힘들게 하나' 하는 원망 섞인 푸념 끝에 자료를 뒤지고 주변 탐문을 통해 김재수 중대장님을 알게 되었습니다.

그런데 해외 이민하셨다고 해서 포기할뻔했는데 우연히 그를 아는 캐나다인을 만나 극적으로 전화통화하고 회고록으로 대학노트 3권 분량을 얻어 정리하게 되었습니다.

에스페란토 관련 책을 주로 출간하는 진달래 출판사를 운영하는 중 강병훈 선생님이 회고록을 정식으로 출간했으면 하고 희망하여 원고를 읽게 되었습니다.

견습수병 말단에서 시작하여 일급 선장까지 되신 자수성가형의 파란만장한 인생 이야기가 감동을 주었는데

특히 8년간의 해군의장대 생활을 통해 최고의 해군의장대를 만든 젊은 날의 수고가 45년 뒤에 후배들에 의해 영광을 받게 되는 인천공항 환영장면에서 눈시울을 적셨습니다.

두 자녀를 반듯하게 키우고 아내를 끔찍이 사랑하며 맡은 바 자리에서 성실하게 인생의 항로를 개척해 가신 이야기가 읽는 이로 하여금 기쁨과 행복을 줄 거라고 믿으며 이 책을 출간합니다.

김재수 선장님의 인생을 해군인으로 사회인으로 이민자로 나누어 실었습니다.

역사적인 자료의 가치도 있고 열심히 사회생활 하는 선배의 모습을 볼 수 있고 자녀의 유학과 결혼으로 인해 떠나간 이민자로서 캐나다의 교육, 여건, 연금, 한인사회, 종교 등 다양한 체험들을 적어 누군가에게는 유익한 책이 될 것입니다.

오태영(진달래 출판사 대표)

선장 김재수 인생 항해록

인 쇄 : 2022년 6월 6일 초판 1쇄
발 행 : 2022년 6월 13일 초판 1쇄
지은이 : 김재수
엮은이 : 강병훈
펴낸이 : 오태영
표지디자인 : 노혜지
출판사 : 진달래
신고 번호 : 제25100-2020-000085호
신고 일자 : 2020.10.29
주 소 : 서울시 구로구 부일로 985, 101호
전 화 : 02-2688-1561
팩 스 : 0504-200-1561
이메일 : 5morning@naver.com
인쇄소 : TECH D & P(마포구)

값 : 20,000원
ISBN : 979-11-91643-55-6(03990)